Sven Sohr

Ökologisches Gewissen

Die Zukunft der Erde aus der Perspektive von Kindern, Jugendlichen und anderen Experten

 Nomos Verlagsgesellschaft
Baden-Baden

Die Deutsche Bibliothek – CIP-Einheitsaufnahme

Ein Titeldatensatz für diese Publikation ist bei der
Deutschen Bibliothek erhältlich. (http://www.ddb.de)

ISBN 3-7890-6902-7

1. Auflage 2000
© Nomos Verlagsgesellschaft, Baden-Baden 2000. Printed in Germany. Alle Rechte, auch die des Nachdrucks von Auszügen, der photomechanischen Wiedergabe und der Übersetzung vorbehalten. Gedruckt auf alterungsbeständigem Papier.

in memoriam ROBERT JUNGK (1903-1994)

Inhaltsverzeichnis

Vorwort   9

I.	**Zukunftsstudie von oben**	**11**
1.	Delphi-Studie 'GAIA 2000'	11
2.	Ökologische Megatrends	16
3.	Experten und Emotionen	19
4.	Kritik an der Gegenwart	22
5.	Visionen für die Zukunft	35
6.	Gestern - heute - morgen	51
7.	GAIA-Zusammenfassung	56
II.	**Zukunftsstudie von unten**	**67**
8.	Warum?	67
9.	Wissenschaften in der Krise	74
10.	Wissenschaften ohne Gewissen	94
11.	Umweltgewissen in der Theorie	105
12.	Umweltgewissen in der Praxis	119
13.	Männliches Gewissen	132
14.	Weibliches Gewissen	139
15.	Tschernobyl in Germany	146
16.	Kinder an die Macht	155
17.	Panik auf der Titanic	162
18.	Jugend-Generation „niX"	171
19.	Grenzen des Widerstands	178
20.	Gewissen ohne Grenzen	186
21.	Warten auf Winnetou?	197
III.	**Die Zukunft der Zukunft**	**207**
22.	Quo vadis, Prometheus?	207
	Nachwort	225
	Literatur	226
	Danke	234
	Autor	236

Vorwort

"Der schönste Gegenstand, den ich jemals auf einer Photographie gesehen habe, ist die Erde, vom Mond aus betrachtet, wie sie im Weltraum schwebt und lebt."

Lewis Thomas[1]

Willkommen im 21. Jahrhundert! Der vorliegende Band stellt zwei Zukunftsstudien gegenüber: Eine „Zukunftsstudie von oben", bei der 50 ökologische Expertinnen und Experten aus verschiedenen Teilen der Gesellschaft schriftlich befragt wurden (Erziehung, Jugend, Medien, Medizin, Politik, Psychologie, Recht, Religion, Umweltorganisationen, Wirtschaft und Wissenschaft), und eine „Zukunftsstudie von unten", bei der 600 meist junge Menschen aus allen Teilen der Welt schriftlich und mündlich befragt (teilweise auch begleitet) werden konnten, die - mehr oder weniger - im Umweltschutz aktiv sind.

Die erste Studie, eine sog. Delphi-Werkstatt, trägt den Titel „GAIA 2000" und wurde in Zusammenarbeit mit dem PSAMRA-Institut[2] (Psycho-Social and Medical Research) in Berlin durchgeführt (vgl. Kap. 1). Präsentiert werden ökologische Megatrends aus Sicht der Fachleute (2), das Verhältnis von Expertentum und Emotionen (3), Kritik an der Gegenwart anhand von ökologischen Zeugnissen (4), Visionen für die Zukunft mit Hilfe von ökologischen Wunschzetteln (5), ein Rückblick auf das alte und ein Ausblick auf das neue Jahrhundert (6), sowie eine Zusammenfassung in Form von zehn Thesen (7).

Die zweite, von der Heinrich-Böll-Stiftung geförderte Studie beginnt nach der Einleitung (8) mit einer Auseinandersetzung der ökologischen Krise in den Wissenschaften (9) und dem Begriff des Gewissens (10). Anschließend wird die Idee des ökologischen Gewissens theoretisch (11) und praktisch (12) vorgestellt. Im empirischen Teil wird ökologisches Gewissen durch ausgewählte Interviewbeispiele mit jungen Männern (13) und Frauen (14), 'Kindern von Tschernobyl' (15), Vor- und Grundschulkindern (16), Greenpeace-Aktivisten in der späten Kindheit (17), umweltbewegten Teenagern (18), jungen und alten „hyperaktiv" ökopolitischen Persönlichkeiten (19) sowie Umweltschützern aus allen Kontinenten (20) porträtiert. Abgerundet wird die zweite Studie mit bilanzierenden Überlegungen über unsere Gesellschaft (21). Das Buch schließt mit einer Gegenüberstellung beider Studien und einigen Ausführungen zu den Erkenntnissen (22).

„Ökologisches Gewissen" ist das Produkt meiner über zehnjährigen psychologischen, philosophischen, praktischen und persönlichen Beschäftigung mit dem Thema. Für ihre Unterstützung danke ich vielen Menschen, die im Anhang aufgeführt werden. Neben Familie, Freundinnen und Freunden möchte ich Prof. Dr. Rolf Kreibich hervorheben, der die Publikation letztlich möglich machte. Möge das Buch, das allen Kindern der Erde gewidmet ist, zur Entfaltung von ökologischem Gewissen beitragen!

Berlin, Pfingsten 2000.

---

[1] In Myers, Norman (1985): Gaia - Der Öko-Atlas unserer Erde. Frankfurt/Main, S. 258.
[2] Dank an Direktor Dr. med. Michael Macpherson (PSAMRA: „mjm@berlin.snafu.de").

I. Zukunftsstudie von oben

1. Delphi-Studie „GAIA 2000"

„Wenn wir die ökologische Krise nicht meistern, dann erübrigen sich alle weiteren Überlegungen für das 21. Jahrhundert."

Michail Gorbatschow[3]

Zu den wohl einflußreichsten Büchern des 20. Jahrhunderts gehörten die „Grenzen des Wachstums".[4] Obwohl das Buch viel kritisiert wurde, besteht sein Wert für die Nachwelt nicht nur in einer Bewußtwerdung für die Bedrohungen der Zukunft vor einigen Jahrzehnten. Einige Entwicklungen können in ihrer Tragweite heute noch gar nicht abgeschätzt werden, denn die Grenzen sind bereits überzogen, wie die internationale Zukunftsforschung heute leider feststellen muß.

Lester Brown, Direktor des „Worldwatch Institute" in Washington meint: „Die Ideologie des Wachstums kennt keine geographischen Grenzen. Sie ist bis in die hintersten Winkel der Erde vorgedrungen."[5] Seit 1950 hat sich die Weltbevölkerung mehr als verdoppelt, der Holz- und Getreideverbrauch verdreifacht, der Verbrauch fossiler Brennstoffe vervierfacht (gleichzeitig sind die Kohlendioxid-Konzentrationen in jedem Jahr angestiegen, was sie zu einem der am leichtesten vorhersagbaren ökologischen Trends macht), der Fischfang verfünffacht, der Papierverbrauch versechsfacht und der Wasserverbrauch verdreißigfacht. Wir erleben ein nie dagewesenes globales Wirtschaftswachstum.

Die weltweite Produktion von Waren und Dienstleistungen wuchs allein im Zeitraum zwischen 1990 und 1997 in einem Maße, das dem Wachstum vom Beginn der Zivilisation bis 1950 entspricht. Die amerikanische Ökologin Jane Lubchenco bemerkt dazu: „Wir verändern die Welt wie nie zuvor, in schnellerem Tempo und in größerem Ausmaß, und wir kennen die Folgen nicht. Es ist ein riesiger Versuch, dessen Ergebnis wir nicht kennen."[6] Brown bilanziert: „Wir verhalten uns, als ob wir keine Kinder hätten, als ob es keine nächste Generation gäbe."[7]

Die nun schon über ein Vierteljahrhundert dauernde wissenschaftliche Beschäftigung mit der ökologischen Krise führte zum Ergebnis, daß über die notwendigen Maßnahmen, die als Reaktion auf die Krise einzuleiten wären, weitgehende Einigkeit besteht (vgl. Kap. 9).

---

[3] Gorbatschow, Michail (1997): Politik ohne Gewissen und Moral ist verwerflich. Der Tagesspiegel Nr. 16076, 20.8.97, S.4.
[4] Meadows, Dennis u.a. (1972): Die Grenzen des Wachstums. Hamburg.
[5] Worldwatch Institute Report (1998): Zur Lage der Welt 1998. Daten für das Überleben unseres Planeten. Frankfurt/Main, S. 42.
[6] ders., S. 42.
[7] ders., S. 39.

Zukunft ante portas?

Nach der Systemtheorie des Soziologen Niklas Luhmann[8] liegt das Problem allerdings vor allem im Unvermögen der Gesellschaft, darüber zu kommunizieren (vgl. Kap. 9). Luhmann glaubt nicht, daß die moderne Gesellschaft sich auf die ökologische Krise einstellen kann, weil nicht einmal die einzelnen Teilsysteme, geschweige denn die ganze Gesellschaft in der Lage ist, sich über die Umweltprobleme zu verständigen. Nach der Systemtheorie kann die Gesellschaft nur als eine differenzierte Einheit den Umweltproblemen begegnen, doch eine organisatorische Koordination gebe es nicht, da kein einziges Funktionssystem als Einheit organisiert und entscheidungsfähig sei. Angesichts dieser Überlegungen beansprucht Luhmann, eine „Formel für die Unlösbarkeit ökologischer Probleme"[9] gefunden zu haben.

Luhmanns Theorie ist eine Provokation und Herausforderung zugleich. Wenn sie zutrifft, sind alle Widerstände gegen die ökologische Katastrophe vergeblich. Ganz so deterministisch ist selbst Luhmann zwischen den Zeilen allerdings nicht, Hinweise auf Interventionsmöglichkeiten finden sich z.B., wenn der Soziologe über die Aufladung ökologischer Kommunikation mit Moral in Form von Angst spricht, die von keinem Funktionssystem kontrolliert werden könne, oder wenn er über die Möglichkeiten der Selbstreflexion durch die Wissenschaft philosophiert. Jedenfalls bietet Luhmann mit seinem Ansatz eine theoretische Folie, die empirisch zu überprüfen wäre.

Das Delphische Orakel

Im Rahmen der vorliegenden Studie dienen Luhmanns Gedankengänge der Inspiration zu einer methodischen Vorgehensweise, die unter dem Namen „Delphi" bekannt ist. Das delphische Orakel[10], das in Griechenland auch heute noch besichtigt werden kann, war für die Menschen der Antike der Inbegriff von Weisheit und Weissagung für die Zukunft. Die Prophezeiungen des Orakels entschieden damals über Politik und Moral, Krieg und Frieden.

In den modernen Sozialwissenschaften versteht man unter der „Delphi-Methode" in Anlehnung an das klassische Vorbild eine „hochstrukturierte Gruppen-Kommunikation mit dem Ziel, aus den Einzelbeiträgen der beteiligten Personen Lösungen für komplexe Probleme zu erarbeiten."[11]. Delphi gilt als das bestmögliche Instrumentarium langfristiger Vorhersagen. Historisch wurden die ersten modernen Delphi-Studien in den US-amerikanischen Denkfabriken der 50er-Jahre durchgeführt, in der Regel mit militärischen Ambitionen. Internationaler Vorreiter auf dem Gebiet der zivilen Nutzung der Methode ist seit den 70er-Jahren Japan, das auf diesem Wege seine innovative Rolle als wichtige Wirtschaftsmacht in der Welt zu sichern versucht.

---

[8] Luhmann, Niklas (1986). Ökologische Kommunikation. Kann sich die moderne Gesellschaft auf ökologische Gefährdungen einstellen? Opladen.
[9] ders., S. 43.
[10] Maass, Michael (1993): Das antike Delphi. Orakel, Schätze und Monumente. Darmstadt.
[11] Bortz, Jürgen (1984): Lehrbuch der empirischen Forschung. Berlin, S. 189.

Delphi in Deutschland

In Deutschland gibt es erst seit Beginn der 90er-Jahre große nationale Delphi-Studien. Bei der ersten vom Bundesforschungsministerium durchgeführten Befragung von über 3000 Expertinnen und Experten offenbarte sich die Umwelt- und Energieproblematik, einschließlich des Klimaproblems als das mit Abstand am wichtigsten eingestufte Thema der Zukunft.[12] Die Ergebnisse wurden durch „Delphi II", die größte Wissenschaftsumfrage, die es in Deutschland je gab, eindrucksvoll bestätigt. Der Expertenmeinung zufolge ist die Umweltgefährdung der bedeutsamste Megatrend der Zukunft.[13]

So wie die nationalen Delphi-Befragungen staatlich vom Bundesministerium für Bildung, Wissenschaft, Forschung und Technologie (BMBF) in Auftrag gegeben und vom Institut für Systemtechnik und Innovationsforschung (ISI) in Karlsruhe durchgeführt wurden („Delphi '98"), bleiben wichtige Fragen offen, zum Beispiel: „Kann die Befragung allein von Experten hinreichende Spielräume für kreative und innovative Forschungs- und Technologieentwicklungen eröffnen?" und „Brauchen wir nicht auch eine Delphi-Befragung von Bürgern und von Vertretern relevanter gesellschaftlicher Gruppen über notwendige und wünschbare Entwicklungen von Wissenschaft und Technik?"[14]

Jenseits von Delphi

Sowohl die Kritik an Stichprobe und Instrumentarium, als auch die Ergebnisse der BMBF-Befragung rufen nach Alternativen. In diesem Sinne ist die vorliegende Studie zu verstehen, bei der ausschließlich ökologische Expertinnen und Experten zur Zukunft befragt wurden. Dabei wurde der Experten-Begriff dahingehend erweitert, daß z.B. auch Umweltgruppen bzw. sog. Non-Government-Organisationen („NGOs") und Jugendliche sich an der Zukunftsbefragung beteiligen konnten. Dabei wurde auch der Einseitigkeit des Instrumentariums, u.a. durch die Erweiterung technischer um sozialer Zukünfte und durch den Einbezug der Methode „Zukunftswerkstatt",[15] zu begegnen versucht.

Der Begriff „Experte" kommt aus dem Lateinischen „experiri" und bedeutet „Erfahrung haben". Alltagssprachlich assoziieren wir damit Menschen, die über ein großes Wissen in einer Sache verfügen (oft auch einen Doktor- oder Professorentitel). In der BMBF-Befragung wurden Experten befragt, die in Forschungseinrichtungen, Unternehmen oder im öffentlichen Dienst tätig sind. Über 50% der Befragten waren über 50 Jahre alt (nur 2% der Befragten waren unter 30), der Frauenanteil lag bei nur 5%. Angeschrieben wurden etwa 7000 Personen, 2453 Fragebogen kamen zurück (Rücklauf ca. 35%).[16]

---

[12] Grupp, Hariolf (1995): Der Delphi-Report. Innovationen für unsere Zukunft. Stuttgart.
[13] Der Tagesspiegel (1997): Die Weltregierung bleibt eine Utopie. Nr. 16034, 9.7.97, S.17.
[14] Institut für Zukunftsforschung und Technologiebewertung (1998): Tätigkeitsbericht 1998. Berlin, S.52.
[15] Jungk, Robert & Müllert, Norbert (1981): Zukunftswerkstätten. Mit Phantasie gegen Routine und Resignation. München.
[16] Fraunhofer- Institut für Systemtechnik und Innovationsforschung (1998): Delphi '98. Zukunft nachgefragt. Studie zur globalen Entwicklung von Wissenschaft und Technik. Karlsruhe.

GAIA 2000

Demgegenüber unterscheidet sich die „GAIA 2000"-Stichprobe in mehrfacher Hinsicht. Zunächst einmal ist die Stichprobengröße wesentlich kleiner, schließlich handelt es sich um keine staatliche Befragung. Angeschrieben wurden 200 ökologische Expertinnen und Experten, von denen 50 Personen ihren Fragebogen ausgefüllt zurücksandten (Quote: 25%). Die GAIA-Stichprobe ist mit einem Durchschnittsalter von 41 Jahren wesentlich jünger (die Altersspanne reicht von 19 bis 74 Jahren), der Frauenanteil ist mit 34% wesentlich höher als bei der BMBF-Befragung.

Das gesellschaftliche Spektrum sollte so breit wie möglich sein, es umfaßt folgende zehn Gruppen: Wirtschaft, Recht, Wissenschaft, Politik, Religion, Erziehung und Medien (sieben Subsysteme nach Luhmann), außerdem wurden die Gruppen der Medizin, NGOs und Jugend in die Stichprobe aufgenommen. Diese 100 Personen umfassende Stichprobe wurde mit einer Spezial-Stichprobe von 70 promovierten Umwelt-Psychologinnen und Psychologen sowie um 30 umweltpsychologisch orientierte Studierende bereichert. Das Interesse der einzelnen Gruppen erwies sich als recht unterschiedlich (vgl. Abb. 1). Das Sample stellt eine außergewöhnliche Mixtur aus Basis (Jugendliche und Studierende) und Elite (zu ihr gehören Präsidenten, Vorstandsvorsitzende und Nobelpreisträger) dar.

Das Instrumentarium von „GAIA 2000" stellt eine Mischung aus klassischen Delphi-Fragen sowie inhaltlich und methodisch alternativen Delphi-Fragen dar: Im Vergleich zur BMBF-Studie mit über 1000 Fragen umfaßt „GAIA" nur 100 Fragen:

Die ersten zehn Fragen thematisieren globale „Megatrends", wie sie auch im BMBF-'Delphi'98" zur Disposition standen. Hierbei geht es um die Frage, ob und wenn wann bestimmte Entwicklungen erwartet werden (vgl. Kap. 2).

Bei den Items 11-30 geht es um ökologische Ängste und Hoffnungen. Auf diese recht ungewöhnlichen Fragen wurden die Befragten im Anschreiben mit dem Satz „Wir interessieren uns nicht nur für Ihre ökologischen Fachkenntnisse, sondern auch für ihre Erfahrungen und Emotionen als normale/r Bürger/in" vorbereitet (Kap. 3).

Items 31-50 laden zu einer kleinen „Zukunftswerkstatt" nach dem Vorbild von Robert Jungk ein. Für verschiedene gesellschaftliche Subkulturen konnten die Befragten an dieser Stelle nach einer Selbsteinschätzung eigener Fachkenntnis und einer Bewertung der ökologischen Arbeit zum einen ihre Gegenwartskritik, zum anderen ihre Zukunftswünsche an die jeweiligen Gruppen adressieren. Items 51-70 entsprechen wieder dem klassischen Delphi-Vorbild, zumindest die sog. „technischen Ökotopien". Während es in der BMBF-Befragung jedoch ausschließlich um technische Einschätzungen geht, bietet „GAIA" den ökologischen Fachleuten alternativ auch noch zehn „soziale Ökotopien" zur Einschätzung an (Kap. 4 und 5).

Schließlich geht es bei den Items 71-90 um die Einschätzung ökologischer Akteure und Ansätze sowie bilanzierend um Vergangenheit, Gegenwart und Zukunft (Kap. 6).

Abb. 1: GAIA-Stichprobe im Überblick

Sample	Gruppe	Personenkreis	Soll	Haben	Quote (%)
1	Wirtschaft	VorstandsmitgliederInnen multinationaler Konzerne	10	5	50
2	Recht	Umweltrechtlich spezialisierte JuristInnen	10	1	10
3	Wissenschaft	Interdisziplinäre Umweltwissenschaftlerinnen	10	5	50
4	Politik	UmweltexpertInnen der großen Parteien	10	2	20
5	Religion	Umweltbeauftragte der Kirchen	10	0	0
6	Erziehung	UmweltpädagogInnen in Führungspositionen	10	8	80
7	Medien	UmweltredakteurInnen überregionaler Zeitungen	10	1	10
8	Medizin	Umweltmedizinisch orientierte ÄrztInnen	10	4	40
9	NGOs	VorstandsmitgliederInnen von Umweltverbänden	10	2	20
10	Jugend	Ökologisch langjährig engagierte Jugendliche	10	5	50
11	Psychologie	UmweltpsychologInnen und StudentInnen	100	17	17
total			200	50	25

2. Ökologische Megatrends

Unter Megatrends werden im allgemeinen Sprachgebrauch gesellschaftliche, politische oder wirtschaftliche Entwicklungen verstanden, die über Jahre hinweg in eine ähnliche Richtung laufen. Hierbei wird davon ausgegangen, daß die Veränderungen nicht plötzlich, sondern allmählich erfolgen. In der BMBF-Umfrage wurden den Befragten 19 Megatrends zur globalen Entwicklung vorgelegt, die aus großen internationalen Trendstudien ausgewählt worden waren.[17]

Welches sind die allgemeinen Megatrends, die die wirtschaftlichen, gesellschaftlichen, politischen und sozialen Bedingungen auf der Erde in Zukunft bestimmen werden? Die größten Zustimmungshäufigkeiten entfielen *kurzfristig* (etwa von 2000 bis 2010) auf den Anstieg der Arbeitslosigkeit in den Industrieländern infolge der Globalisierung (72%), *mittelfristig* (bis 2020) auf den weiteren Anstieg der Weltbevölkerung (72%) und einer alternden Gesellschaft in den Industrieländern (89%), sowie tendenziell eher *langfristig* (bis 2030) auf die Annahmen, daß die weltweite Verknappung an fossilen Brennstoffen eine Rationierung des Energieverbrauchs der privaten Haushalte erzwingt (57%) und daß die Gesundheit der meisten Menschen durch wachsende Umweltprobleme beeinträchtigt wird (53%).

Als weitere ökologische Prognose ist noch zu erwähnen, daß immerhin über ein Drittel der Befragten (37%) mit einer „Entvölkerung großer Gebiete" aufgrund der Klimaentwicklung rechnet (und zwar mehrheitlich schon bis 2020). Als eher unbedeutend wird dagegen die potentielle Auflösung der Familie und die Möglichkeit einer erfolgreichen Weltregierung eingeschätzt (Zustimmung jeweils 16%). Insgesamt wird dem Komplex der Umwelt-, Energie- und Klimaproblematik von den BMBF-Befragten der größte Einfluß auf Wissenschaft und Technik vorhergesagt.

Angesichts dieser Ergebnisse lag es nahe, ökologische Expertinnen und Experten in die Prognosen einzubeziehen. Den von „GAIA 2000" befragten ökologischen Fachleuten wurden zehn ausgewählte Megatrends aus der BMBF-Umfrage zur Einschätzung vorgelegt. Die Ergebnisse (Rangreihenfolgen, Zustimmungshäufigkeiten und vorausgesagte Eintrittswahrscheinlichkeiten) sind Abb. 2 auf Seite 18 zu entnehmen (die Vergleichsdaten der BMBF-Umfrage sind in Klammern gegenübergestellt).

Allgemeine Unterschiede zwischen den Studien ergeben sich hinsichtlich der Erwartungs- bzw. Eintrittswahrscheinlichkeiten: Während die GAIA-Befragten insgesamt zu 73% die genannten Megatrends erwarten, gehen die BMBF-Befragten nur von einem Eintreffen der Megatrends zu 50% aus. Allerdings erwarten diejenigen BMBF-Fachleute, die von einem Eintreffen der Megatrends ausgehen, die Ereignisse und Prozesse im Durchschnitt eher kurz- bis mittelfristig (im Durchschnitt um 2013), während die GAIA-Fachleute die

---

[17] Fraunhofer-Institut für Systemtechnik und Innovationsforschung (1998): Delphi '98. Zukunft nachgefragt. Studie zur globalen Entwicklung von Wissenschaft und Technik. Karlsruhe, S.12.

Megatrends eher mittel- bis langfristig (durchschnittlich um 2025) vorhersagen. Dabei kann die relativ große Differenz zwischen den beiden Gruppen teilweise jedoch auch auf die leicht unterschiedliche Skalierung zurückzuführen sein (im BMBF-Delphi wurden die Vorhersage-Zeiträume in Fünfjahres-Abständen, bei GAIA in Zehnjahres-Zeiträumen angeboten).

Unter den nicht-ökologischen Megatrends gibt es große Übereinstimmungen in der Reihenfolge. An erster Stelle wird jeweils die Überalterung der Gesellschaft genannt: 96% der GAIA-Befragten rechnen mit einem Anstieg der über 60-jährigen auf über ein Drittel der Bevölkerung in den Industrieländern (bis 2020). Ebenfalls gleichrangig auf Platz 3 steht die Prognose, daß Frauen ein Drittel aller Führungspositionen in der Wirtschaft besetzen werden: 89% der GAIA-Fachleute erwarten diese Quote (allerdings erst in 30 Jahren!). Ebenfalls eher langfristig (bis 2026), aber mit großer Wahrscheinlichkeit (85%) wird von den GAIA-Befragten die Existenz von zehn Milliarden Menschen auf der Erde vorhergesagt.

Wie sehen die Umwelt-Expertinnen und -Experten die ökologische Zukunft? 90% der GAIA-Befragten erwarten eine Beeinträchtigung der meisten Menschen aufgrund wachsender Umweltprobleme (bis 2018), 76% sagen Rationierungen des privaten Energieverbrauchs aufgrund einer weltweiten Verknappung fossiler Brennstoffe vorher (bis 2026) und 72% glauben an eine Entvölkerung großer Gebiete der Erde (bis 2031). Immerhin stimmt die Mehrheit der BMBF-Fachleute mit den ersten beiden Prognosen überein, wobei der Eintritt etwa zehn Jahre früher vorhergesagt wird. Das letztgenannte Szenario erwarten dagegen mit 37% nur etwa halb soviele der BMBF-Befragten, allerdings schon bis zum Jahr 2020.

In der GAIA-Studie hatten die Befragten darüberhinaus die Möglichkeit, weitere Megatrends zu benennen. Die meisten Megatrends steuerten die Fachleute der Psychologie und der Pädagogik sowie die ökologisch-engagierten befragten Jugendlichen bei. Inhaltlich wurden ökologisch wie nicht-ökologisch positive und negative Trends genannt, wobei die negativen Erwartungen jedoch überwiegen (positive Beispiele sind z.B. die Zurückführung individueller Mobilität durch moderne Medien sowie die Gewinnung neuer Energiequellen, negative Beispiele sind u.a. Umweltkriege, zunehmende Naturkatastrophen, Hungerkatastrophen und atomare Katastrophen).

Zusammenfassend kann festgehalten werden, daß die ökologischen Expertinnen und Experten, die aus allen Teilen der Gesellschaft kommen, noch stärker als die BMBF-Fachleute gewaltige Umwelt-, Energie- und Klimaprobleme heraufziehen sehen. Die Ergebnisse können positiv und negativ nuanciert interpretiert werden: Positiv gewertet werden kann nach der Expertise der Befund, daß die Menschheit noch ein paar Jahre Zeit hat, Maßnahmen einzuleiten, um die prognostizierten Katastrophen (u.a. klimatisch bedingte Entvölkerung großer Gebiete der Erde) abzuwenden. Einen negativen Nachgeschmack hinterläßt dagegen die Einsicht, daß unter den ökologischen Fachleuten praktisch keine Zweifel mehr an einer dramatischen Verschärfung der ökologischen Krise in den nächsten Jahrzehnten bestehen.

Abb. 2: Ranking globaler Megatrends

Rang	Item (Frage: „Rechnen Sie mit folgenden Entwicklungen?")	Zustimmungs-häufigkeit (%)	Erwartungs-zeitpunkt
1 (1)	In den Industrieländern wird der Anteil der über 60-jährigen auf über 1/3 der Bevölkerung ansteigen.	96 (89)	2020 (2012)
2 (5)	Wachsende Umweltprobleme beeinträchtigen die Gesundheit der meisten Menschen.	90 (53)	2018 (2008)
3 (3)	Frauen werden mindestens ein Drittel aller Führungspositionen in der Wirtschaft besetzen.	89 (57)	2029 (2013)
4 (2)	Die Bevölkerung der Erde wird die 10-Milliarden-Marke überschreiten.	85 (72)	2026 (2016)
5 (4)	Die weltweite Verknappung fossiler Brennstoffe erzwingt Rationalisierungen des privaten Energieverbrauchs.	76 (54)	2026 (2018)
6 (7)	Die Klimaentwicklung führt zu einer Entvölkerung großer Gebiete der Erde.	72 (37)	2031 (2020)
7 (9)	Es kommt zu heftigen kriegerischen Konflikten zwischen armen und reichen Ländern.	63 (30)	2024 (2010)
8 (7)	Massive Migrationsströme führen in Deutschland zu Unruhen.	60 (37)	2022 (2006)
9 (10)	China wird im Pro-Kopf-Bruttoinlandprodukt die Europäische Union übertreffen.	51 (28)	2030 (2015)
10 (6)	Die Globalisierung der Wirtschaft führt zum völligen Bedeutungsverlust nationaler Wirtschaftspolitik.	44 (42)	2021 (2008)

Hinweis: Zahlen in Klammern geben Auskunft über Rangreihenfolgen, Zustimmungshäufigkeiten und Eintrittserwartungen der im Auftrag des Bundesforschungsministeriums (BMBF) befragten Fachleute („Delphi'98").

3. Experten und Emotionen

Im Gegensatz zur BMBF-Befragung wurde in der GAIA-Studie nicht nur nach den rational-kognitiven Einschätzungen für die Zukunft, sondern auch nach den gegenwärtigen emotionalen Befindlichkeiten der Expertinnen und Experten gefragt, u.a. nach ihren Zukunftsängsten und ihren Zukunftshoffnungen. Dabei wurde davon ausgegangen, daß die berufliche Beschäftigung mit der existententiellen ökologischen Problematik nicht spurlos an den Menschen vorbeigeht.

Die GAIA-Befragten hatten zunächst die Möglichkeit, ihren ökologischen Sorgen angesichts zehn vorgegebener Ereignisse bzw. Prozesse auf einer fünfstufigen Skala Ausdruck zu verleihen. Anschließend konnten in zwei offenen Fragen zum einen noch andere makrosoziale Sorgen, zum anderen weitere Emotionen (außer Angst und Sorgen) artikuliert werden, die die Befragten erleben, wenn ihnen die globale Umweltzerstörung bewußt wird.

Die durchschnittliche prozentuale Zustimmungshäufigkeit zu den zehn Items betrug 76%. Sehr große Sorgen (mind. 90%) machen sich die Befragten wegen der weltweiten Wasserverschmutzung (98%), der Zunahme des Auto- bzw. Flugverkehrs (92%) und der Abholzung der Wälder (90%). Sechs weitere Items lösen ebenfalls bei mindestens zwei Dritteln der Befragten große Sorgen aus: das Fortschreiten des Artensterbens (82%), globale Klimakatastrophen (77%), die Abnahme der Ozonschicht (76%), die Zunahme der Weltbevölkerung (74%), große Flüchtlingsbewegungen (69%) und die Explosion eines Atomkraftwerks (68%). Dagegen machen sich „nur" (im Vergleich zu früheren Zeiten) etwa ein Drittel der Befragten Sorgen wegen der Gefahr eines Atomkrieges (34%).

Interessant ist auch ein Vergleich zwischen den befragten Gruppen hinsichtlich des Ausmaßes makrosozialer bzw. makroökologischer Besorgnisse. Den höchsten Mittelwert erreichen die Befragten der „NGOs" (M=2.00) und der Jugendlichen (1.53). Der durchschnittliche Sorgenwert aller ökologischen Expertinnen und Experten liegt bei 0.95 (s = 0.53), so daß die beiden genannten Gruppen mehr als eine Standardabweichung nach oben über dem Durchschnitt liegen. Die mit Abstand geringsten ökologischen Sorgen machen sich die Fachleute aus der Wirtschaft (0.53), gefolgt von den Befragten aus der Politik (0.75).

Über die zehn vorgegebenen Items hinaus hatten die GAIA-Expertinnen und Experten die Möglichkeit, weitere makrosoziale Besorgnisse zu benennen. Auch wenn sich einige Antworten wiederholen (politische und soziale Spannungen, Zunahme von Ungerechtigkeiten, gesundheitliche Gefahren), ist die Bandbreite insgesamt recht groß bzw. die Wahrnehmung der Fachleute ziemlich unterschiedlich. Insofern kann davon ausgegangen werden, daß die in der Skala vorgestellten und hoch bewerteten Items tatsächlich zu den größten Besorgnissen der Befragten zählen.

Geschlecht und Gefühl

Sehr bemerkenswerte Ergebnisse gibt es schließlich bei der offenen Frage nach den Emotionen angesicht der globalen Umweltzerstörung zu berichten, und zwar in Abhängigkeit des Geschlechts. So wird auch bei den Expertinnen und Experten das Klischee bestätigt, nach dem Frauen ihren Gefühlen stärkeren Ausdruck verleihen: Obwohl nur ein Drittel der Befragten weiblich ist, liegen zu der Frage 40 Ausführungen von Frauen vor, dagegen sind lediglich 30 Antworten männlicher Herkunft.

Doch nicht nur die Quantität, auch die Qualität der Antworten auf die Frage nach den Gefühlen angesichts der globalen Umweltzerstörung offenbart große Geschlechtsunterschiede (vgl. Abb. 59): Während die Frauen ein facettenreiches Bild ihrer überwiegend negativ getönten Emotionen zeichnen (mehrfach genannt werden Hilflosigkeit, Wut, Angst, Ohnmacht und Verzweiflung), können die Antworten der Männer ungefähr zu gleichen Teilen in „positive", „negative" und „neutrale" Emotionen unterteilt werden: Während negative Gefühle wesentlich seltener als bei den Frauen artikuliert werden, verspüren viele der männlichen Experten im Zuge der ökologischen Krise zum einen einen verstärkten Handlungsdruck, zum anderen eine gewisse „Gefühlslosigkeit". Typisch hierfür ist ein männlicher Umwelt-Psychologe, der auf die Frage, welche Gefühle er bei der Umweltzerstörung empfinde, lapidar antwortet: „Keine, das sehe ich rational!".

Sind wir noch zu retten?

Weiterhin schien der Versuch lohnenswert, einmal die Stabilität des Prinzips Hoffnung bei (erwachsenen) ökologischen Expertinnen und Experten zu untersuchen. Trotzen sie quasi durch ihre berufliche Beschäftigung mit dem Thema der Gefahr ökologischer Hoffnungslosigkeit? Oder öffnen sich bei ihnen an dieser Stelle weitere (wie schon bei den offenen Angst-Fragen) psychische Abgründe?

Die Ergebnisse zeigen, daß die Mehrheit der GAIA-Befragten trotz eines ausgeprägten Bewußtseins der Problematik (noch) ökologisch hoffnungsvoll ist. Insgesamt beträgt der Anteil ökologischer Hoffnungslosigkeit „nur" 35%. Im internationalen Vergleich ist dieser Wert dennoch relativ hoch und bestätigt die These von der typisch deutschen „Apfelbäumchen"-Mentalität (vgl. Kap. 20).

Interessant ist ein Blick auf einzelne Items. Hier zeigt sich, daß hoffnungsvolle Statements in Abhängigkeit der jeweiligen Fragestellung teilweise stark variieren. So bejahen z.B. nur 8% die fatalistische Einschätzung „Ich glaube, es ist sowieso alles zu spät und wir gehen auf eine große Umweltkatastrophe zu". Auffällig ist allerdings beim Fragenkatalog zu den Hoffnungen jeweils eine große Gruppe der Unentschlossenen (Enthaltungen): 35% der Befragten glauben, daß uns „die Umweltzerstörung in den nächsten Jahren und Jahrzehnten überrollen" wird, nur 21% glauben nicht daran, aber 44% enthalten sich einer Antwort. Ebenso vertreten zwar 38% der Befragten die Auffassung, „daß wir die ökologische Krise noch rechtzeitig meistern", doch 50% der Fachleute wagen keine Prognose.

Abb. 3: Emotionen zur Umweltzerstörung

Antworten auf die Frage: *„Welche Gefühle erleben Sie persönlich, wenn Ihnen die globale Umweltzerstörung bewußt wird?"*

Männliche Antworten	Weibliche Antworten
„negative" Gefühle:	„negative Gefühle":
Hilflosigkeit (2)	Hilflosigkeit (7)
Resignation (2)	Wut (6)
Irritation (2)	Angst (4)
Ohmacht (2)	Ohnmacht (3)
Lähmung	Verzweiflung (2)
Ärger	Ärger
Bedrohung	Verdrängung
Enttäuschung	Frust
	Bedenken
	Entsetzen
„positive" Gefühle:	Schrecken
	Traurigkeit
Handlungsdruck (2)	Entmutigung
Herausforderung (2)	Unverständnis
Willen zum Handeln (2)	Fassungslosigkeit
Verantwortungsgefühl	Hoffnungslosigkeit
Pflichtgefühl zum Engagement	schlechtes Gewissen
Aufflackern politischer Leidenschaft	Mitleid mit Tieren
Neugier als Wissenschaftler	und Pflanzen
Hoffnung	
„Gefühlslosigkeit":	„andere" Gefühle:
Ignoranz	Hinnahme
Zynismus	Herausforderung
Gleichmut	Handlungsmotivation
Sorglosigkeit	Verantwortungsgefühl
Gleichgültigkeit	„Lust, bald an etwas
Emotionslosigkeit	anderes zu denken"
„Keine, sehe ich rational"	

4. Kritik an der Gegenwart

Mit einer weiteren innovativen Ergänzung wurde in der „GAIA 2000"-Studie der Versuch unternommen, die herkömmliche Delphi-Methodik zu bereichern. Nach dem Vorbild der Zukunftswerkstätten des Zukunftsforschers Robert Jungk hatten die Befragten die Gelegenheit, ihre Kritik am status quo frei zu artikulieren (Ergebnisse in diesem Kapitel) und anschließend ihren Wünschen für die Zukunft Ausdruck zu verleihen (Ergebnisse im nächsten Kapitel). Zu diesem Zweck konnten die Befragten zunächst quantitativ die bisherige ökologische Arbeit verschiedener gesellschaftlicher Gruppen mit Hilfe eines Zeugnisses (nach Schulnoten) beurteilen und darauf aufbauend qualitativ die einzelnen Kritikpunkte verbalisieren.

Bevor allen befragten Gesellschaftsgruppen ein qualitatives „Öko-Zeugnis" ausgestellt wird, werfen wir vorab einen Blick auf die quantitative Evaluation. Das Fazit ist eindeutig: Für den Übergang ins 21. Jahrhundert ist unsere Gesellschaft ökologisch gesehen mit einer Durchschnittsnote von 3.8 stark „versetzungsgefährdet": Auf dem Zeugnis finden sich zwei Fünfen (Wirtschaft und Politik), sechs Vieren (Recht, Wissenschaft, Religion, Erziehung, Medien und Medizin), eine Drei (Jugend) und eine Zwei (NGO). Wegen mangelhafter Leistungen von Wirtschaft und Politik müßte unsere Gesellschaft eigentlich „sitzenbleiben", doch die gute Benotung der Umweltgruppen sorgt für einen Ausgleich (Abb. 4, incl. Visionen für das 21. Jahrhundert, ausführlich in Kap. 5).

Vergleicht man die Notengebung der einzelnen Gruppen untereinander, so fällt auf, daß keine einzige Gruppe von einer anderen Gruppe die Note „sehr gut" für ihre ökologische Leistung erhält, dagegen wurde mit den Noten „mangelhaft" und „ungenügend" nicht gegeizt. Mit Ausnahme der Wirtschaft (Selbsteinschätzung „zufriedenstellend", Fremdeinschätzung „mangelhaft") beurteilen sich alle befragten Gesellschaftsgruppen auch relativ selbstkritisch. Interessant ist ferner der Befund, daß die befragten Frauen in der GAIA-Studie im Vergleich zu ihren männlichen Kollegen signifikant (noch) schlechtere Bewertungen vornehmen.

Bemerkenswert sind auch einige verbale Ergänzungen der Expertinnen und Experten. Eine Psychologin notierte z.B., daß die vorgegebenen klassischen Gebiete jedes für sich wenig zu einer Wende beitragen könnte, die entscheidenen Modelle und Projekte kämen vielmehr aus interdisziplinären Ansätzen aller Gruppen durch Einüben von Systemdenken. Ein Kollege vertritt die Auffassung, daß in den Naturwissenschaften die Erkenntniszuwächse hoch seien, während die Umsetzung und Veröffentlichung kritischer Ergebnisse zu wünschen übrig lasse, bei den Sozialwissenschaften sei es eher umgekehrt. Das Umweltthema zwinge beide Seiten jedoch zur Zusammenarbeit. Schließlich wurden auch noch weitere einflußreiche Gruppen genannt: die Technik (als Subjekt!), die Psychologie, die Familie sowie Kunden, Käufer und Konsumenten.

Nachfolgend nun die qualitativen Zeugnisse für alle zehn Gruppen im Überblick (Abb. 5-14), anschließend folgt ein kurzer Kommentar zum Gesamtergebnis.

Abb. 4: Ökologisches Zeugnis der Gesellschaft

Gesellschafts-Gruppe	Öko-Note	Ökologische Kritiken des 20. Jahrhunderts	Ökologische Visionen für das 21. Jahrhundert
Wirtschaft	5	Profitfixierung	Nachhaltigkeit
Recht	4	Gesetzesdefizite	Umweltrecht
Wissenschaft	4	Praxisferne	Zukunftsforschung
Politik	5	Lobbyismus	Unabhängigkeit
Religion	4	Ignoranz	Verantwortung
Erziehung	4	Vorbildlosigkeit	Umweltbildung
Medien	4	Sensationslust	Positivität
Medizin	4	Reparaturbetrieb	Ganzheitlichkeit
NGOs	2	Machtlosigkeit	Vernetzung
Jugend	3	Hedonismus	Engagement

Gesamt-Urteil: Die Gesellschaft geht ökologisch stark „versetzungsgefährdet" ins 21. Jahrhundert.

Abb. 5: „Ökologisches Zeugnis" für die Gruppe WIRTSCHAFT

Quantitative Gesamtnote: 4.63 (mangelhaft plus)

Qualitative Kritikpunkte:

zu unterschiedliche Verhältnisse (WIR)
handelt nur auf gesetzlichen Druck (WIR)
reines Gewinndenken (WIS)
Profit ist wichtiger als Schutz der Umwelt (POL)
sieht ihre Verantwortung zu sehr am Werkzaun enden (POL)
zu unbeweglich (PÄD)
denkt nur kurzfristig und profitorientiert (PÄD)
zu geringe Ausrichtung auf ökologisches Wirtschaften (PÄD)
mangelnde gesellschaftliche Verantwortung (PÄD)
Wirtschaft ist zu wachstumsgläubig (PÄD)
Wachstumsfetischismus (MED)
nur Geld regiert die Wirtschaftswelt (MEZ)
wirtschaftliche Interessen sind schuld an Umweltzerstörung (MEZ)
zu sehr monetär und auf kurzfristigen Gewinn fixiert (NGO)
es geht nur ums Geld (JUG)
hauptsächlich am kurzfristigen Profit orientiert (JUG)
läßt sich nicht festlegen (JUG)
arbeitet nicht nach dem Verursacher-Prinzip (JUG)
arbeitet auf eine starke Hierarchie unter Menschen zu (JUG)
beeinflußt unverhältnismäßig die Politik (JUG)
Geld steht über ökologischen Belangen (PSY)
kein echtes Öko-Engagement (PSY)
betrachtet Natur als ausbeutbare Ware (PSY)
Abwenden von der End-of-Pipe-Technology zu langsam (PSY)
Profit-Prioritäten: Umweltschutz nur Mittel zum Zweck (PSY)
viel zu starke Orientierung an Gewinnen ohne Weitblick (PSY)
keine Auflösung des Konflikts zwischen Ökonomie und Ökologie (PSY)
große Unterschiede: manche tun viel, andere nichts oder schaden (PSY)
müssen einsehen, daß Umwelt ein Nutzenfaktor geworden ist (PSY)
Nichteinbeziehungs-Propaganda anderer als Mehrwert-Ziele (PSY)
zu starke Profit-Orientierung (PSY)
falsche Theorien und Methoden (PSY)
selbstbezogene „Feigenblatt"-Perspektive (PSY)

Zusammenfassung:

Öko-Note „Wirtschaft": 5, der Beschwerdekatalog umfaßt **33 Kritikpunkte**, v.a. systemimmanente Probleme (Profit- und Wachstumsorientierung), Passivität, Verantwortungslosigkeit und anderes (unverhältnismäßige Politikbeeinflussung)

Abb. 6: „Ökologisches Zeugnis" für die Gruppe RECHT

Quantitative Gesamtnote:

4.17 (ausreichend)

Qualitative Kritikpunkte:

mangelnde Durchsetzung bestehender Normen (WIR)
Ökologie spielt zu geringe Rolle (WIR)
behäbig, rein reagierend (WIS)
aberlanger Vorlauf (POL)
Detailwut (PÄD)
keine wirksame Umweltgesetzgebung (PÄD)
Gesetze sind zu lasch (PÄD)
lächerliche Strafen für Umweltsünder (MEZ)
große Gesetzeslücken (MEZ)
zu starke Interessenabhängigkeit (NGO)
zu lasche Gesetze (JUG)
Umweltrecht hat sich noch nicht durchgesetzt (JUG)
kann aus Strukturgründen nur strafend wirken (JUG)
nur ausführende und keine eigenständige Kraft (JUG)
zu viele wirtschaftsorientierte Ausnahmeregelungen (PSY)
zu starke Abhängigkeit von Wirtschaft und Politik (PSY)
keine ausreichende Bestrafung von Vergehen gegen die Umwelt (PSY)
Umweltschutz ist keine Rechts-, sondern eine Konsensfrage (PSY)
mangelnde Bestrafung von Umweltsünden (PSY)
zu starke Beeinflussung durch die Wirtschaft (PSY)
arbeitet zu langsam mit unerwünschten Nebenwirkungen (PSY)

Zusammenfassung:

Öko-Note „Recht": 4, der Beschwerdekatalog umfaßt **21 Kritikpunkte**, v.a. gesetzliche Defizite, Behäbigkeit der juristischen Praxis, systemimmanente Probleme (Detailwut u.a.), zu starke Abhängigkeit von Politik und Wirtschaft

Abb. 7: „Ökologisches Zeugnis" für die Gruppe WISSENSCHAFT

Quantitative Gesamtnote:

3.54 (ausreichend plus)

Qualitative Kritikpunkte:

mangelnde Praxisnähe und Umsetzbarkeit (WIS)
Wissenschaft ist zu wenig nachhaltig (WIR)
Ökologie spielt zu geringe Rolle (WIR)
verläßt zu wenig den Elfenbeinturm (POL)
mangelnde Vermittlung (PÄD)
zu wenig Zukunftstechnologien (PÄD)
keine Orientierung auf die Lösung von ökologischen Problemen (PÄD)
Wissenschaft dringt zu wenig durch (PÄD)
zu große Fortschrittsgläubigkeit (MEZ)
ohne soziale Verantwortung (NGO)
mangelnder ethischer Anspruch (JUG)
Wissenschaftler lassen sich kaufen und spielen Gefahren herunter (PSY)
Mangel an philosophischen Grundlagen-Diskussionen (PSY)
mechanistisches Menschenbild dient Profitinteressen (PSY)
wissenschaftliche Resultate haben keine politische Folgen (PSY)
hochspezialisierte Wissenschaft betrachtet nur Einzelaspekte (PSY)
keine öffentlichkeitswirksamen Publikmachungen (PSY)
zu geringe Anwendungsorientierung (PSY)
mangelnde interdisziplinäre Arbeit (PSY)
Ausbremsung durch die Wirtschaft (PSY)
Zaghaftigkeit in der Formulierung von Rezepten (PSY)

Zusammenfassung:

Öko-Note „Wissenschaft": 4, der Beschwerdekatalog umfaßt **22 Kritikpunkte**, v.a. mangelnde Praxisnähe, systemimmanente Probleme (Spezialisierung, Menschenbild), mangelnde Öffentlichkeitsarbeit, ethische Defizite, mangelnde Zukunftsorientierung

Abb. 8: „Ökologisches Zeugnis" für die Gruppe POLITIK

Quantitative Gesamtnote:

4.56 (mangelhaft plus)

Qualitative Kritikpunkte:

zu starke Dominanz kurzzeitiger Interessen (POL)
Handlanger der Wirtschaft (POL)
doppelbödige Politik (WIR)
Landwirtschaftspolitik zu national (WIR)
fehlende Visionen (WIS)
blockiert sich wechselseitig (PÄD)
mangelnde Glaubwürdigkeit (PÄD)
Politiker hoffen nur auf Wiederwahl (PÄD)
Politik ist auf der Seite der Wirtschaft (PÄD)
Politik hat zu viele andere Interessen (PÄD)
Politik steht zu sehr unter dem Diktat der Wirtschaft (MEZ)
umweltpolitische Maßnahmen sind für Bevölkerung unpopulär (MEZ)
Interessendurchsetzung vom Kapital (NGO)
persönlicher Profit und Profilierung (JUG)
Zusammenhang sozialer und ökologischer Probleme wird nicht gesehen (JUG)
Angst der Politiker, gegen die Wirtschaft handeln zu können (JUG)
Legislaturdenken (PSY)
große Worte - wenig Taten (PSY)
Mangel an überzeugenden Entwürfen zur Integration der Probleme (PSY)
Angst vor konsequenter Aufrichtigkeit verhindert Veränderungen (PSY)
verharrt oft in Fakultätendenken und zu zaghaft im Umsetzen (PSY)
Keine konsequente Verfolgung ökologischer Ziele in Regierungsrolle (PSY)
keine wirkliche ökologische Politik, Hörigkeit gegenüber der Wirtschaft (PSY)
gibt Umweltschutz zu wenig Gewicht (PSY)
kann nicht mit der Bevölkerungsmehrheit rechnen (PSY)
konservativ-kurzsichtige Profit-Perspektive (PSY)
Apolitisierung ihrer Selbst mangels Utopien (PSY)
mangelnder Mut zu unpopulären Maßnahmen (PSY)
läßt sich von Wirtschaft regieren (PSY)

Zusammenfassung:

Öko-Note „Politik": 5, der Beschwerdekatalog umfaßt **28 Kritikpunkte**, v.a. Politik steht unter dem Diktat der Wirtschaft, Unmoral der politischen Klasse, systemimmanente Probleme (Legislaturdenken), fehlende ökologische Visionen

Abb. 9: „Ökologisches Zeugnis" für die Gruppe RELIGION

Quantitative Gesamtnote:

4.14 (ausreichend)

Qualitative Kritikpunkte:

verneint Bevölkerungsmengenproblematik (WIR)
Ökologie spielt zu geringe Rolle (WIR)
200 Jahre zurück (WIS)
zu defensiv (POL)
mangelnde individualpsychologische Herangehensweise (POL)
hat eigene Verstrickung nicht reflektiert (PÄD)
keine wahrnehmbaren Äußerungen der Kirchen (PÄD)
Kirchen sind zu unpolitisch (PÄD)
mangelnde Geburtenkontrolle (MED)
Schutz der Schöpfung hat keinen Einfluß auf Kirchenpolitik (MEZ)
„Macht Euch die Erde untertan" ohne Rücksicht auf Verluste (MEZ)
die Institution ist die Perversion der Idee (NGO)
„oh mein Gott!" (JUG)
zu brav (PSY)
verharrt in traditionellen Formeln (PSY)
Kirchen verhalten sich neutral und stützen Öko-Katastrophen (PSY)
viel zu geringe Auseinandersetzung mit dem Thema (PSY)
außer Konkurrenz, nur für religiöse Menschen relevant (PSY)
treten ökologisch überhaupt nicht in Erscheinung (PSY)
Unterstützung der Ausbeutung der Natur (PSY)
keine Aktivitäten für Umweltbewußtsein (PSY)

Zusammenfassung:

Öko-Note „Religion": 4, der Beschwerdekatalog umfaßt **21 Kritikpunkte**, v.a. ökologisches Desinteresse und Ignoranz, mangelnde Moral, mangelnde Geburtenkontrolle, Traditionalismus, systemimmanente Probleme (Auslegung der Bibel)

Abb. 10: „Ökologisches Zeugnis" für die Gruppe ERZIEHUNG

Quantitative Gesamtnote:

3.72 (ausreichend plus)

Qualitative Kritikpunkte:

Ansätze gut, Wirkung noch offen (PÄD)
noch nicht hinreichend engagiert (PÄD)
Erziehung ist zu schwammig (PÄD)
Reichweite der Erziehung in Gesellschaft ist zu kurz (PÄD)
Erziehung ist nicht zu sehen (WIS)
Erziehung ist überfordert (POL)
mangelnde Handlungsorientierung (POL)
Vermittlung von Umweltliebe ist kein allgemeines Erziehungsgut (MEZ)
mangelndes persönliches Engagement bei viel zu vielen (NGO)
mangelndes Hinsehen und Zuhören (JUG)
mangelnde Unterstützung durch die Gesellschaft (JUG)
keine Vorbilder (PSY)
zu wenig Sinnesschulungen (PSY)
Umwelterziehung bleibt ohne Wirkung (PSY)
keine obligatorische Umwelterziehung (PSY)
Nichtökologische Vorbilder verhindern schulisches Umweltverhalten (PSY)
zuviel Stoff, notwendig wäre Umgangskompetenz mit dem Gewußten (PSY)
man arbeitet mit Appellen statt Menschen selbst einzubeziehen (PSY)
Umweltschutz fängt nicht schon bei den ganz Kleinen an (PSY)

Zusammenfassung:

Öko-Note „Pädagogik": 4, der Beschwerdekatalog umfaßt **19 Kritikpunkte**, v.a. systemimmanente Probleme (Ökologie ist kein allgemeines Erziehungsgut), fehlende Vorbilder, mangelnde Durchsetzungsfähigkeit und Akzeptanz in der Gesellschaft

Abb. 11: „Ökologisches Zeugnis" für die Gruppe MEDIEN

Quantitative Gesamtnote:

3.88 (ausreichend)

Qualitative Kritikpunkte:

agiert primär nach in-out-Gesichtspunkten (WIR)
nur reißerisch, wenig Qualitätssicherung (WIR)
hält drauf, aber gestaltet nicht (WIS)
zu starke Abhängigkeit von Wirtschaft (POL)
Verherrlichung eines konsumorientierten Lebensstils (PÄD)
zu einseitige Sensationsberichterstattung (PÄD)
Medien sind zu polemisch (PÄD)
einseitige Orientierung auf Katastrophen (MEZ)
Geld regiert alles (NGO)
nutzen ihr Potential zu wenig (JUG)
reißerisch, aber selten aufklärend (PSY)
oft hoffnungsloser Skandal-Journalismus (PSY)
Sensationsmache und Negativismus vor Aufklärung und Motivation (PSY)
„Wirtschaftlichkeitszwänge" behindern Wert der Medien für Demokratie (PSY)
Umwelt gehört ständig in die Medien, nicht nur, wenn etwas passiert (PSY)
Medien sollten sich weniger an Katastrophen „aufhängen" (PSY)
zu wenig Hintergrundrecherchen (PSY)
zu unkritische Berichterstattungen (PSY)
Agenda-Setting für nachhaltige Berichte ungeeignet (PSY)

Zusammenfassung:

Öko-Note „Medien": 4, der Beschwerdekatalog umfaßt **19 Kritikpunkte**, v.a. Skandal-Journalismus (einseitige Sensationsberichterstattung), wirtschaftliche Abhängigkeit, systemimmanente Probleme (Agenda-Setting) und andere

Abb. 12: „Ökologisches Zeugnis" für die Gruppe MEDIZIN

Quantitative Gesamtnote:

4.02 (ausreichend)

Qualitative Kritikpunkte:

immense Müllflut aufgrund von Einwegmaterial und Sondermüll (MEZ)
mangelnde Sensibilisierung für umweltbedingte Krankheiten (MEZ)
keine Forschungsgelder für Umweltmedizin (MEZ)
Reparaturbetrieb (MED)
Verharmlosung der Gentechnik (WIR)
Ökologie spielt zu geringe Rolle (WIR)
Umweltmedizin hat zu wenig Gewicht (POL)
Umwelteinflüsse auf Gesundheit zu lange zu wenig beachtet (POL)
mangelnde Zuwendung durch Knebelung der Leistungswilligkeit (NGO)
reine Symptombekämpferin in Händen von Pharmakonzernen (JUG)
Medizin strickt am Untergang der Sozialsysteme mit (PSY)
Vergebliches Warten auf Ursache-Wirkungs-Nachweise (PSY)
Nichtanerkennung von multiplen Chemikalien verursachten Krankheiten (PSY)
Gesundheits- und Umwelterziehung gehören zusammen (PSY)
Umweltmedizin bleibt leise und schüchtern (PSY)
zu wenig präventiv ausgerichtet (PSY)
die Wirtschaft regiert auch hier (PSY)
Arztberuf verkürzt das Leben (PSY)
Machtgehabe (PSY)

Zusammenfassung:

Öko-Note „Medizin": 4, der Beschwerdekatalog umfaßt **19 Kritikpunkte**, v.a. systemimmanete Probleme (medizinische Paradigmen), einflußlose Umweltmedizin, ethische-moralische Dilemmata (ökonomische Abhängigkeit) und andere (z.B. Müllflut)

Abb. 13: „Ökologisches Zeugnis" für die Gruppe „NGOs"

Quantitative Gesamtnote:

2.41 (gut minus)

Qualitative Kritikpunkte:

bleiben am Katzentisch (WIS)
momentan zu passiv (PÄD)
zu wenig Durchschlagskraft (PÄD)
Zusammenarbeit zwischen Gruppen schlecht organisiert (MEZ)
oft fehlen noch globale Zusammenhänge und wissenschaftliches Profil (JUG)
sie müssen alles tun, was die anderen versäumen (JUG)
Gefahr der Degradierung zu Karriereleitern (JUG)
zu wenig Geld und Leute (JUG)
noch zu wenig partnerschaftliche Zusammenarbeit mit den Machthabern (PSY)
lassen sich immer stärker von Wirtschaft und Politik einbinden (PSY)
zu wenig Parteinahme für Umwelt (PSY)
NGOs sollten GOs werden (PSY)

Zusammenfassung:

Öko-Note „NGOs": 2, der Beschwerdekatalog umfaßt **12 Kritikpunkte**, v.a. Machtlosigkeit (Umweltgruppen sind schwach und überfordert), mangelnde Offenheit, zu wenig Engagement, gespaltenes Verhältnis zur Macht

Abb. 14: „Ökologisches Zeugnis" für die Gruppe JUGEND

Quantitative Gesamtnote:

3.09 (befriedigend)

Qualitative Kritikpunkte:

leider rechtlos (JUG)
unter Einfluß der Erwachsenen (JUG)
die Masse ist zu egoistisch (JUG)
Jugend kann nicht handeln (WIS)
zu starke Konsum- und Spaßfixierung (POL)
Diskrepanz zwischen Bewußtsein und Verhalten (POL)
zunehmende Konsumorientierung der Jugendlichen (PÄD)
zur Zeit zu stark auf Konsum ausgerichtet (MED)
keine einheitliche Gruppe (MEZ)
Ökologisches Handeln muß als attraktiv dargestellt werden (PSY)
Jugend hat keine Rolle im Bereich ökologischer Arbeit (PSY)
zunehmende Selbstbeschränkung auf eigene Lust (PSY)
zunehmend stumpfe Konsumhaltungen (PSY)
gute Ideen werden nicht beachtet (PSY)
darf nicht entmutigt werden (PSY)

Zusammenfassung:

Öko-Note „Jugend": 3, der Beschwerdekatalog umfaßt **15 Kritikpunkte**, v.a. Hedonismus (Egoismus und Konsumorientierung), Recht- und Machtlosigkeit und andere (z.B. Jugend kann nicht handeln, gute Ideen werden nicht beachtet)

Ökologischer Beschwerdekatalog

Im Sinne der Kritikphase einer Zukunftswerkstatt ergibt sich eine kritische Bestandsaufnahme der Gegenwart, zusammengefaßt in folgendem Umwelt-Beschwerdekatalog:

1. Die **Wirtschaft** (Note: 4.63) ist profit- und wachstumsorientiert, passiv, verantwortungslos und beeinflußt in unverhältnismäßiger Art und Weise die Politik.

2. Die **Politik** (Note: 4.56) steht unter dem Diktat der Wirtschaft, ist unmoralisch, denkt in Legislaturperioden und hat keine ökologischen Visionen.

3. Das **Recht** (Note: 4.17) enthält gesetzliche Defizite, ist behäbig in der juristischen Praxis, verliert sich in Detailwut und ist zu stark von Politik und Wirtschaft abhängig.

4. Die **Religion** (Note: 4.14) ist ökologisch desorientiert und ignorant, traditionalistisch, ihr mangelt es an Moral und fehlendem Einsatz für Geburtenkontrollen.

5. Die **Medizin** (Note: 4.02) enthält konservative Paradigmen, eine einflußlose Umweltmedizin, befindet sich in ökonomischen Abhängigkeiten und produziert eine Müllflut.

6. Die **Medien** (Note: 3.88) praktizieren einen Skandal-Journalismus, berichten einseitig sensationsorientiert und unterliegen dem Agenda-Setting.

7. Die **Pädagogik** (Note: 3.72) erhebt die Ökologie nicht zu einem allgemeinen Erziehungsgut, ihr mangelt es an Vorbildern, Akzeptanz und Durchsetzungsfähigkeit.

8. Den **Wissenschaften** (Note: 3.54) fehlt Praxisnähe, Öffentlichkeitsarbeit und eine Zukunftsorientierung, sie sind zu spezialisiert und haben ethische Defizite.

9. Die **Jugend** (Note: 3.09) ist egoistisch, hedonistisch und konsumorientiert, außerdem recht- und machtlos, sie kann nicht handeln, gute Ideen werden nicht beachtet.

10. Die **Umweltgruppen** (Note: 2.41) sind schwach und überfordert, ihnen mangelt es an Offenheit und Engagement, sie haben ein gespaltenes Verhältnis zur Macht.

Im Sinne der Systemtheorie von Luhmann kann festgehalten werden, daß es sich bei vielen Kritiken um systemimmanente Probleme handelt, die die einzelnen Subsysteme paradigmatisch auszeichnen (die Wirtschaft ist auf Gewinnmaximierung ausgerichtet).

Insgesamt zeichnen die ökologischen Expertinnen und Experten ein desaströses Bild. Besonders auffällig ist die teilweise sehr selbstkritische Betrachtungsweise in einzelnen Gruppen, wobei davon ausgegangen werden kann, daß sie sich selbst am besten kennen. So kommt beispielsweise der einzige Jurist, der an der Studie teilnahm, zu einem vernichtenden Urteil über die eigene Zunft (Note: 6, Kommentar: „nichts zu erwarten"). Doch in einer Zukunftswerkstatt ist die Kritik nur der Weg zur Vision (vgl. Kap. 5).

5. Visionen für die Zukunft

Den 209 Kritikpunkten wurden in der Phantasiephase 290 Erwartungen, Wünsche und Visionen entgegengesetzt, zusammengefaßt in folgendem Umweltkatalog der Hoffnung:

1. Die ökologischen Expertinnen und Experten träumen von einer **Wirtschaft**, die ökologisch nachhaltig ist und Abschied von der Wachstumsideologie nimmt.

2. Die ökologischen Expertinnen und Experten träumen von einer **Politik**, die unabhängig und langfristig ist und auf eine internationale Zusammenarbeit setzt.

3. Die ökologischen Expertinnen und Experten träumen von einem **Recht**, das ökologisch umfassend wirksam ist und den Eigenwert der Natur anerkennt.

4. Die ökologischen Expertinnen und Experten träumen von einer **Religion**, die diesseitig denkt, eine Schöpfungsverantwortung übernimmt und interkulturell kommuniziert.

5. Die ökologischen Expertinnen und Experten träumen von einer **Medizin**, die ganzheitlich therapiert und über ein gesundes Leben im Einklang mit der Natur aufklärt.

6. Die ökologischen Expertinnen und Experten träumen von **Medien**, die objektiv aufklären, Perspektiven aufzeigen und auch gute Nachrichten verbreiten.

7. Die ökologischen Expertinnen und Experten träumen von einer **Pädagogik** mit einer nachhaltigen Umweltbildung und einer ökologischen Erziehung in Schule und Familie.

8. Die ökologischen Expertinnen und Experten träumen von einer **Wissenschaft**, die nachhaltig forscht, interdisziplinär arbeitet und aus ihrem Elfenbeinturm herauskommt.

9. Die ökologischen Expertinnen und Experten träumen von einer **Jugend**, die sich mit offenen Augen und Ohren engagiert und mehr Macht und Mitsprache bekommt.

10. Die ökologischen Expertinnen und Experten träumen von **Umweltgruppen**, die vernetzt miteinander kooperieren und die gesellschaftlich gewürdigt werden.

Anzumerken bleibt, daß die tabellarische Aufstellung (in der Reihenfolge der „Top Ten" unter den Umweltsündern) nicht darüber hinwegtäuschen soll, daß die Bewältigung der ökologischen Krise nach Einschätzung der meisten Expertinnen und Experten nur durch das intensive Zusammenwirken aller gesellschaftlichen Gruppen erreicht werden kann.

Alles in allem kann den ökologischen Expertinnen und Experten eine blühende Phantasie bescheinigt werden. Trotz ihrer schonungslosen Kritik an der Gegenwart sind sie in der Lage, positiv zu denken und sich eine andere (Um-)Welt immerhin vorstellen zu können. Träume und Visionen sind die Voraussetzung auf dem Weg zu einer anderen Realität. Es folgen die an alle Subkulturen adressierten ökologischen Wunschzettel (Abb. 15-24):

Abb. 15: „Ökologischer Wunschzettel" an die Gruppe WIRTSCHAFT

Die Liste der ökologischen Expertinnen und Experten umfaßt **42 Visionen**...

Erwartungen, Wünsche und Visionen:

weniger übertreiben, z.B. in Diskussion über Entsorgungsrückstellungen (WIR)
wahre Kosten offenlegen und sustainability entwickeln (WIR)
wer heute auf Ökologie setzt, kann morgen einen großen Vorsprung haben (WIR)
Vorstandsposten nur für Energie (REC)
Verantwortung übernehmen (WIS)
weg von der Globalisierung hin zu regionalen Wirtschaftskreisläufen (WIS)
regionale/lokale ökologische Netze (WIS)
mehr Produkt- und internationale Verantwortung (POL)
Einsicht, daß eine verwüstete Welt keine Absatzmärkte mehr bietet (POL)
Verantwortung zeigen (PÄD)
Kreislaufwirtschaft (PÄD)
Öko-Audits (PÄD)
Umstellen auf Nachhaltigkeit (PÄD)
nachhaltiges Wirtschaften (2xPÄD)
Lösung des Verteilungsproblems (PÄD)
umweltfreundliches Wirtschaften kann profitabel sein (PÄD)
Qualität statt Quantität (MED)
müßte treibende Kraft sein (MEZ)
Wirtschaft, die den Bedürfnissen von Mensch und Umwelt dient (MEZ)
sollte „wirtschaftlicher" mit der Natur umgehen (NGO)
mehr ökologischer Landbau (JUG)
Energiespar- und Solarmaßnahmen (JUG)
langfristig wirtschaften (JUG)
Innovationen durch grüne Unternehmen (JUG)
Verursacherprinzip annehmen (JUG)
Lobbyarbeit beenden (JUG)
keine Werbung mehr (JUG)
nur reversible Tatsachen schaffen (JUG)
nicht an Ausbeutung beteiligen (JUG)
staatliche Regelungen schaffen Raum für ökologisches Wirtschaften (PSY)
Übergang vom Bruttosozialprodukt zum Ökosozialprodukt (PSY)
Abschied von der Wachstumsideologie (PSY)
Verbindliche internationale Selbstverpflichtungen (PSY)
Entwicklung von Selbstwertgefühl aus guten ökologischen Beispielen (PSY)
Wirtschaft von unten: Menschen wirtschaften selbstbestimmt (PSY)
Umweltschutz als eigenes Gut erkennen (PSY)
Langzeitfolgen/-kosten in die Kalkulation von Produkten einbeziehen (PSY)
Nachhaltig werden (PSY)
Nutzenfaktor Umwelt steht an erster Stelle (PSY)
Produktion hocheffizienter Technik (PSY)
Umsetzen der Möglichkeiten (PSY)

Abb. 16: „Ökologischer Wunschzettel" an die Gruppe RECHT
Die Liste der ökologischen Expertinnen und Experten umfaßt **22 Visionen**...

Erwartungen, Wünsche und Visionen:

nichts zu erwarten (REC)

visionär langfristig gestalten (WIS)

Verkehrsrestriktionen und andere Verbote (WIS)

weg vom anthropozentrischen Rechtsverständnis (WIS)

mehr Eigenverantwortung, deren Wahrnehmung kontrollierbar sein muß (POL)

Rechtswege müssen bezahlbar bleiben (POL)

gut lesbares Umweltgesetzbuch (PÄD)

verständliche Regelungen mit wenig Ausnahmen (PÄD)

wirksame Umweltgesetzgebung (PÄD)

attraktive Belohnungsmodelle (PÄD)

Verursacherprinzip (MED)

Umwelt als Eigentum späterer Generationen (MED)

gleichberechtigtes Umweltgesetzbuch neben den vorhandenen (MEZ)

konsequente Umsetzung schon bestehender Gesetze (MEZ)

sollte Eigenwert der Natur erkennen (NGO)

strengere Öko-Gesetze (JUG)

Umweltrecht = Sozialrecht (JUG)

Recht zugunsten der Zukunft auslegen (JUG)

gleiche Rechte für alle (PSY)

stärkere und härtere Bestrafung von Umweltsünden (PSY)

Umweltrechte durchsetzen (PSY)

Umweltgesetzbuch (PSY)

Abb. 17: Ökologischer Wunschzettel an die Gruppe WISSENSCHAFT

Die Liste der ökologischen Expertinnen und Experten umfaßt **35 Visionen**...

Erwartungen, Wünsche und Visionen:

relevant forschen (WIS)
Grenzen setzen: was ist verantwortbar? (WIS)
interdisziplinäre System-Umwelt-Wissenschaft (WIS)
praxisorientierter forschen (WIR)
verstärkte Energieforschung (WIR)
Ergebnisse allgemeinverständlicher publizieren (WIR)
Langfristige Perspektiven entwickeln (REC)
Mut zur populären Wissenschaft (POL)
stärker in Systemzusammenhängen denken (POL)
eindeutigere Positionen (PÄD)
bessere Öffentlichkeitsarbeit (PÄD)
stärkere Forschungsförderung für regenerative Energien (PÄD)
ökologische Projekte müssen stärker gefördert werden (PÄD)
mehr Zukunftstechnologien auf umweltethischer Basis (PÄD)
Recycling (MED)
muß Perspektiven aufzeigen (MEZ)
Forschungsgelder für umweltfreundliche Technologien (MEZ)
Forschungsgelder zur Aufklärung global-ökologischer Zusammenhänge (MEZ)
sollte sich aus dem Elfenbeinturm begeben (NGO)
mehr kritische Forschung (JUG)
unvoreingenommene Wissenschaft (JUG)
sollte seinen Religionsstatus aufgeben (JUG)
sollte keine irreversiblen Tatsachen schaffen (JUG)
keine Tier- und Gesellschaftsexperimente (JUG)
Bewußtwerdung ethischer Verantwortung (PSY)
Orientierung an den Bedürfnissen der Menschen (PSY)
keine Wertfreiheit (PSY)
Unabhängigkeit statt Parteiergreifung (PSY)
Einübung des interdisziplinären Dialogs bzw. Multi-logs (PSY)
Emanzipatorische Wissenschaft achtet Bedürfnisse von Mensch und Natur (PSY)
Loslösung von wirtschaftlichen und politischen Interessen (PSY)
kritische Wissenschaft mit breiten Veröffentlichungen (PSY)
Interdisziplinäre Lösungen kommunizieren (PSY)
Erforschung und Entwicklung erneuerbarer Energien (PSY)
anything goes (PSY)

Abb. 18: „Ökologischer Wunschzettel" an die Gruppe POLITIK

Die Liste der ökologischen Expertinnen und Experten umfaßt **32 Visionen**...

Erwartungen, Wünsche und Visionen:

über Legislaturperioden hinausreichende Perspektiven entwickeln (POL)
Unabhängigkeit von der Wirtschaft (POL)
langfristiger denken (WIR)
weniger auf Lobbyisten hören (WIR)
geringere Wahl- und Lobby-Orientierung (WIR)
stärkere Emanzipation von Tagespolitik und Wahltaktik (WIR)
Wahlrecht von Geburt an, auch durch Vertretung der Eltern (REC)
visionär langfristig gestalten (WIS)
Förderung regionaler Strukturen (WIS)
mutiger sein, sich gegen vordergründige Wirtschaftsinteressen zu stellen (WIS)
stärkere Förderung der Dritten Welt (PÄD)
gegen Widerstände durchsetzen (PÄD)
mehr Glaubwürdigkeit (PÄD)
ökologische Steuerreform (PÄD)
attraktive Visionen (PÄD)
weg vom Wachstum (MED)
Priorität der Umweltpolitik in den Köpfen verankern (MEZ)
könnte der Gesellschaft mehr zusetzen (NGO)
mehr linke Öko-Politik (JUG)
ökosoziale Orientierung (JUG)
nicht mehr auf die Wirtschaft hören (JUG)
keine Angst vor dem Abwählen mehr haben (JUG)
an nachfolgende Generationen denken (JUG)
mehr Bürgerbeteiligung an politischen Prozessen (PSY)
Mut, die eigentlichen Probleme zu thematisieren (PSY)
Wirtschaftsinteressen zum Gemeinwohl steuern (PSY)
Wohlstandsindex statt Bruttosozialprodukt (PSY)
Basisdemokratie: direkte Mitbestimmung auf lokaler Ebene (PSY)
internationale Zusammenarbeit zum Schutz der Umwelt (PSY)
weniger auf Wiederwahlen schielen (PSY)
politisches Klima zur Honorierung unpopulärer Maßnahmen schaffen (PSY)
„straighter" sein (PSY)

Abb. 19: „Ökologischer Wunschzettel" an die Gruppe RELIGION

Die Liste der ökologischen Expertinnen und Experten umfaßt **20 Visionen**...

Erwartungen, Wünsche und Visionen:

mehr mensch- als machtbezogen (WIR)
diesseitig denken (WIS)
Ehrfurcht vor dem Leben (WIS)
Mut, neue Formen zu finden (POL)
den einzelnen Menschen für seine Schöpfungsverantwortung motivieren (POL)
Orientierung geben (PÄD)
Dialog der Religionen (PÄD)
besserer „Verkauf" ethischer Grundsätze (PÄD)
Papst erlaubt Verhütung (PÄD)
Bewahrung der Schöpfung (MED)
Besinnung auf aktuelle Themen (MEZ)
muß sich zur Schöpfung bekennen (NGO)
den Menschen aus dem Mittelpunkt nehmen (JUG)
nicht soviel mit sich selbst beschäftigen (JUG)
Geburtenkontrolle wird erlaubt (PSY)
Frauen in Priesterpositionen (PSY)
Stärken von gewaltfreien Konfliktlösungen (PSY)
weniger Verlogenheit (PSY)
mehr Einmischung in ökologische und soziale Fragen (PSY)
Umweltschutz thematisieren (PSY)

Abb. 20: „Ökologischer Wunschzettel" an die Gruppe ERZIEHUNG
Die Liste der ökologischen Expertinnen und Experten umfaßt **30 Visionen**...

Erwartungen, Wünsche und Visionen:

Zukunft als Unterrichtsthema (PÄD)
ohne moralischen Zeigefinger (PÄD)
in Lebenswelten integrieren (PÄD)
Aufklärung und Einübung stärker fördern (PÄD)
Bildung für nachhaltige Entwicklung ist Standard (PÄD)
ganzheitlicher Einfluß auf Menschen im Umgang mit der Natur (PÄD)
Fernsehverbot (WIR)
Stärken der Lehrer (WIR)
Schule und Elternhaus sollten ernstgenommen werden (WIR)
Langfristperspektiven (REC)
konkrete Konzepte entwickeln (WIS)
mehr ermutigen und Eigenverantwortung übertragen (WIS)
Schulung der Selbstwahrnehmung (WIS)
Lehrpläne entrümpeln (POL)
mehr Handlungsgestaltung (POL)
Respekt vor der Schöpfung (MED)
Erziehung zum verantwortungsvollen Umgang mit der Schöpfung (MEZ)
Umweltbildung verstärken (NGO)
bessere Öko-Erziehung in der Schule (JUG)
Erziehung mit offenen Augen und Ohren (JUG)
Kinder ernst nehmen (JUG)
Kinder kann mensch nicht besitzen (JUG)
Kinder nicht erziehen, sondern sie fragen, wie sie zukünftig leben wollen (PSY)
Ökologie nicht nur lehren, sondern in alle Lebensbereiche integrieren (PSY)
Einüben von gegenseitiger Wertschätzung, Führungs- und Kritikfähigkeit (PSY)
mehr Investitionen in Erziehung und Bildung (PSY)
selbstbestimmtes und kreatives Lernen (PSY)
Umwelterziehung als Standardfach in Schulen (PSY)
Jeder Mensch erziehe so, daß er sich nicht schämen muß (PSY)
Umwelterziehung beginnt in Familie und Schule (PSY)

Abb. 21: „Ökologischer Wunschzettel" an die Gruppe MEDIEN
Die Liste der ökologischen Expertinnen und Experten umfaßt **28 Visionen**...

Erwartungen, Wünsche und Visionen:

auch good news sind good news (WIR)
Umweltaufklärung mit Handlungsanweisungen (WIR)
Schlagzeilenbezahlung vermeiden (WIR)
positiv gestalten und ökologische Möglichkeiten aufzeigen (WIS)
der eigenen Verantwortung bewußt werden (WIS)
stärkere Unabhängigkeit (WIS)
Hoffnung geben (WIS)
größere Parteilichkeit für sozial-ökologische Perspektiven (WIS)
Ethikkommissionen als Kontrollinstanzen (POL)
Hartnäckigkeit (PÄD)
keine Skandalisierung (PÄD)
mehr positive Nachrichten (PÄD)
Beispiele für ökosoziale Innovationen (PÄD)
Informationen in Richtung Nachhaltigkeit (PÄD)
Ökotainment kommt (PÄD)
Information und Aufklärung (MED)
stärkere Thematisierung durch kontinuierliche Berichterstattung (MEZ)
Schlüsselfunktion als Plattform für alle anderen „Subkulturen (MEZ)
stärkere moralische Kontrollfunktion (MEZ)
Umwelt nicht als Modethema sehen (NGO)
mehr Objektivität (JUG)
unabhängig von Werbung, Geld und Quoten werden (JUG)
viel mehr über Möglichkeiten berichten, was mensch tun kann (JUG)
Berücksichtigung der Gesetzmäßigkeiten der Risikokommunikation (PSY)
Stop des Privatisierungstrends (PSY)
Medien müssen unabhängig von Wirtschaft arbeiten können (PSY)
verständliche Tips für die breite Bevölkerung geben (PSY)
mehr Wissen an das breite Publikum (PSY)

Abb. 22: „Ökologischer Wunschzettel" an die Gruppe MEDIZIN
Die Liste der ökologischen Expertinnen und Experten umfaßt **24 Visionen**...

Erwartungen, Wünsche und Visionen:

sollte Zusammenhänge erkennen (MEZ)
Publikmachen von Gesundheitsschäden durch Umweltverschmutzung (MEZ)
ganzheitliche Sicht des Menschen in Krankheit und Gesundheit (MEZ)
ganzheitlicher handeln und behandeln (WIR)
Prophylaxe-Förderung: Aufklärung über gesunde Lebensführung (WIR)
mehr Öffentlichkeitsarbeit (REC)
Alternativmedizin (WIS)
ganzheitliche Medizin (WIS)
das eigene Ethos stärker wahrnehmen (WIS)
Ethikkommissionen als Kontrollinstanzen (POL)
öffentliche Wortmeldungen (PÄD)
Stärkung der Eigenverantwortung (PÄD)
Resistenzproblematik in den Griff kriegen (PÄD)
sollte den Menschen als Bio-Indikator der Umwelt erkennen (NGO)
Ärzte sollten nicht nur an ihr Geld denken (JUG)
auf Selbsthilfemöglichkeiten verweisen (JUG)
Prävention (JUG)
von technischen Lösungen versuchen wegzukommen (JUG)
Abschied von der High-Tech-Medizin (PSY)
Mut zu politischen, vorsichtigen Grenzwerten und Diagnosen (PSY)
Förderung der „sprechenden" Medizin und Gesprächsführung (PSY)
ganzheitliche Ansätze (PSY)
Kursangebote: „Wie lebe ich im Einklang mit meiner Umwelt gesund?" (PSY)
Naturheilverfahren (PSY)

Abb. 23: „Ökologischer Wunschzettel" an die Gruppe der NGOs
Die Liste der ökologischen Expertinnen und Experten umfaßt **29 Visionen**...

Erwartungen, Wünsche und Visionen:

sollten besser kooperieren (NGO)
sich um die bemühen, die dem Umweltgedanken nicht nahestehen (WIR)
Förderung biologischer Anbauweisen und Tierhaltung (WIR)
mehr Aggressivität (REC)
mehr Mitsprache und Macht einfordern (WIS)
stärkere Vernetzung (WIS)
interne Konflikte beilegen (WIS)
staatliche Gelder für NGOs und Bürgerinitiativen (POL)
diskursiver Beitrag zu Konfliktlösungen (PÄD)
funktionierende Vernetzung (PÄD)
stärkere Lobby (PÄD)
mehr Einfluß (PÄD)
konkrete Projekte (PÄD)
müssen wieder aktiver werden (PÄD)
Schrittmacher und Vordenker (MED)
mehr Präsenz in der Öffentlichkeit (MEZ)
gleichberechtigter Geschäftspartner bei allen Gesellschaftsfragen (MEZ)
mehr Einfluß (JUG)
höhere Etats (JUG)
mehr Vernetzung (JUG)
globales Denken (JUG)
wissenschaftliche Kompetenz (JUG)
vielfältig bleiben (JUG)
frecher werden: keine Kompromisse an runden Tischen (PSY)
Mitwirkung in der UNO ausbauen (PSY)
von ihnen sollen gesellschaftliche Bewegungen ausgehen (PSY)
sozial abgesicherte Aktive (PSY)
Zeit zum Engagement (PSY)
weiter so mit mehr Geld (PSY)

Abb. 24: „Ökologischer Wunschzettel" an die Gruppe JUGEND

Die Liste der ökologischen Expertinnen und Experten umfaßt **28 Visionen...**

Erwartungen, Wünsche und Visionen:

mit offenen Augen und Ohren leben (JUG)
mehr Interesse und Engagement (JUG)
soll sich mehr interessieren (JUG)
sich ernst nehmen lassen (JUG)
sollte auf ihr Recht bestehen (JUG)
daran denken, daß es ihre Zukunft ist (WIR)
Umwelterziehung fängt auf dem Pausenhof an (WIR)
Bewußtwerden, daß ohne intakte Umwelt die eigene Zukunft kaputtgeht (WIR)
umfassende Partizipation (REC)
mehr Mitsprache und Macht einfordern (WIS)
Verantwortung übernehmen (WIS)
Engagement (WIS)
die eigenen Ansprüche auch künftigen Generationen zubilligen (POL)
Jugend, die den 68er-Eltern Wind macht und sie aus dem Sessel holt (POL)
umweltgerecht verhalten (PÄD)
die einzige Hoffnung (PÄD)
die einzigen wahren Hoffnungsträger (PÄD)
Engagement und positive Ansätze aufgreifen (PÄD)
Engagement, Kritik und Projekte (PÄD)
wird wieder stärker politisch aktiv (PÄD)
Idealismus (MED)
auf die Jugend kommt es an (MEZ)
sollte den Alten besser auf die Finger schauen (NGO)
wird uns vielleicht durch ungeahnte Herausforderungen überraschen (PSY)
nicht an der Nase herumführen lassen (PSY)
Kinder an die Macht (PSY)
„rage against the maschine" (PSY)

Technische Ökotopien

Im BMBF-Delphi hatten die Befragten die Möglichkeit, ihre Einschätzung zu über 1000 Thesen abzugeben. Diese Thesen bezogen sich fast ausschließlich auf technische Problemlösungen. Gleichzeitig wurde nach der Wichtigkeit der jeweiligen Innovation für bestimmte Entwicklungen gefragt, z.B. für die wirtschaftliche oder gesellschaftliche Entwicklung.

Für „GAIA 2000" wurden nun zehn Items ausgewählt, von denen die BMBF-Fachleute zu über 95% der Ansicht waren, daß sie für die Lösung der ökologischen Probleme wichtig sind. So ergab sich praktisch ein Querschnitt durch die verschiedenen Themenfelder der BMBF-Befragung, u.a. „Energie & Rohstoffe", „Bauen & Wohnen", „Mobilität & Rohstoffe" und „Raumfahrt".

Ein Vergleich der Ergebnisse beider Studien zeigt wie schon bei der Auswertung der Antworten zum Feld „Globale Megatrends", daß die BMBF-Fachleute zu grundsätzlich optimistischeren Einschätzungen kommen: Durchschnittlich 97% der Befragten glauben an die Realisierung der zehn ausgewählten „technischen Ökotopien". Dagegen rechnen im Durchschnitt „nur" 85% der ökologischen Expertinnen und Experten mit einer Verwirklichung der Visionen.

Außerdem differieren wie schon bei den globalen Megatrends die Zeiträume, in denen die Ökotopien erwartet werden: Bei den BMBF-Fachleuten treten die Ereignisse über zehn Jahre früher (zwischen 2006 und 2014) im Vergleich zu den GAIA-Befragten (zwischen 2017 und 2029) auf. Ein Beispiel: Mit der vergleichsweise größten Skepsis begegnen die ökologischen Expertinnen und Experten der These, daß „wirksame Methoden zur Rekultivierung von Ökosystemen in ehemaligen tropischen Regenwäldern entwickelt" werden. „Nur" 73% der Befragten glauben an diese Möglichkeit (zum Vergleich: 93% der BMBF-Fachleute) und unter diesen Optimisten wird diese Innovation erst im Jahr 2024 (BMBF: 2014) erwartet (vgl. Abb. 25).

Die ökologischen Fachleute hatten darüberhinaus die Möglichkeit, in einer offenen Frage weitere innovative technische Erfindungen zu benennen, die dem Umweltschutz zugute kommen. Interessanterweise haben sich an dieser Stelle eher sozialwissenschaftlich orientierte Menschen zu Wort gemeldet. Aus der Psychologie kommt z.B. die Vision, daß der Individualverkehr im Vergleich zum öffentlichen Personennahverkehr eines Tages unbedeutend wird. Eine Pädagogin glaubt an den verstärkten Einsatz von Biogasanlagen. Ein Politiker geht davon aus, daß irgendwann jedes Produkt die genaue Ökobilanz angeben muß. Und aus der Medizin kommt die Vorstellung, daß Autos ohne Abgase zum Standard werden und es keine Atomkraftwerke mehr auf der Welt gibt.

Insgesamt dominiert bei den ökologischen Expertinnen und Experten wie bei den BMBF-Fachleuten ein großer technischer Optimismus. Es scheint so, als wenn davon ausgegangen wird, daß mit Hilfe der Technik die meisten ökologischen Probleme zu lösen sind.

Abb. 25: Ranking technischer Ökotopien

Rang	Item (Frage: „Rechnen Sie mit folgenden Visionen?")	Zustimmungs-häufigkeit (%)	Erwartungs-zeitpunkt
1 (1)	Haustechnik und Wärmedämmung verbrauchen im Vergleich zu heute nur noch 20% der Energie.	96 (100)	2025 (2007)
2 (4)	Für FCKW werden weltweit Ersatzstoffe eingesetzt, so daß es zu keiner weiteren Anreicherung in der Stratosphäre kommt.	94 (99)	2017 (2008)
3 (5)	Hersteller von langlebigen Gebrauchsgütern werden gesetzlich verpflichtet, ihre Produkte später wieder zurückzunehmen.	93 (98)	2020 (2008)
4 (2)	Ein weltumspannendes Netzwerk zur Überwachung von Umweltbelastungen auf der ganzen Erde wird global genutzt, das Daten empfängt, systematisch analysiert und sie weltweit verbreitet.	89 (100)	2026 (2011)
5 (7)	Standardmäßig werden nur noch Fahrzeuge produziert, die eine automatische Demontage und vollständiges Recycling erlauben.	85 (97)	2027 (2008)
6 (8)	Verfahren werden angewandt, mit denen Ölverschmutzungen durch Tankerunfälle effektiv beseitigt werden können.	83 (96)	2024 (2008)
7 (10)	Die spezifischen Emissionen durch Kraftfahrzeuge werden auf 50% gegenüber heute reduziert.	83 (92)	2027 (2014)
8 (6)	Verfahren zur Sanierung von Grundwasserschadensfällen mit Schwermetallen etc. sind weltweit technischer Standard.	79 (97)	2029 (2007)
9 (3)	Überwachungsverfahren sind so effektiv, daß Verklappungen im Meer sofort registriert und Verursacher identifiziert werden können.	77 (99)	2021 (2006)
10 (9)	Es werden wirksame Methoden zur Rekultivierung von Ökosystemen in ehemaligen tropischen Regenwäldern entwickelt.	73 (93)	2024 (2014)

Hinweis: Zahlen in Klammern geben Auskunft über Rangreihenfolgen, Zustimmungshäufigkeiten und Eintrittserwartungen der im Auftrag des Bundesforschungsministeriums (BMBF) befragten Fachleute („Delphi'98").

Soziale Ökotopien

Voraussetzung für die Durchsetzung technisch-ökologischer Fortschritte ist allerdings die Bereitschaft der Gesellschaft, ökologischer leben zu wollen. Diese Prämisse wurde in der BMBF-Befragung überhaupt nicht thematisiert. Gegenstand der GAIA-Studie waren daher auch zehn „soziale Ökotopien", die den ökologischen Expertinnen und Experten zur Einschätzung vorgelegt wurden.

Die Ergebnisse sind bemerkenswert: Obwohl die sozialen Ökotopien tendenziell den technischen Ökotopien vorausgehen müßten, wird mit ihrem Eintreffen erst wesentlich später gerechnet - wenn überhaupt. Die durchschnittliche Erwartungsquote der sozialen Ökotopien liegt bei 64%. Zum Vergleich: Die mittlere Erwartungsquote der technischen Ökotopien lag bei 85% (GAIA) bzw. 97% (BMBF). Eine Erwartungsquote von über 80% erreicht lediglich das Item „Analog zu den monatlichen Berichten der Bundesanstalt für Arbeit berichten die Medien über den Zustand der Umwelt" (82%), diese Sendung wird im Jahr 2015 erwartet (vgl. Abb. 26).

Das vorausgesagte „Jahrhundert der Umwelt"[18] nimmt nach der Expertise der befragten Ökologinnen und Ökologen erst Anfang der 20er Jahre konkretere Formen an: Danach wird sich im Jahr 2021 Umweltschutz als „Schulfach von der ersten Klasse an" durchgesetzt haben (60% der Befragten vertreten diese Prognose), im Jahr 2022 entstehen „interdisziplinäre Umwelt-Universitäten" (73%), im Jahr 2023 wird Deutschland von einer Persönlichkeit regiert, die das Thema „Umwelt zum Primat der Politik" macht (64%), im Jahr 2024 löst ein „Ökosozialprodukt" das Bruttosozialprodukt als Wohlstandsmaß ab (63%) und im Jahr 2025 wird auf UNO-Ebene ein ökologischer „Rat der Weisen" mit weitreichenden politischen Kompetenzen eingesetzt (63%). An die Umsetzung eines „völkerrechtlich ausgehandelten ökologischen Marshall-Plans" glauben sogar fast vier von fünf Befragten (79%), allerdings erst im Jahr 2029.

Keine Mehrheiten finden dagegen die Visionen, daß das Umweltministerium einen höheren Etat als das Verteidigungsministerium hat (44%) und daß in Deutschland auch Kinder wählen dürfen (28%). Offenbar gibt es Ökotopien, die auch in den Augen ökologischer Expertinnen und Experten utopisch bleiben.

Analog zu den technischen Ökotopien konnten die GAIA-Fachleute auch hinsichtlich sozialer Ökotopien in einer offenen Frage antworten. Von dieser Möglichkeit machten vor allem die befragten Psychologinnen und Psychologen Gebrauch. So wird z.B. erwartet, daß Ökologie zum attraktivsten Beschäftigungsfeld und ökologisches Handeln im Alltag selbstverständlich wird. Ein Politologe geht davon aus, daß Umweltdelikte als Verbrechen gegen die Menschheit bestraft werden, eine Pädagogin erwartet eine Weltregierung mit übergeordneten Befugnissen. Eine Ärztin hat die Vision der konsequenten Förderung von Umweltschutzmaßnahmen durch den Staat und eine Jugendliche geht davon aus, daß Umweltschutz Bestandteil aller Schulfächer wird.

---

[18] von Weizsäcker, Ernst Ulrich (1999): Das Jahrhundert der Umwelt. Frankfurt/Main.

Abb. 26: Ranking sozialer Ökotopien

Rang	Item (Frage: „Rechnen Sie mit folgenden Visionen?")	Zustimmungshäufigkeit (%)	Erwartungszeitpunkt
1	Analog zu den monatlichen Berichten der Bundesanstalt für Arbeit berichten die Medien über den Zustand der Umwelt.	82	2015
2	Ein völkerrechtlich ausgehandelter „ökologischer Marshallplan" wird von den einzelnen Regierungen umgesetzt.	79	2029
3	Die große Mehrheit der Bürgerinnen und Bürger kennt die „Agenda 21" und verbraucht weniger Ressourcen im Alltag.	77	2012
4	Die zunehmende Ökologisierung der Bildungseinrichtungen führt zur Gründung interdisziplinärer Umwelt-Universitäten.	73	2022
5	Auf UNO-Ebene wird ein ökologischer „Rat der Weisen" mit weitreichenden politischen Kompetenzen eingesetzt.	72	2025
6	Deutschland wird von einem Mann oder einer Frau regiert, der/die das Thema Umwelt zum Primat der Politik macht	64	2023
7	Ein sog. Ökosozialprodukt löst das Bruttosozialprodukt als Wohlstandsmaß der bundesdeutschen Volkswirtschaft ab.	63	2024
8	Umweltschutz hat sich gleichwertig zu anderen Fächern als ein Schulfach von der ersten Klasse an durchgesetzt.	60	2021
9	Das Umweltbundesministerium wird zu einem Schlüsselministerium, das einen höheren Etat als der Verteidigungshaushalt hat.	44	2028
10	In der Bundesrepublik Deutschland wird das Wahlrecht in dem Sinne reformiert, daß auch Kinder wählen dürfen.	28	2031

Psychologie der Zukunft

Auf wen kommt es an, wenn ökologische Katastrophen aufgehalten und die „Ökotopien" durchgesetzt werden sollen? Diese Frage, die sich aus sozialwissenschaftlicher Sicht ergibt, wurde den GAIA-Befragten nach einem Vorbild von Hoff[19] vorgelegt. Sieben potentielle Akteure standen zur Auswahl, ihre Rolle konnte als „sehr wichtig", „wichtig" oder „eher unwichtig" eingeschätzt werden. Allgemein herrscht große Einigkeit unter den ökologischen Expertinnen und Experten, daß alle Akteure ihre Bedeutung in der ökologischen Kommunikation haben. Die geringste Bedeutung wird der eigenen Person sowie einflußreichen Personen eingeräumt, die wichtigste Rolle wird vielen Menschen gemeinsam und staatlich-politischen Maßnahmen übertragen.

Weiterhin konnten die GAIA-Befragten nach dem Vorbild von Preuss[20] zwischen drei Rollen-Identitäten wählen, die sie einnehmen, wenn sie an die Umweltzerstörung denken. Auch hier wurde von der Möglichkeit mehrfacher Antworten Gebrauch gemacht: So sehen sich 90% der Befragten als Täter/in, 70% als Retter/in und 54% als Opfer der Umweltzerstörung. Genau die Hälfte aller Befragten vereint im Sinne einer ökologischen Persönlichkeit alle drei Identitäten in sich. Dieser Befund zeugt von einem ausgeprägten Problembewußtsein, da diese Sichtweise allgemein eher selten anzutreffen ist. Überraschenderweise wird die ganzheitliche Perspektive von allen jugendlichen GAIA-Befragten gewählt, jedoch überhaupt nicht von den Experten aus Wirtschaft und Politik.

Für die Psychologie als Wissenschaft vom Erleben und Verhalten des Menschen stellt sich im ökologischen Zusammenhang die Frage, wie Menschen zu einem ökologisch verantwortungsvollen Verhalten motiviert werden können. „GAIA 2000" stellte folgende Frage: „Es gibt viele Möglichkeiten, Menschen zu einem umweltfreundlicheren Handeln zu bewegen. Kreuzen Sie nachfolgend bitte an, welche Wege aus ihrer Erfahrung am wirkungsvollsten sind". Angeboten wurden zehn „Psychologien", die sich im Rahmen der Umweltbewußtseinsforschung als potentielle Kandidaten erwiesen haben.

Die Antworten der ökologischen Expertinnen und Experten lassen sich in zwei Gruppen mit jeweils fünf umweltpsychologischen Ansätzen unterteilen. Zu den von einer Mehrheit empfohlenen Maßnahmen gehören: Die Psychologie des Nutzens („Es lohnt sich, wenn du handelst", 74%), der Aufklärung („Begreife, was wichtig ist", 69%), der Empathie („Lerne lieben, was du schützt", 61%), der Aktion („Handeln ist das einzige, was zählt", 53%) und der Freiwilligkeit („Du darfst", 51%). Eine Therapeutin ergänzte den Fragebogen noch mit dem Item „Psychologie der Ermutigung" („Du kannst..."). Mehrheitlich abgeraten wird von den ökologischen Fachleuten dagegen von der Psychologie der Lust („Tu' was, wenn es dir Spaß macht", die Zustimmung beträgt 49%), des Gewissens („Du sollst nicht", 27%), der Zwangsmaßnahmen („Du mußt", 27%), der Askese („Weniger und langsamer ist besser", 25%) und der Katastrophe („Der Untergang droht", 8%).

---

[19] Hoff, Ernst u.a. (1995): Zwischenbericht zum Projekt „Industriearbeit und ökologisches Verantwortungsbewußtsein". Berlin.

[20] Preuss, Sigrun (1992): Opfer, Täter, Retter - kollidierende Rollen in der Risikogesellschaft. Vortrag auf der Jahrestagung der Bundeskonferenz Erziehungsberatung. Saarbrücken.

6. Gestern - heute - morgen

Der Fragebogen der „Zukunftsstudie von oben" endete mit einer Bilanz der Befragten. Die Bilanz umfaßte eine kognitive und emotionale Einschätzung der Umweltzerstörung, einen ökologischen Rückblick des 20. Jahrhunderts, eine Beurteilung der aktuellen deutschen Umweltpolitik zur Jahrtausendwende, Visionen für ein 21. Jahrhundert der Umwelt sowie theoretische und praktische ökologische Empfehlungen der Expertinnen und Experten (GAIA-Fragen 91-100).

Verdrängung der Umweltzerstörung

Am Ende des Fragebogens wurden die ökologischen Fachleute nach der persönlichen Beurteilung ihrer kognitiven Einschätzung der Umweltzerstörung („Sehen Sie die Umwelt gefährdet?") und ihrer emotionalen Betroffenheit („Beschäftigen Sie die ökologischen Probleme emotional?") gebeten. Den Befragten standen jeweils sieben Antworten (von 0 = „gar nicht" bis 6 = „extrem") zur Auswahl. Hintergrund der Fragen ist ein Modell, nach dem die Differenz der beiden Aussagen - operationalisiert als siebenstufige Skalen - Aufschluß über die individuelle Verdrängung der Umweltzerstörung gibt (vgl. auch Kap. 12).

Die durchschnittliche kognitive Einschätzung der Umweltgefährdung liegt bei 4.5 (also „stark" bis „sehr stark"), die emotionale Betroffenheit bei 3.7 („mittel" bis „stark"), der Verdrängungsfaktor liegt demzufolge bei einem Wert von 0.8. Insgesamt halten 90% der ökologischen Expertinnen und Experten die Umwelt für mindestens „stark" gefährdet, „stark" (oder stärker) betroffen fühlt sich jedoch nur etwa jeder zweite Befragte. Überraschend ist der Befund, daß ausgerechnet die befragten Psychologinnen und Psychologen (Mittelwert = 1.4) die Umweltzerstörung signifikant stärker verdrängen als die anderen Gruppen (Mittelwert = 0.5).

Ökologische Bilanz des 20. Jahrhunderts

Weiterhin wurden die Umwelt-Expertinnen und Experten nach den aus ökologischer Sicht „schlimmsten Entwicklungen und Ereignissen" (Frage 93) und nach den „größten Erfolgen bzw. Errungenschaften der ökologischen Bewegung" (Frage 94) des 20. Jahrhunderts gefragt.

Hinsichtlich der „negativen Frage" gab es weit über hundert Antworten. Spitzenreiter dieses Katalogs der „ökologischen Katastrophen" war alles, was mit dem Wort „Atom" anfängt, mit insgesamt 18 Nennungen (als Synonym für „Atombomben", „Atomindustrie", „Atomkraft", „Atommüll", „Atomtests" und „Atomunfälle"), dicht gefolgt von „Tschernobyl" (15 Nennungen), das als spezifisches Ereignis für viele Befragten separat steht. Weiterhin fallen Konfundierungen von Ursachen und Wirkungen auf, sie zeigen sehr deutlich die Vernetztheit ökologischer Probleme.

So wurden weiterhin genannt: Klimaentwicklung (14), Auto- und Flugverkehr (13), Regen-Waldsterben, Industriealisierung, Wachstum und Konsum (je 9), Wasserverschmutzung und Kriege (je 8), Gentechnik und Energieverbrauch (je 7), Bevölkerungsentwicklung (6), Bodenverschmutzung und Giftgas (je 4) und das Artensterben (2).

Ein klareres Bild offenbart die „positive Frage" nach den größten ökologischen Erfolgen des 20. Jahrhunderts. Hier gab es im Ergebnis eine große Clusterung, am häufigsten wurde die allgemeine ökologische Bewußtwerdung bzw. Sensibilisierung (34) genannt, noch vor konkreten Maßnahmen (28) und der politischen Etablierung des Themas (13).

Zur gegenwärtigen Umweltpolitik in Deutschland

Langfristige Rück- und Ausblicke laufen manchmal Gefahr, die Gegenwart aus den Augen zu verlieren. „GAIA 2000" bat die ökologischen Expertinnen und Experten daher auch um eine Einschätzung aktueller umweltpolitischer Ereignisse und Entwicklungen, exemplarisch an der sog. ökologischen Steuerreform (Frage 95) und der deutschen Klimapolitik (Frage 97).

Die in Deutschland im Jahr 1999 eingeführte „ökologische Steuerreform" beinhaltet eine Erhöhung der Preise von Benzin, Heizöl, Strom und Gas um 0.32 bis 6 Pfennige (weitere Erhöhungen waren zum Zeitpunkt der Befragung noch nicht in Aussicht), Zweck dieser Einnahmen ist eine Senkung der Lohnnebenkosten. Das Urteil der Expertinnen und Experten ist überwiegend negativ („ein schlechter Witz", „nette kleine Alibimaßnahme", „ich sehe keine ökologische Steuerreform" u.a.). Immerhin würdigt jeder vierte Befragte die Maßnahme an sich (meist in dem Stil „richtiger Ansatz, halbherzig durchgeführt" oder „gut, aber zu wenig"). Jede fünfte Antwort kritisiert die ökologische Zweckentfremdung (ein Ökonom findet z.B. die „Kopplung dieser Themen absurd"), viele der Expertinnen und Experten plädieren für eine ökologische Verwendung der Einnahmen.

Ebenso eindeutig fällt die umweltpolitische Kritik zur Frage nach den Chancen einer Erreichung nationaler Klimaziele aus. Zum Diskurs stand das Ziel einer Reduzierung der Treibhausemissionen um 25% bis zum Jahre 2005 (Maßstab 1990). Zwei Drittel (66%) der ökologischen Fachleute glauben nicht an die Verwirklichung dieses Ziels, während nur 22% der Befragten sich optimistisch zeigen. 12% der Befragten kommentieren die Frage ohne Prognose (einige Fachleute aus Politik und Wirtschaft halten das Ziel für zu niedrig!).

Ökologischer Ausblick auf das 21. Jahrhundert

Zwei Fragen beschäftigten sich mit den Aussichten des proklamierten 21. „Jahrhunderts der Umwelt": „Wovon hängt die Realisierung eines ökologischen 21. Jahrhunderts Ihrer Ansicht nach vor allem ab?" (Frage 98) und „Was würden Sie ökologisch verändern, wenn Sie Bundeskanzler/in oder Umweltminister/in wären?" (Frage 96).

Die Antworten auf die letztgenannte Frage lesen sich wie eine umfassende Agenda für die politische Klasse. Der Maßnahmenkatalog der Umwelt-Fachleute umfaßt über 100 Punkte, vielfach genannt werden eine (internationale) ökologische Steuerreform, der Ausstieg aus der Atomkraft und die Förderung der Solar- und anderer regenerativer Energien, eine alternative Verkehrspolitik (u.a. Ende des Straßenbaus und Verbot von Motorsport), eine internationale Umweltpolitik, mehr Einfluß auf die Wirtschaft sowie mehr Demokratie und Bürgerbeteiligung (aus jugendlicher Sicht auch Kinderwahlrecht und Tierschutz).

Wovon hängt die Realisierung des 21. „Jahrhunderts der Umwelt" nach Einschätzung der ökologischen Expertinnen und Experten vor allem ab? Aufgrund der offenen Statements schälen sich vor allem drei Akteursgruppen heraus, die wie in einem Dreieck zueinander stehen: Wirtschaft, Politik und Bevölkerung. Die Gewichtung in Abhängigkeit von den Nennungshäufigkeiten führt zu einer umgekehrten Reihenfolge: Danach kommt es vor allem auf das Bewußtsein und die Betroffenheit, den Willen und die Werte, das Denken und Handeln jedes einzelnen an (ca. 50%). Erst an zweiter und dritter Stelle steht eine neue Politik bzw. der politische Wille von Veränderungen (30%) und das Verhalten der Wirtschaft (20%). Die Wege zum Ziel entsprechen tendenziell den bereits vorgestellten Psychologien des Nutzens, der Lust und der Erkenntnis (nämlich der „Grenzen des Wachstums" und der „Einsicht der Menschen in die Notwendigkeit des Handelns").

Ökologische Empfehlungen für die Praxis

Insbesondere auf Wunsch von einigen Kindern und Jugendlichen auf dem „Jugend-Umwelt-Kongreß 1999" in Göttingen wurden die ökologischen Expertinnen und Experten am Ende des Fragebogens noch um zwei persönliche Empfehlungen gebeten, zum einen um ein ökologisches Buch, das ihre eigene Beschäftigung mit der Thematik wesentlich inspiriert hat (Frage 99), zum anderen um einen „ökologischen Alltagstip" (Frage 100). Die Resonanz auf beide Fragen war überwältigend.

Die Literaturliste umfaßt fast 70 Titel, von denen einige mehrfach genannt wurden. Als ökologisches „Buch des Jahrhunderts" können demnach die „Grenzen des Wachstums" bezeichnet werden, die von Meadows et al. publiziert Anfang der 70er-Jahre um die Welt gingen und die Entwicklung der Ökologie-Bewegung entscheidend beeinflußten. Dreifach genannt wurden die Bücher „Erdpolitik" und „Faktor vier" von Ernst Ulrich von Weizsäcker, der Bericht „Global 2000" sowie der Roman „Die Wolke" von Gudrun Pausewang. Doppelte Empfehlungen erhielten mit Rachel Carson („Der stumme Frühling") und Christine Nöstlinger („Nagle einen Pudding an die Wand") zwei weitere Frauen, außerdem der „Brundtland-Report", das „Greenpeace-Magazin" und auch noch auf Empfehlung einer Psychologin und eines Ökonomen die Bibel (!).

Ähnlich beeindruckend liest sich die mehrere dutzend Empfehlungen umfassende Liste der „ökologischen Alltagstips", zumal sich die Statements auch kaum wiederholen. Jede einzelne Maßnahme hat ihren Wert an sich, daher abschließend in voller Länge die Liste (Abb. 27). Sie offenbart, daß ein ökologisch-bewußtes Leben nicht langweilig sein muß.

Abb. 27a: Ökologische Alltagstips der GAIA-Expertinnen und Experten

Ausflüge ins Grüne mit dem Fahrrad (PSY)

Reflexion beim Verbrauch nicht-regenerierbarer Rohstoffe und Energien (PSY)

Stromsparen im Haushalt, z.B. Kühlschrank, Gefriertruhe, Lampen (PSY)

auf Öko-Tips verzichten und die gesamte Kraft in Widerstand stecken (PSY)

Steckleiste zum zentralen und kompletten Ausschalten von PC und Hifi (PSY)

konsequentes Bonus-System für umweltfreundliches Verhalten entwickeln (PSY)

nicht Natur leben, sondern erleben (PSY)

Solidarität mit anderen Interessengruppen und gemeinsames Engagement (PSY)

man vergleiche die Preise im Supermarkt und im Bioladen (PSY)

Fahrradfahren macht Spaß (PSY)

weniger Konsum macht freier (PSY)

individueller Umweltschutz bringt wenig, ohne ihn offen zu vertreten (PSY)

Recht auf Leben achten, auch bei Unkraut (PSY)

Eintritt in eine ökologische Einkaufsgemeinschaft (PSY)

ökologische Ernährung (PSY)

eigentlich nur der gute alte „Kantsche kategorische Imperativ" (PSY)

Verpackungen und Tüten vermeiden, wo es nur geht (PSY)

Fahrradfahren (PSY)

Wertstoffsammlungen (PSY)

gemeinsam macht's mehr Spaß (PSY)

wenig benutzte Papierserviette im Restaurant als Taschentuch nutzen (PSY)

Regenwasser in Blumentopf-Utensilien sammeln (WIR)

Urlaub auf dem Balkon (WIR)

Reifendruck prüfen (WIR)

Lebensmittel aus der Region bevorzugen (WIR)

Speed 'rausnehmen (WIR)

mehr Eigenbewegung als motorgetrieben (WIR)

immer öfter das Auto stehen lassen (WIR)

Abb. 27b: Ökologische Alltagstips der GAIA-Expertinnen und Experten

just do it (WIS)

kein Auto besitzen (WIS)

mehr Bescheidenheit (WIS)

mehr Verantwortung (WIS)

mehr von Natur lernen (WIS)

möglichst auf das Auto verzichten (WIS)

den eigenen Abfall wiederverwerten (WIS)

langlebige Produkte kaufen (POL)

nicht jeder Mode folgen (POL)

kein Auto fahren (PÄD)

saisonales Leben (PÄD)

weniger ist mehr (PÄD)

die Natur lieben, schätzen und genießen (PÄD)

Energiesparlampen (PÄD)

hierbleiben (PÄD)

mit Freude gemeinsam etwas entdecken und umsetzen (PÄD)

Kühlschrank im Winter ausschalten und ins Freie verlegen (PÄD)

Öko-Wein trinken (PÄD)

small is beautiful (MED)

Putzen mit Essigwasser (MEZ)

an Umwelt denken, aber nicht stressen lassen (MEZ)

mehr mit der Natur als über die Natur reden (NGO)

sei konsequent und ehrlich, dann fällt dir was ein (NGO)

Essen nur aus kontrolliertem biologischen Anbau (JUG)

öfter einmal einen dicken Pullover anziehen statt heizen (JUG)

öffne die Augen & Ohren & sehe & höre, was die Welt so von sich gibt (JUG)

Standby-Schaltungen vermeiden bzw. ausschalten (JUG)

Gewissen! (JUG)

7. GAIA-Zusammenfassung

Im Zentrum des Kapitels steht eine Zusammenfassung der „Zukunftsstudie von oben" in Form von zehn Thesen. Einleitend gilt es, nochmal die Besonderheiten von „GAIA 2000" in Erinnerung zu rufen.

Innovative Zukunftsforschung

„GAIA 2000" ist eine methodische Innovation in der modernen Zukunftsforschung. Im Vergleich zu großangelegten klassischen Delphi-Befragungen hat die vorliegende Studie Vor- und Nachteile. Die Nachteile betreffen die Quantität: Während in der BMBF-Befragung über 7000 Fachleute über 1000 Fragen zu beantworten hatten, wurden in der GAIA-Studie nur 200 Expertinnen und Experten 100 Fragen vorgelegt. Der reduzierte Umfang hatte zum einen pragmatische (finanzielle) Gründe, zum anderen war er auch ein bewußter Akt in dem Sinne, daß die Auswahl der Qualität zugute kommen sollte.

Die Vorteile von „GAIA 2000" liegen vor allem in der Qualität von Stichprobe und Instrumentarium: Es wurden ausschließlich ökologische Expertinnen und Experten eingeladen, und zwar nicht nur „Betitelte", sondern z.B. auch Jugendliche, Studierende und Umweltgruppen. Die Erweiterung des Expertenbegriffs ging einher mit einer Öffnung der Instrumente: Quantitative Items wurden durch qualitative Fragen ergänzt, und der Gegenstand umfaßte nicht nur technische, sondern auch soziale Probleme. Außerdem wurde die Methode Zukunftswerkstatt in schriftlicher Form integriert.

Die „Delphi-Werkstatt"

Vom Selbstverständnis ist GAIA keine „reine" Delphi-Befragung (dazu hätte man z.B. aufwendige Feedback-Schleifen inszenieren müssen), sondern durch die Kombination von Delphi-Elementen und der Methode Zukunftswerkstatt eher eine offene „Delphi-Werkstatt", die zu (möglicherweise größer angelegten) Nachahmungen einladen kann.

Die Idee der Delphi-Werkstatt als methodische Integration der Delphi-Methode (DM) und der Zukunftswerkstatt (ZW) bedarf einer kurzen Erläuterung der Gemeinsamkeiten und Unterschiede, die sich nach Vorstellung der Studie am besten nachvollziehen lassen:

(1) In beiden Fällen handelt es sich um Problemlöse- bzw. Prognosemethoden zur Entwicklung von langfristigen Vorhersagen (DM) bzw. alternativen Zukünften (ZW).

(2) Beide Befragungsmethoden dienen vor allem der Gruppenkommunikation, ausgehend von der empirisch bewährten Annahme,[21] daß (n+1) Personen leistungsfähiger als (n) Personen sind. In einem Fall ist die Kommunikation hochstrukturiert und anonym (DM), im anderen Fall handelt es sich in der Regel um eine wenig strukturierte, zurückhaltend moderierte „face to face"-Kommunikation (ZW).

---

[21] Antons, Klaus (1992): Praxis der Gruppendynamik. Übungen und Techniken. Göttingen.

(3) Beiden Methoden liegt ein dialektisches Prinzip zugrunde, das sich in drei Arbeitsphasen niederschlägt. Die Dialektik drückt sich zum einen im Wechsel zwischen der sog. Initial- und Angleichungsphase (DM), zum anderen in der Kritik- und Phantasiephase (ZW) aus. Ziel ist der Weg von der Analyse zur Synthese.

(4) Beide Methoden begreifen die Teilnehmenden als Experten, wobei sich der Expertenbegriff traditionell grundlegend unterscheidet: In einem Fall sind es wissenschaftlich anerkannte Fachleute (DM), anderenfalls wird Expertise über Erfahrungswissen bezüglich des diskutierten Problems definiert (ZW). Experten „von oben" (DM) stehen Alltags-Experten „von unten" (ZW) gegenüber

(5) In beiden Methoden arbeitet der Initiator und Veranstalter im Hintergrund: Weder das Leitungsgremium (DM) noch der Moderator (ZW) ist für die inhaltlichen Ergebnisse, wohl aber für das Management verantwortlich.

(6) Die inhaltlichen Gegenstände beider Methoden sind praktisch unbegrenzt, sie können sich auf ziemlich umfassende Probleme erstrecken.

(7) Beide Ansätze fühlen sich im Kern demokratischen Grundsätzen verpflichtet: Jeder Teilnehmende verfügt unabhängig von seinem Status generell über dieselben Chancen der Einbringung. Gruppendynamische Prozesse, einhergehend mit der Dominanz einzelner Personen, lassen sich durch das Prinzip der Anonymität (DM) tendenziell besser kontrollieren, als wenn sich das Team direkt gegenübersteht. Die Orientierung an anderen Auffassungen ist bei einer Interaktion nicht auszuschließen, sondern erwünscht.

(8) Schließlich scheinen beide Methoden geeignet zu sein, Menschen zu bewegen, mehr zu kooperieren als zu konkurrieren bzw. Gelegenheiten einer kooperativen oder kreativen Konkurrenz zu schaffen.[22]

Aufschlußreiche Resonanz

Einige Worte zum Feedback zur Befragung: Obwohl die Zukunft der Erde alle Menschen betrifft, gibt es große Unterschiede hinsichtlich der Resonanzen gesellschaftlicher Subsysteme auf die ökologische Krise. Kann man den Rücklauf zur Befragung auch als Indiz für die allgemeine Resonanz auf die ökologische Krise in unserer Gesellschaft werten?

Zunächst einmal ist festzustellen, daß von einer geplanten zusätzlichen ausländischen Stichprobe mangels Resonanz leider Abstand genommen werden mußte. Angeschrieben wurden 20 internationale ökologisch renommierte Persönlichkeiten. Dies als mangelndes Interesse am Thema zu deuten, wäre wahrscheinlich übertrieben, handelt es sich doch um Personen, die sehr stark in der Öffentlichkeit stehen (u.a. Gore und Gorbatschow).

---

[22] vgl. auch Sohr, Sven & Stary, Joachim (1997): Die Zukunftswerkstatt. Bildungspolitischer Stellenwert, methodische Grundlagen und praktische Erfahrungen in der Fortbildung an Hochschulen. Brennpunkt Lehrerbildung 17/97, S. 44-56.

"Winner" und "Looser"

Um so aufschlußreicher ist der Rücklauf der nationalen Stichprobe, da hier zehn "Subkulturen" der Gesellschaft im identischen Umfang und mit vergleichbaren Quoten (Alter, Geschlecht etc.) kontaktiert wurden. Hier offenbarten sich große Unterschiede: Zu den "Loosern" gehörte allen voran das Cluster "Religion" (Totalausfall!) sowie die Gruppen "Recht" und "Medien" mit jeweils nur einem Beteiligten. Nicht unerwähnt bleiben sollte auch das Subsample "Politik": Bei den beiden einzigen Teilnehmern handelt es sich um hochrangige Vertreter nationaler Forschungseinrichtungen. Von allen im Bundestag vertretenen Parteien antwortete dagegen kein einziger Umweltexperte.

Demgegenüber stehen jedoch mehrere "Winner": Gemeint sind Gruppen, die mit einer Quote von mindestens 50% an der Öko-Befragung teilnahmen, was angesichts der mangelnden Gratifikationen (es gab keine Prämie zu gewinnen) als Zeichen für ein lebendiges Interesse gegenüber dem Gegenstand gedeutet werden kann. Allen voran ist hier die Gruppe "Erziehung" zu nennen (mit einer Quote von 90%!), außerdem die Subsysteme "Jugend" und "Wirtschaft" (je 50%). Letzte Gruppe gehört zweifellos zu den positiven Überraschungen der Befragung, hier umfaßt der Personenkreis mehrere Führungspersönlichkeiten multinationaler Konzerne.

Wie schon in der Studie "von unten" sind es auch in der Studie "von oben" allgemein eher die jüngsten und die ältesten Befragten, denen die Ökologie-Problematik am Herzen zu liegen scheint, sowie in signifikanter Deutlichkeit die weiblichen Befragten: Obwohl (mangels prominenter Adressen) nur knapp 20% der angeschriebenen Stichprobe weiblich war, antworteten mehr als doppelt so viele, wie aufgrund des Rücklaufes erwartet werden konnte. Außerdem kamen mehr als die Hälfte der Antworten auf die offenen Fragen von Frauen, obwohl nur jeder dritte Experte eine Frau war. Das Thema Ökologie ist offenbar eine weibliche Domäne.

Zehn GAIA-Thesen

Nachfolgend die wichtigsten Erkenntnisse der Studie in zehn Thesen zusammengefaßt.

1. In der Einschätzung, daß die ökologische Krise zum wichtigsten "Megatrend" der Zukunft wird, sind sich unterschiedliche Expertinnen und Experten weitgehend einig.

Auftakt der Delphi-Studie war eine Einschätzung zukünftiger "Megatrends" der Gesellschaft. Hier konnte die These überprüft werden, ob die Prognosen der allgemeinen Fachleute der Gesellschaft (aus der BMBF-Befragung) mit den Beurteilungen ökologischer Expertinnen und Experten übereinstimmen. Trotz Differenzen im Detail dominiert hier tendenziell der Konsens in dem Sinne, daß über die "großen" Trends weitverbreitete Einigung herrscht.

Die überwiegende Mehrheit der Expertinnen und Experten sieht mittel- bis langfristig in der ökologischen Krise einen, wenn nicht sogar „den" zentralen „Trend" heraufziehen. Während andere, ebenfalls für bedeutsam erachtete Entwicklungen eher kurzfristiger Natur zu sein scheinen (in der BMBF-Befragung z.B. der Anstieg der Arbeitslosigkeit in den Industrieländern aufgrund der Globalisierung), wird den ökologischen Veränderungen sowohl von den BMBF-Fachleuten als auch von den GAIA-Befragten eine nachhaltige Wirkung vorausgesagt.

Die Aussichten sind alles andere als ermutigend: Die ökologischen Expertinnen und Experten erwarten u.a. mit einer Übereinstimmung von 70 bis 90% im Mittel zum Jahr 2018 eine gesundheitliche Beeinträchtigung der meisten Menschen durch wachsende Umweltprobleme, zum Jahr 2026 die Erzwingung von Rationierungen des privaten Energieverbrauchs aufgrund der weltweiten Verknappung fossiler Brennstoffe und zum Jahr 2031 eine „Entvölkerung" (BMBF-Terminus) großer Gebiete der Erde aufgrund der Klimaentwicklung. Während die ersten beiden Prognosen auch die Mehrheit der BMBF-Befragten teilt, wird die letztgenannte Katastrophe nur von einem Drittel der Fachleute befürchtet, dafür wird mit dem Eintreten jedoch schon über zehn Jahre früher gerechnet.

Die nächste These ist eigentlich eine logische Konsequenz aus den vorhergehenden Ergebnissen, allerdings keineswegs selbstverständlich, da persönliche Emotionen von Expertinnen und Experten bisher nicht Gegenstand von Delphi-Befragungen waren.

2. Angesichts der ökologischen Entwicklungen machen sich die meisten Expertinnen und Experten große Sorgen, etwa ein Drittel der Fachleute ist ökologisch hoffnungslos.

Aus der Jugendforschung ist bekannt, daß Kinder und Jugendliche sich über die Zukunft, insbesondere hinsichtlich makrosozialer Bedrohungen, viele sorgenvolle Gedanken machen. Wie steht es mit Erwachsenen, insbesondere mit Fachleuten. Steht diese Spezies „über den Dingen"?

Die Antwort lautet nein, selbst wenn es auch manchmal anders aussehen mag, weil persönliche Ängste selten Thema unter Erwachsenen - und noch seltener in der Wissenschaft - sind. Die GAIA-Befragten, von denen sich (mit einer männlichen Ausnahme) alle Beteiligten diesem Fragekomplex stellten, machen sich angesichts der Umweltkrise große Sorgen, insbesondere wegen der Luft- und Wasserverschmutzung, aber auch wegen des Artensterbens oder der Gefahr eines „GAUs".

Trotz des ziemlich eindeutigen Befundes lassen sich wiederum einige Differenzierungen vornehmen, die wenig verwundern, aber gerade wegen der kleinen Stichprobe dennoch bemerkenswert sind: Manche Gruppen, wie z.B. Umweltgruppen und Jugendliche, machen sich mehr Sorgen als andere (z.B. Wirtschaft und Politik). An dieser Stelle scheinen Verallgemeinerungen durchaus plausibel.

Ein weitere Trendthese findet eine vertiefende Bestätigung. So lassen sich die zu dieser Thematik immer wieder gefundenen Geschlechtsunterschiede mittels der qualitativen Ergebnisse noch klarer herausarbeiten: Gefragt nach ihren Gefühlen angesichts der globalen Umweltzerstörung nannten die Frauen eine ganze Palette sehr intensiver Emotionen (Wut, Angst, Verzweiflung, Entsetzen, Traurigkeit, Unverständnis, Fassungs- und Hoffnungslosigkeit), die von den Männern in dieser Form nicht zu hören waren. Stattdessen finden wir bei ihnen in viel stärkerem Maße Artikulationen von „Handlungsdruck" (Willen zum Handeln, Pflichtgefühl zum Engagement, Aufflackern politischer Leidenschaft). Die Unterschiede sind umso bemerkenswerter, als es sich ja durchweg um ökologisch sensibilisierte Frauen und Männer handelt.

Schließlich ist in diesem Zusammenhang noch ein weiteres Ergebnis zu berichten, nämlich die Tendenz der Fachleute zu ökologischer Hoffnungslosigkeit. Auch dieses Phänomen ist unter Jugendlichen relativ weit verbreitet (bei jungen Greenpeace-Aktivisten bis zu 50%, vgl. erste Zukunftsstudie). Von den befragten GAIA-Expertinnen und Experten erwies sich jedoch „nur" etwa ein Drittel der Befragten als hoffnungslos, z.B. glauben 35% der Fachleute, daß uns die Umweltzerstörung „in den nächsten Jahren und Jahrzehnten überrollen" wird. Überraschend ist die signifikante Korrelation von Alter und ökologischer Hoffnungslosigkeit - anders als nach bisherigen Untersuchungen zu dieser Frage sind es in der GAIA-Studie eher die jüngeren Befragten, die ökologisch hoffnungsvoll in die Zukunft schauen.

3. Ökologischen Expertinnen und Experten zufolge befindet sich unsere Gesellschaft beim Übergang ins 21. Jahrhundert in einem stark „versetzungsgefährdeten" Zustand.

Im Mittelpunkt von „GAIA 2000" stand eine kritische Bestandsaufnahme des ökologischen status quo und alternative Visionen für ein 21. „Jahrhundert der Umwelt". Nach dem Vorbild einer Zukunftswerkstatt wurden die Befragten zunächst dazu aufgefordert, die ökologische Arbeit der Gesellschaft quantitativ und qualitativ kritisch zu bewerten, um darauf aufbauend Erwartungen, Wünsche und Visionen für die Zukunft zu formulieren. Jedes Gruppenmitglied konnte sich gegenüber jeder anderen Gruppe artikulieren, so daß die Statements ein dynamisches Interaktions- und Kommunikationsnetz ergeben (Jugend bewertet Wirtschaft, Wirtschaft bewertet Politik, Politik bewertet Medien usw.).

Das Schulnotensystem bietet zugleich die Metapher: Das „ökologische Zeugnis" unserer Gesellschaft fällt verheerend aus - Zwei „Fünfen", sechs „Vieren", eine „Drei" und eine „Zwei" (Durschnittsnote: 3.8). Aufgrund der Ausfälle in den Disziplinen Wirtschaft und Politik müßte der Kandidat eigentlich „sitzenbleiben", eine „Versetzung" ins 21. Jahrhundert konnte nur aufgrund des Ausgleichs der guten Note durch die Umweltgruppen erfolgen (die Note „befriedigend" erteilten die Öko-Fachleute der Gruppe der Jugend).

Bei den quantitativen Bewertungen gibt es einige Besonderheiten: Die Befragten aus der Gruppe Wirtschaft fallen nicht nur wegen der schlechtesten Bewertung insgesamt aus dem Rahmen, sondern auch wegen ihrer einzigartigen Inkongruenz zwischen Selbst- und Fremdwahrnehmung. Keine andere Gruppe sieht sich selbst zwei Noten besser, als sie von den anderen Gruppen wahrgenommen wird. Vier Gruppen bewerten sich selbst sogar kritischer, als sie von den anderen Kolleginnen und Kollegen der anderen Systeme evaluiert werden, nämlich die Gruppen Medizin, Recht, Wissenschaft und Jugend. Außerdem ist in diesem Kontext noch zu erwähnen, daß die Benotungen der weiblichen Befragten signifikant (noch) kritischer ausfallen.

Im Sinne einer Zukunftswerkstatt ging es darum, nicht einfach nur ein Urteil zu fällen, sondern die Kritik auch beim Namen zu nennen. Von dieser Möglichkeit wurde reichlich Gebrauch gemacht, insgesamt umfaßt der Beschwerdekatalog über 200 Kritikpunkte. So wurde für alle zehn befragten Gesellschaftsgruppen ein ökologisches Zeugnis erstellt, das von den einzelnen Subsystemen nachhaltig als „Stein des Anstoßes" für Veränderungen genutzt werden könnte. Inwiefern die Probleme, Mißstände und Defizite wirklich behoben werden können, ist eine offene Frage. Zumindest bei den systemimmanenten Kritikpunkten (laut Luhmann ein Haupthindernis zur Lösung der ökologischen Krise) dürfte dies schwerfallen: Dazu müßte z.B. die Wirtschaft ihr Profit-Paradigma, die Wissenschaft ihre Spezialisierung, die Politik ihr Legislaturdenken, die Medien ihr „Agenda-Setting" und die Religion ihre antiökologischen Dogmen aufgeben.

4. Visionen für eine ökologisch nachhaltige Zukunft umfassen alle Gesellschaftsbereiche und setzen nicht nur technische, sondern vor allem auch soziale Veränderungen voraus.

Trotz der anscheinend unüberwindlichen Hindernisse, die sich in der Kritikphase offenbarten, dachten die ökologischen Expertinnen und Experten intensiv über Visionen einer ökologischen Zukunft nach. Gemäß der Philosophie einer Zukunftswerkstatt reicht es nicht, nur zu kritisieren, ohne alternative Träume zu entwickeln. Vielmehr geht es darum, sich auch mit der Frage auseinanderzusetzen, ob und wie diese Träume Wirklichkeit werden können.

Die Ergebnisse sind beeindruckend - für alle Subsysteme der Gesellschaft lassen sich klare Botschaften formulieren, die den Weg ins 21. „Jahrhundert der Umwelt" weisen: Die Wirtschaft müßte weg von der Profitfixierung hin zu einer nachhaltigen Wirtschaft. Das Rechtssystem müßte Gesetzesdefizite überwinden und ein Umweltrecht entwickeln, das seinen Namen verdient. Die Wissenschaft müßte ihre Praxisferne aufgeben und interdisziplinär über die Zukunft forschen. Die Politik müßte vom Lobbyismus Abschied nehmen und unabhängig werden. Die Religion müßte aufhören, ökologisch ignorant zu sein, und eine Schöpfungsverantwortung übernehmen. Die Erziehung müßte weg von der Vorbild- und Orientierungslosigkeit hin zu einer nachhaltig orientierten Umweltbildung. Die Medien müßten die Sensationslust aufgeben und Positivität entwickeln. Die Medizin müßte nicht länger ein bloßer Reparaturbetrieb sein, sondern ganzheitlich therapieren. Umweltgruppen müßten die (Ohn-)Machtlosigkeit überwinden und sich vernetzen.

Und die Jugend müßte bei allem Hedonismus auch Interesse und Engagement für ihre Umwelt bzw. Zukunft zeigen.

Darüber hinaus werden von den Fachleuten noch weitere Akteure ins Spiel gebracht: die Rolle der Technik (in der Kritikphase), der Psychologie (vgl. These 6), der Familie (als vielleicht wichtigste Instanz zur Prägung von ökologischem Bewußtsein und Verhalten) und - last not least - natürlich „Kunden, Käufer und Konsumenten". Mit der (von einer Jugendlichen) letztgenannten Gruppe sind alle Bürgerinnen und Bürger eingeschlossen.

Was müßte technisch und sozial passieren, damit es zu den gewünschten Veränderungen im Sinne einer ökologischen Gesellschaft kommen kann? Diese Frage war Gegenstand zweier Skalen, die nach dem klassischen Delphi-Vorbild konzipiert wurden. Hinsichtlich der technischen Entwicklung herrscht ein beinahe grenzenloser Fortschrittsoptimismus, nicht nur bei den BMBF-Fachleuten, die jedes Problem fast hundertprozentig für lösbar halten, sondern auch bei gut zwei Dritteln der ökologischen Expertinnen und Experten.

Spannender ist die Frage nach sozialen Erfindungen, die das BMBF in seiner Studie nicht thematisiert. Obwohl die sozialen den technischen Entwicklungen prinzipiell vorausgehen müßten, um Akzeptanz zu finden, werden sie in der Regel wesentlich später - wenn überhaupt (!) - erwartet.

Aussichten auf konkrete Konturen hat nach der Expertise der Fachleute das „Jahrhundert der Umwelt" erst im dritten Jahrzehnt. Die „goldenen Zwanziger" könnten so aussehen:

Abb. 28	Prognosen der GAIA-Expertinnen und -Experten
2021	Durchsetzung von Umweltschutz als Schulfach
2022	Gründung interdisziplinärer Umwelt-Universitäten
2023	Umwelt wird zu einem Primat der Politik
2024	Ökosozialprodukt wird neues Wohlstandsmaß
2025	Einsetzung eines ökologischen „Rats der Weisen" auf UNO-Ebene mit weitreichenden Kompetenzen

So wird es jedenfalls von der Mehrheit der Befragten vorausgesagt. Nicht verschwiegen werden sollte, daß manche der vorgelegten Prognosen auch unter den ökologischen Fachleuten keine Mehrheit finden. Die Vision, daß eines Tages das Umweltministerium einen höheren Etat als das Verteidigungsministerium genießt, können die meisten Befragten nicht glauben, und die Phantasie, daß in Deutschland irgendwann auch Kinder wählen dürfen, wird für eine (große) Mehrheit eine (echte) Utopie bleiben. Dafür haben die Expertinnen und Experten noch andere Vorstellungen, was in Zukunft passieren könnte: Dazu zählen auf technischem Terrain u.a. die Durchsetzung von regenerativen Energiequellen (Solarenergie!) und auf sozialem Gebiet die Durchsetzung der Ökologie als attraktivstes Beschäftigungsfeld sowie eine Weltregierung.

5. Für die gesellschaftliche Realisierung ökologischer Visionen bedarf es nicht nur vieler verschiedener Akteure, sondern ganzheitlicher Persönlichkeiten, die kumulativ handeln.

Nach dem „Was?" stellen sich die Fragen „Wer?" und „Wie?". Die Antworten auf die Frage nach ökologischen Akteuren fielen relativ einheitlich aus. Die meisten Befragten gehen davon aus, daß nur durch ein kumulatives Handeln möglichst vieler Akteure die notwendigen ökologischen Veränderungen der Gesellschaft bewerkstelligt werden können. Vor allem kommt es auf „viele Menschen gemeinsam" an, aber auch „auf jeden einzelnen für sich", „auf staatlich-politische Maßnahmen", „auf die wissenschaftlich-technische Entwicklung", sowie „auf die Medien" und „auf einflußreiche Personen".

Ihre eigene Rolle sehen die Befragten vergleichsweise bescheiden, ohne sich dabei jedoch aus der Verantwortung zu ziehen, wie die Antworten auf die Frage nach der persönlichen Rollenidentität angesichts der Umweltzerstörung demonstrieren: Die Mehrheit der Befragten sieht sich als Opfer (54%), Täter/in (90%) und Retter/in (70%) zugleich. Nach einem Modell der Therapeutin Sigrun Preuss können viele GAIA-Fachleute damit als ganzheitliche ökologische Persönlichkeiten bezeichnet werden, wie sie - zumindest nach dem bisherigen Stand empirischer Forschung - noch selten anzutreffen sind.

6. Eine besondere Aufgabe auf dem Weg zur Ökologisierung der Gesellschaft könnte die Psychologie übernehmen, indem sie auf ein ganzheitliches Erleben und Handeln hinwirkt.

Die Frage nach dem „Wie?" müßte eine große Herausforderung der Sozialwissenschaften werden. Wie lassen sich die notwendigen Bewußtseins- und Verhaltensveränderungen herbeiführen? Sind sie überhaupt möglich? Das menschliche Erleben und Handeln ist genuiner Gegenstand der Psychologie. Folglich wurden den Befragten einige „Psychologien" zur Einschätzung ihrer praktischen Tauglichkeit vorgelegt. Im Ergebnis lassen sich jeweils fünf Strategien benennen, die aus dem Erfahrungsschatz der Befragten heraus empfehlenswert bzw. weniger erfolgversprechend sind.

Danach gehören zu den „Winner"-Strategien: Die Psychologie des Nutzens („Es lohnt sich, wenn du handelst", 74%), der Aufklärung („Begreife, was wichtig ist", 69%), der Empathie („Lerne lieben, was du schützt", 61%), der Aktion („Handeln ist das einzige, was zählt", 53%) und der Freiwilligkeit („Du darfst", 51%). Mehrheitlich für nicht empfehlenswert halten die ökologischen Fachleute dagegen die Psychologie der Lust („Tu 'was, wenn es dir Spaß macht", 49%), des Gewissens („Du sollst nicht", 27%), der Zwangsmaßnahmen („Du mußt", 27%), der Askese („Weniger und langsamer ist besser", 25%) und der Katastrophe („Der Untergang droht", 8%). Eine Psychotherapeutin plädiert darüberhinaus noch für die „Psychologie der Ermutigung" („Du kannst..."). Eine bedeutende Aufgabe der Psychologie wäre es demnach, ihre Menschenkenntnis in die Gesellschaft einzubringen und in diesem Sinne den ökologischen Veränderungsprozeß voranzutreiben.

Mit einem kleinen Schmunzeln kann hinzugefügt werden, daß die Umweltpsychologie sich für diese Aufgabe erst einmal selbst finden müßte, schließlich können Psychologinnen und Psychologen auf andere Menschen nur dann hilfreich einwirken, wenn sie selbst mit gutem Beispiel vorangehen. Dazu gehört auch, die Umweltzerstörung nicht zu verdrängen: Zu diesem klassischen psychischen Phänomen neigen die aus der Gruppe der Psychologie befragten Personen nämlich hochsignifikant häufiger als der Rest der Stichprobe. Verdrängung wurde definiert und operationalisiert als die Differenz zwischen wahrgenommener Umweltgefährdung und persönlicher Betroffenheit.

7. Die ökologische „Schattenseite" des 20. Jahrhunderts umfaßt zahlreiche Katastrophen, auf der „Sonnenseite" befinden sich weniger konkrete Maßnahmen als Sensibilisierungen

Weitere drei Fragen beschäftigten sich bilanzierend mit der ökologischen Vergangenheit des 20. Jahrhunderts, mit der Gegenwart anno 1999 und mit der Zukunft des 21. Jahrhunderts. Zunächst ging es um die negativen und positiven „Öko-Highlights" des vergangenen Jahrhunderts: Was waren aus ökologischer Perspektive die schlimmsten Ereignisse und was die größten Erfolge der ökologischen Bewegung?

Insgesamt war das 20. Jahrhundert reich an ökologischen Ereignissen. Auf der „Schattenseite" stehen eine Reihe von katastrophalen Entwicklungen. Die Bilanz ist verheerend: Die atomare Entwicklung (Tschernobyl!), die Klimaentwicklung verursacht u.a. durch die Expansion des Individualverkehrs, die fortschreitende Industrialisierung mit einem extensiven Energieverbrauch, das Wald- und Artensterben, Wasser- und Bodenverschmutzung, Giftgasunfälle und -Kriege sowie die ebenfalls dynamische Entwicklung der Bevölkerung und auch der Gentechnik. Demgegenüber stehen auf der „Sonnenseite" nach Ansicht der Fachleute vor allem die Bewußtwerdung der Gefahren, noch vor konkreten Maßnahmen und dem Einzug ökologischer Gedanken in die Parlamente.

8. Nach Einschätzung ökologischer Fachleute „krankt" die Umweltpolitik an halbherzig durchgeführten Reformen und mangelnder Ernsthaftigkeit bei der Erreichung von Zielen

Angesichts dieser summa summarum überwiegend negativen Bilanz gewinnt die aktuelle Umweltpolitik an Brisanz. Wir wollten wissen, wie die ökologischen Expertinnen und Experten über den Umgang der derzeit regierenden „rot-grünen" Koalition mit zwei auch langfristig wichtigen ökologischen Fragen denken: die sog. ökologische Steuerreform und die Klimapolitik.

Das Urteil der ökologischen Fachleute, die sich fast alle diesen Fragen gestellt haben, ist fundiert und facettenreich, insgesamt überwiegend kritisch: Etwa zwei Drittel der Befragten hält die ökologische Steuerreform für zu halbherzig (auch wenn die Maßnahme als solche von vielen gewürdigt wird) und teilweise für unglaubwürdig, weil die Einnahmen nicht für ökologische Zwecke verwendet werden.

Ebenfalls zwei Drittel der ökologischen Expertinnen und Experten glaubt nicht daran, daß Deutschland mit der derzeitigen Politik in der Lage ist, seine nationalen Klimaziele zu erreichen. Nur etwa jeder vierte Befragte steht beiden Vorhaben optimistisch gegenüber, der Rest mag sich nicht festlegen.

9. Die Verwirklichung eines 21. "Jahrhunderts der Umwelt" hängt insbesondere vom ökologischen Willen und Zusammenwirken von Bevölkerung, Politik und Wirtschaft ab.

Am Ende wollten wir wissen, wovon die Realisierung eines ökologischen Jahrhunderts letztendlich vor allem abhängt, und was die Befragten tun würden, wenn sie selbst hauptverantwortlich über die (Umwelt-)Politik an vorderster Front entscheiden könnten. Auf diese Weise ist ein umfangreicher Maßnahmenkatalog entstanden, der sicherlich die Welt verändern würde, wenn er auch nur in Ansätzen umgesetzt werden würde. Als Stichworte seien an dieser Stelle genannt: Ende der Atomkraft und des Straßenbaus, Wende in der Energiepolitik, internationale ökologische Zusammenarbeit sowie mehr Demokratie und Bürgerbeteiligung. Als wichtigster Agent wird noch vor den Gruppen der Politik und der Wirtschaft die herausragende Rolle der Bevölkerung hervorgehoben.

10. Die Bewältigung der ökologischen Krise ist möglich, wenn die Menschheit die Grenzen des Wachstums erkennt und die Grenzen der Wahrnehmung überschreitet.

Wir kommen zum Schluß: Wie lautet die Botschaft der Delphi-Werkstatt „GAIA 2000"? Lassen wir die Studie noch einmal Revue passieren. Ausgangspunkt war die These von der prinzipiellen Unlösbarkeit der ökologischen Krise, wie sie der Soziologe Niklas Luhmann unter Hinweis auf seine brilliante Systemtheorie postuliert hat. Die Delphi-Befragung mit Hilfe einiger methodischer Modifikationen, insbesondere die Inszenierung einer interdisziplinären Zukunftswerkstatt, war ein Versuch, möglichst viele bedeutsame Subsysteme unserer Gesellschaft geistig zu verknüpfen und zu einem Nachdenken über die Möglichkleiten nachhaltiger ökologischer Kommunikation zu veranlassen.

Im Ergebnis ragen zunächst eine Reihe von großen Gemeinsamkeiten in der Analyse und der ökologischen Krise und ihren therapeutischen Auswegen heraus. Die große Mehrheit der Befragten sieht gewaltige Gefahren für die (Welt-)Gesellschaft heraufziehen, wenn nicht bald bahnbrechende Maßnahmen eingeleitet werden, die auf eine Neuorientierung unserer Wachstumsgesellschaft hinauslaufen.

Die Erkenntnis der Grenzen des Wachstums, die zwar nicht neu, in ihrer Konsequenz global gesehen jedoch noch ohne spürbare Auswirkungen ist, stellt allerdings nur eine Seite der Medaille dar. Die andere, wohl mindestens genauso wichtige Einsicht ist die Erkenntnis der Grenzen unserer Wahrnehmung, womit nichts Geringeres gemeint ist, als die Infragestellung unserer gesamtgesellschaftlichen und systemimmanenten Paradigmen wie auch der individuellen Paradigmen unseres alltäglichen Lebens.

Die Frage, ob wir dazu *fähig* sind, unsere persönlichen Begrenzungen und die Grenzen der jeweiligen Systeme, deren Mitglied wir sind, zu überwinden, muß nach der Theorie von Luhmann und der Empirie von GAIA skeptisch beurteilt werden. Doch vielleicht sollten wir uns in Zukunft weniger mit dieser theoretischen als erstmal mit einer anderen, stärker praktisch orientierten Frage beschäftigen, die eine junge Ärztin am Ende ihres Fragebogens mit Bertrand Russell stellt: „Die entscheidende Frage ist heute, wie man die Menschheit überreden kann, *bereit* zu sein, in ihr eigenes Überleben einzuwilligen."

Abb. 29: Die wichtigsten Erkenntnisse auf einen Blick

1. In der Einschätzung, daß die ökologische Krise zum wichtigsten „Megatrend" der Zukunft wird, sind sich unterschiedliche Expertinnen und Experten weitgehend einig.

2. Angesichts der ökologischen Entwicklungen machen sich die meisten Expertinnen und Experten große Sorgen, etwa ein Drittel der Fachleute ist ökologisch hoffnungslos.

3. Ökologischen Expertinnen und Experten zufolge befindet sich unsere Gesellschaft beim Übergang ins 21. Jahrhundert in einem stark „versetzungsgefährdeten" Zustand.

4. Visionen für eine ökologisch nachhaltige Zukunft umfassen alle Gesellschaftsbereiche und setzen nicht nur technische, sondern vor allem auch soziale Veränderungen voraus.

5. Für die gesellschaftliche Realisierung ökologischer Visionen bedarf es nicht nur vieler verschiedener Akteure, sondern ganzheitlicher Persönlichkeiten, die kumulativ handeln.

6. Eine besondere Aufgabe auf dem Weg zur Ökologisierung der Gesellschaft könnte die Psychologie übernehmen, indem sie auf ein ganzheitliches Erleben und Handeln hinwirkt.

7. Die ökologische „Schattenseite" des 20. Jahrhunderts umfaßt zahlreiche Katastrophen, auf der „Sonnenseite" befinden sich weniger konkrete Maßnahmen als Sensibilisierungen.

8. Nach Einschätzung ökologischer Fachleute „krankt" die Umweltpolitik an halbherzig durchgeführten Reformen und mangelnder Ernsthaftigkeit bei der Erreichung von Zielen

9. Die Verwirklichung eines 21. „Jahrhunderts der Umwelt" hängt insbesondere vom ökologischen Willen und Zusammenwirken von Bevölkerung, Politik und Wirtschaft ab.

10. Die Bewältigung der ökologischen Krise ist möglich, wenn die Menschheit die Grenzen des Wachstums erkennt und die Grenzen der Wahrnehmung überschreitet.

II. Zukunftsstudie von unten

8. Warum?

"Alle wirklich wichtigen Fragen sind solche, die auch ein Kind versteht. Es sind Fragen, auf die es keine Antwort gibt."

Milan Kundera[23]

Jeden Tag flattern Greenpeace ungefähr 40 Kinderbriefe ins Haus - vor kurzem schrieb eine siebenjährige Berlinerin die folgenden Zeilen (Wortlaut im Original)[24]:

„Liebe Greenpeace! Meine Freunde und ich haben eine Umweldschutzbande gegründet und ich möchte das ihr uns helft nemlich die Kinder aus unseren horten sind sehr Umweldunfreundlich und wenn wihr ihnen sagen das sie auf hören sollen dan machen sie einfach weiter. eure Meike."

Meike an die Macht

Meike offenbart ein lebendiges ökologisches Gewissen: Sie sorgt sich um ihre Mitmenschen, die "sehr umweltunfreundlich" sind (Prinzip Angst). Mit Freunden hat sie eine "Umweltschutzbande" gegründet (Prinzip Verantwortung). Schließlich wendet sie sich hilfesuchend an Greenpeace (Prinzip Hoffnung). Würden alle Menschen so denken und handeln wie sie, sähe die Welt anders aus. Doch Meike gehört wie alle Kinder zu den machtlosesten Menschen.

Angst, Hoffnung und Verantwortung sind die Schlüsselbegriffe eines ökologischen Gewissens, wie es in dieser Studie erstmals wissenschaftlich vorgestellt wird. Ausgangspunkt ist die weltweite Umweltzerstörung, die heutzutage exponentiell voranschreitet. Warum zerstören wir wider besseres Wissen unsere Lebensgrundlagen? Läßt sich die moderne Entwicklung überhaupt noch aufhalten? Und wie erleben Kinder und Jugendliche die Bedrohung ihrer Zukunft? Das sind Fragen, um die es im zweiten Teil des Buches geht. Die Suche nach Antworten führt zu Aktivisten, Optimisten, Pessimisten, Realisten und last not least den Zukünftigen.

Die Geschichte der Aktivisten

Es war einmal eine Frau namens Rachel Carson, die 1962 ein Buch mit dem Titel "Stummer Frühling"[25] veröffentlichte. Was wäre, wenn der Frühling einmal ausbliebe?

---

[23] Kundera, Milan (1987): Die unerträgliche Leichtigkeit des Seins. München, S. 134.
[24] Bachmann, Helga (1996) in: Das Greenpeace-Buch. Hamburg, S. 113. Den zitierten Brief durfte der Autor persönlich entgegennehmen.
[25] Carson, Rachel (1962): Silent Spring. Boston.

Eine Horrorvision, mit der die Biologin auf die Gefahren des Pestiziteinsatzes in der Landwirtschaft aufmerksam machte. Carson, die den Krieg gegen die Natur mit dem Krieg der Nazis gegen die Juden verglich (in beiden Fällen würden dieselben Chemikalien verwendet), wurde zur 'Mutter' der Ökologiebewegung, die Anfang der Siebziger Jahre mit der Studie über die "Grenzen des Wachstums"[26] durch den 'Club of Rome' und der Gründung von Greenpeace ihren Durchbruch erlebte. In den Achtziger Jahren etablierten sich 'grüne' Gedanken auch in den Parlamenten, und in den Neunziger Jahren öffnete vor allem die Umweltkonferenz von Rio de Janeiro im Jahre 1992 die Augen der Weltöffentlichkeit.

Welche Rolle spielt die Umweltbewegung heute? Momentan scheinen sich gegenläufige Entwicklungen abzuzeichnen: Während die Umweltorganisationen immer mächtiger und finanzkräftiger werden, geht der Widerstand in der Bevölkerung zurück. Es sieht so aus, als sei das Thema Umwelt von der politischen Tagesordnung praktisch wieder verschwunden. Dabei sind die Verdienste der Ökologie- und der Anti-Atombewegung nicht hoch genug zu würdigen. Doch wo sind die Massen geblieben? Gehört die Gruppe der engagierten Umweltschützerinnen und -schützer zu einer aussterbenden Spezies?

Die Zuversicht der Optimisten

Zuversicht ist angesagt: In Deutschland hat sich das Lieblingswort vieler Politiker durchgesetzt. Das Gebot der Stunde heißt "Öko-Optimismus"[27], meinen die Journalisten Dirk Maxeiner und Michael Miersch. Als "Öko-Stalinisten" beschimpfen sie die alten Mahner und Warner, die sich um die Zukunft kommender Generationen den Kopf zerbrechen, denn sie machten sich "Sorgen um ungelegte Eier". Im 21. Jahrhundert, so prophezeien die Öko-Optimisten, würden "junge Leute ohne 68er-Biographie die Tonlage wohltuend verändern". In der neuen deutschen Spaßgesellschaft ist es politisch korrekt, unbequeme Moralisten als "Gutmenschen" zu verspotten.

Neben der reinen Verdrängung gibt auch noch andere Varianten, ökologisch optimistisch in die Zukunft zu blicken. Beispielsweise verraten Wolf Schneider und Christoph Fasel, "wie man die Welt rettet und sich dabei amüsiert". Sie plädieren für den technischen Overkill zuhause. Mit dem französischen Philosophen Blaise Pascal wird die Einsicht geteilt, daß alles Unglück der Menschen nur eine Folge davon sei, nicht in Ruhe in einem Zimmer bleiben zu können. Die Tatsache, daß neun Monate nach einem Stromausfall in New York die Geburtenrate drastisch anstieg, sehen sie als Beleg an: "Versorgt man dagegen die Menschen lückenlos mit Flimmerbildern, so entfernt man gleich beide Zünder aus der Kombi-Bombe: Sie produzieren weder Waren für ihre Raffgier noch Babys für die Bevölkerungsexplosion. Mit dem Konsumrausch zusammen erlischt der Zeugungswahn"[28].

---

[26] Meadows, Dennis (1972): The Limits to Growth. New York.
[27] Maxeiner, Dirk & Miersch, Michael (1996): Öko-Optimismus. Düsseldorf.
[28] Schneider, Wolf & Fasel, Christoph (1995): Wie man die Welt rettet und sich dabei amüsiert. Hamburg, S. 48.

Überirdische Ideen vertritt mit Gerd von Haßler ein anderer Journalist. Kam er noch in den Achtziger Jahren nach dem Studium einschlägiger Studien zur Umweltzerstörung zu dem ernüchternden Ergebnis, daß die menschliche Zivilisation vor einer ökologischen Katastrophe stehe, ist der Zusammenbruch in den Neunziger Jahren eher Anlaß zu Optimismus und Freude, da er näher an das 'Reich Gottes' führe: "Was spricht dagegen, daß wir uns einer Zukunft entgegensehen, die uns nicht reich macht, aber heiter? Was spricht dagegen, außer den falschen Propheten irdischen Heils, daß man sein Brot im Schweiße seines Angesichts essen und gleichzeitig unendlich fröhlich sein kann?" Im Vergleich zu vielen religiösen Menschen ist der Autor zwar bereit, sich der Realität zu stellen, dennoch tendiert auch er zu einer Weltflucht, die absolut zynische Züge trägt: "Eigentlich schade" sei das Ende des 'Kalten Krieges', denn der "totale Atomkrieg wäre eine zu schöne Bestätigung für die menschliche Hybris gewesen".[29]

Der Fatalismus der Pessimisten

Wer gehört zu den "zornigen alten Männern", die nach Ansicht der Öko-Optimisten den Weltuntergang mit ihrem eigenen Lebensabend verwechseln? Tatsächlich sind viele von ihnen schon tot, doch die Probleme blieben. Herbert Gruhl z.B., ehemaliger Umweltsprecher der CDU und Mitbegründer der Grünen sowie der ÖDP (Ökologisch Demokratische Partei), schließt sein letztes Buch "Himmelfahrt ins Nichts" mit einem rabenschwarzen Pessimismus: "Längst laufen Filme darüber, wie unsere Welt untergehen wird. Nach jedem Film gehen die Zuschauer wie gewohnt schlafen und ändern nichts. Viele ernsthafte Leute hoffen, daß es sich nur um Irrtümer handelt. Sagte nicht schon der dänische Philosoph Sören Kierkegaard, daß die Welt untergehen werde unter dem Jubel der witzigen Köpfe, die da meinen werden, es sei ein Witz?"[30]

Der Psychiater und Neurologe Hoimar von Ditfurth meinte kurz vor seinem Tode, daß die gegenwärtige Generation dabei sei, ihre Enkel zu ermorden: "Wir werden daher als die Generation in die Geschichte eingehen, die sich über den Ernst der Lage hätte im klaren sein müssen und die vor dieser Aufgabe versagt hat. Darum werden unsere Kinder die Zeitgenossen der Katastrophe sein und unsere Enkel uns verfluchen - soweit sie dazu noch alt genug werden". Von Ditfurth warnte davor, daß es bald nicht mehr um Luxus und Bequemlichkeit gehen werde, sondern „bloß noch um das nackte Überleben in einer Welt, deren lebenserhaltende Potenzen wir, den Blick unbeirrt auf Wirtschaftswachstumsraten, Exportquoten und Bundesbanküberschüsse gerichtet, schlicht verpraßt haben". Doch da in den Augen der meisten Menschen eine ernsthafte Gefahr nicht zu bestehen scheine, tanzen wir weiter auf wie einem Vulkan, „als hätte der Kapitän auf der Titanic nach dem Zusammenstoß mit dem Eisberg den Befehl ausgegeben weiterzufeiern, als ob nichts gewesen wäre - und alle, die behaupteten, daß das Schiff sinke, als Miesmacher anzuschwärzen und ihnen die Megaphone wegzunehmen"".[31]

---

[29] von Haßler, Gerd (1990): Der Menschen törichte Angst vor der Zukunft. München, S.31.
[30] Gruhl, Herbert (1992): Himmelfahrt ins Nichts. Der geplünderte Planet vor dem Ende. München, S. 378.
[31] von Ditfurth, Hoimar (1989): Innenansichten eines Artgenossen. Düsseldorf, S. 393.

Gegen die Vermutung, daß apokalyptische Visionen ein Privileg des hohen Alters sind, spricht ein Essay des 1948 in Chicago geborenen Philosophen Gregory Fuller mit dem Titel: "Das Ende". Das Buch beginnt mit dem Satz "Es ist zu spät" und endet mit der Erkenntnis: "Es ist bereits aller Tage Abend". Auf den etwa hundert Seiten dazwischen wird die ökologische Katastrophe für unabwendbar erklärt: "Man weiß nur nicht, wann es soweit sein wird. Zyniker schlössen Wetten ab, wäre ihnen nicht klar, daß niemand da sein wird, den Gewinn einzukassieren. Die ökologische Lage ist nicht ernst. Sie ist verzweifelt." Angesichts dieser Lage rät Fuller zu Gelassenheit, denn "ganz gleich, was wir tun, es eilt nicht mehr".[32]

Der Pragmatismus der Realisten

Nach der Bremer Therapeutin Sigrun Preuss ist die psychische Situation der Menschheit "mit Sicherheit als krank zu beurteilen".[33] Eigentlich müßte die Tagesschau täglich denselben Text verkünden: Alle zwei Sekunden verhungerte heute ein Kind, gleichzeitig wurden sieben Kinder geboren. Jede Sekunde wurden tausend Tonnen Kohlendioxid in die Luft geblasen. Jede Sekunde brannte tropischer Regenwald in der Größe eines Fußballfeldes ab. Stündlich starb eine Tier- und eine Pflanzenart aus. Und die Politiker in aller Welt gaben wie jeden Tag zwei Milliarden Dollar für ihr Militär aus.

Daß es eine solche Sendung nicht schon seit Jahren gibt, liegt nach Auffassung des Münchner Philosophen Peter Sloterdijk in der katastophalen Gegenwart selbst begründet: "Die Apokalypse macht heute von selber auf sich aufmerksam wie die Leuchtschriften am Broadway. Das Katastrophische ist eine Kategorie geworden, die nicht mehr zur Vision, sondern zur Wahrnehmung gehört. Heute kann jeder Prophet sein, der die Nerven hat, bis drei zu zählen. Die Katastrophe bedarf weniger der Ankündigung als der Mitschrift, sie hat ihren Platz nicht in apokalyptischen Verheißungen, sondern in Tagesnachrichten und Ausschußprotokollen".[34]

Wissenschaftliche Einrichtungen überall auf der Welt beschäftigen sich heute damit, den "Wahnsinn der Normalität"[35] zu dokumentieren. Es handelt sich um Institutionen, denen die einseitige Verbreitung von Optimismus oder Pessimismus kaum nachgesagt werden kann. Zu ihnen gehören international u.a. der "Club of Rome" oder das "Worldwatch Institute" und in Deutschland z.B. das Wuppertaler "Institut für Klima, Energie und Umwelt" oder das Berliner "Institut für Zukunftsstudien und Technologiebewertung". Zukunftsforscher Rolf Kreibich, Leiter der letztgenannten Institution, faßt den aktuellen

---

[32] Fuller, Gregory (1996): Das Ende. Von der heiteren Hoffnungslosigkeit im Angesicht der ökologischen Katastrophe. Frankfurt/Main, S. 111.
[33] Preuss, Sigrun (1991): Umweltkatastrophe Mensch. Über unsere Grenzen und Möglichkeiten, ökologisch bewußt zu handeln. Heidelberg, S. 34.
[34] Sloterdijk, Peter (1992): Panische Kultur - oder: Wieviel Katastrophe braucht der Mensch? In Robert Jungk (Hrsg.), Delphin-Lösungen, Das Jahrbuch der kreativen Antworten. Frankfurt/Main, S. 182.
[35] Gruen, Arno (1989). Den Wahnsinn der Normalität. Realismus als Krankheit: eine grundlegende Theorie zur menschlichen Destruktivität. München.

Forschungsstand dahingehend zusammen, daß wir bei einer Fortsetzung der gigantischen Energie- und Rohstoffausbeute sowie dem entsprechenden Anwachsen der Schadstoffströme in weniger als 80 Jahren unsere natürlichen Lebens- und Produktionsgrundlagen zerstört haben werden: „Wenn es zu keiner durchgreifenden Umsteuerung kommt, dann liegt die Selbstzerstörung der Menschheit im nächsten Jahrhundert bei einer Wahrscheinlichkeit von über 90 Prozent".[36]

Seit den ersten wissenschaftlichen Veröffentlichungen zum Zustand der Erde sind Jahrzehnte vergangen - und wir leben noch immer. Ricardo Diez-Hochleitner, Präsident des Club of Rome, bilanziert: "Vielleicht mit Ausnahme der atomaren Bedrohung sind die Gefahren, welche die Menschheit bedrohen, vermutlich größer und näher gerrückt als 1972".[37] Nach heutigen Hochrechnungen der Systemanalyse auf Basis aktueller Daten und modernster Technik haben sich nach Ansicht der Autoren der „Grenzen des Wachstums" viele der früheren Prophezeiungen mehr als bestätigt: "Die Menschheit hat ihre Grenzen überzogen; unsere gegenwärtige Art zu handeln läßt sich nicht mehr lange durchhalten". Für ein langfristiges Überleben sei mehr als Produktivität und Technologie erforderlich, gefragt seien "Reife, partnerschaftliches Teilen und Weisheit". Aufgerufen wird zu einer globalen "Umweltrevolution".[38]

Die Zukunft aus Sicht der Zukünftigen

Schöne Aussichten: Die Aktivisten sind müde, die Optimisten sehen keinen Handlungsbedarf, die Pessimisten haben sich zurückgezogen und die Forderungen der Realisten will im Grunde niemand hören - "wie eine träge Horde Kühe schauen wir kurz auf und grasen dann gemütlich weiter".[39] Wer aber sind wir? Wir sind die Gegenwärtigen, die heute und nicht morgen leben. Und wer vertritt die Zukünftigen in der Gegenwart? Der Philosoph Hans Jonas hat dazu bemerkt: "Die Zukunft ist in keinem Gremium vertreten; sie ist keine Kraft, die ihr Gewicht in die Waagschale werfen kann. Das Nichtexistente hat keine Lobby und die Ungeborenen sind machtlos, wenn sie sie einfordern können, sind wir, die Schuldigen, nicht mehr da".[40] Die Ungeborenen können noch nicht gefragt werden. Doch wie sieht die Jugend von heute, die kommende Generation, die schon da ist, ihre Zukunft?

Mitte der 80er Jahre bat ein Kölner Grundschullehrer seine Kinder im Kunstunterricht, ein Bild der Welt in hundert Jahren zu malen. Fast alle Schülerinnen und Schüler malten Schreckensbilder einer in Krieg, Naturzerstörung und chaotischer Technik unter-

---

[36] Kreibich, Rolf (1999) in Arnulf Baring: Gleichweit entfernt von Angst und Hoffnung. Aus politischen Zeitschriften: Der Jahreswechsel wird unspektakulär ausfallen. Frankfurter Allgemeine Zeitung am 30.12.99, Nr. 304, S. 44.
[37] Diez-Hochleitner, Ricardo (1991): Vorwort in: Spiegel-special 2/91, Bericht des Club of Rome, Die globale Revolution. Hamburg, S. 8.
[38] Meadows, Donella & Meadows, Dennis (1993): Die neuen Grenzen des Wachstums. Hamburg, S. 278.
[39] Grönemeyer, Herbert (1984): Jetzt oder nie. Song Nr.7 auf dem Album „Bochum". Berlin.
[40] Jonas, Hans (1984). Das Prinzip Verantwortung. Versuch einer Ethik für die technologische Zivilisation. Frankfurt/Main, S. 55.

gehenden Welt. Trotz der apokalyptischen Zukunftsszenarios herrschte im Zeichensaal eine freudig-engagierte und ausgelassene Stimmung. Offensichtlich führte der kreative Ausdruck zu einer psychischen Entlastung bei den Kindern. Der Lehrer bilanziert die Bilder: "Das Spiegelbild von Kinderhand ist erschreckend klar, aber überraschen kann es in seiner Hellsichtigkeit nur den, der Kinder in der unerhört präzisen Wahrnehmung ihrer Umwelt unterschätzt".[41]

Ende der 80er Jahre beschrieb ein Studienrat seine Schüler so: "Fast alles kotzt sie an, die Zerstörung unserer Umwelt, die Vergiftung von Wasser, Erde und Luft, der ganze Rüstungswahn, die ewigen Kriege, der Hunger und das Elend in der Welt, daß wir im Müll ersticken, uns selber zugrunderichten, überhaupt der ganze Irrsinn, den die da oben machen. Sie reden vom Weltuntergang wie vom schlechten Wetter, emotionslos, cool: Ist doch alles beschissen, geht alles den Bach hinunter, irgendwann gibt's den großen Knall, noch 30, höchstens 50 Jahre, dann wird's sowieso zappenduster. Sie geben uns allen und sich selbst keine Zukunftschancen. Ihre Gewißheit: Bald ist es aus. Doch von innerer Erregung, von Wut keine Spur, nicht mal Zorn auf die, die sie für schuldig halten. Beiläufig, unbeteiligt, fast zynisch fallen die Worte aus ihren Münden. Ihre Untergangsvisionen scheinen sie nicht zu berühren, man spürt keine Betroffenheit. Sie kennen keine Angst. Die Horrorvisionen tun ihrer Genußsucht und Genußfähigkeit keinen Abbruch. Sie lassen sich den Appetit nicht verderben. Sie leiden nicht, und sie haben kein Mitleid. Sie geben schockierende Statements ab und gehen zur Tagesordnung über. Sie stellen eine erschreckende Gleichgültigkeit zur Schau, die angst macht".[42]

Anfang der 90er Jahre atmeten viele auf. Repräsentative Umfragen gaben Entwarnung. Trotz großer Ängste vor Umweltzerstörung, Krieg und Rechtsradikalismus resümiert das Forsa-Institut 1992 über die Jugend dieser Tage: "Sie wollen sich ihr Leben und ihre Zukunft nicht miesmachen lassen. Vorbei die Null-Bock-Haltung".[43] Zeitgleich jubeln die Autoren der Shell-Studie: "Der Optimismus hat gesiegt, die Zeiten der No-Future-Generation sind vorbei".[44] Vorbei seien auch die großen Protestbewegungen der vergangenen Jahrzehnte.

Mitte der 90er Jahre mischten sich wieder einige Fragezeichen in die Euphorie, als das Institut für empirische Psychologie in einer von IBM beauftragten repräsentativen Jugendstudie 1995 berichtete, daß 90% der Jugendlichen das Szenario einer Klimakatastrophe im Jahre 2030 für realistisch und wahrscheinlich halten.[45] Weniger halten sie von der politischen Klasse: Zwei von drei Jugendlichen geben an, keinen fähigen Politiker zu kennen. Und auf die Frage, wer im letzten Jahr Entscheidendes geleistet habe, fällt den meisten Befragten niemand ein. Als einziger Politiker wurde damals mit großem

---

[41] Munker, Jan (1985). Die Welt in 100 Jahren. Wie Kinder die Zukunft sehen. Düsseldorf, S. 7.
[42] Kutschke, Jürgen (1989): Sie leiden nicht und haben kein Mitleid - Über den asozialen Fatalismus unserer Konsumkinder. In Spiegel 13/89, S. 74.
[43] vgl. Stern-Ausgabe 45/1992.
[44] Shell-Presse-Information vom 3.11.1992.
[45] Institut für empirische Psychologie (1995): Wir sind o.k.! Stimmungen, Einstellungen, Orientierungen der Jugend in den 90er Jahren. IBM-Jugendstudie. Köln.

Abstand hinter Greenpeace (38%) Helmut Kohl (16%) genannt, gleichauf mit dem Boxer Henry Maske und dem Autorennfahrer Michael Schumacher.

Auch am Ende der 90er Jahre hielt die allgemeine Orientierungslosigkeit an, wie eine Repräsentativumfrage des Forsa-Instituts dokumentiert: Mehr als die Hälfte der 14- 18jährigen Jugendlichen fürchtet, daß ihnen die Erwachsenen Probleme hinterlassen, die sie nicht mehr lösen können.[46] Die Jugendforschung ist ratlos, sie spricht von der "Generation X". Die Chiffre "X" steht für unbekannt und geht auf einen Bestsellerroman des Kanadiers Douglas Coupland zurück, der die nach 1960 geborene Generation meint, "denen am Ende des Jahrtausends nichts als Fatalismus zu bleiben scheint, wenn sie die Welt betrachten, die ihre Eltern ihnen übergeben".[47]

Null Bock auf no future

Wer hat schon Lust auf den Weltuntergang? Seit Beginn der 90er Jahre lädt die größte deutsche Jugendbewegung jeden Sommer im Rahmen der sog. „Love-Parade" mit Fun-Orgien zu ihrer Vollversammlung in den Tiergarten nach Berlin ein - Tanz als Therapie. Dem Aufruf folgen mittlerweile über eine Million „Raver" (engl. raven = gierig sein). Retrospektiv kommentierte der Spiegel: "In den Sechzigern warfen die Aufsässigen Molotowcocktails, in den Siebzigern gründeten sie Bürgerinitiativen, in den Achtzigern etablierten sie die Grünen - wer in den Neunzigern jung ist und ein besseres Leben will, läuft zuckend hinter lärmenden Tiefladern her".[48]

'Future Youth', eine der größten europäischen Jugendumfragen, kommt zu folgendem Fazit: „Europäische Teenager verbinden heute abgeklärten Realismus mit Enttäuschung, Passivität und einem Mangel an Visionen. Sie sind durch nichts mehr zu erschüttern".[49] Die Ernüchterung ist wenig verwunderlich angesichts der Tatsache, daß die Gegenwart der Zukunft gigantische Altlasten hinterläßt. „Nicht die Abkapselung der Jugend von der Gesellschaft, sondern der Gesellschaft von der Jugend" scheint das Hauptproblem zu sein.[50] Die politisch sprachlosen Jungen halten den Alten einen Spiegel vor.

In diesem Buch wird daher sowohl eine Vogel-, als auch eine Froschperspektive eingenommen, um die Erkenntnisse der Wissenschaft mit der „Weisheit der Jungen"[51] zu verbinden. Kinder und Jugendliche sind nicht nur das Gewissen der Gegenwart, sondern die Seismographen der Zukunft.

---

[46] Greenpeace-Magazin 2/1997: Jugend '97 - Die Sorgen-Kinder. Hamburg.
[47] Coupland, Douglas (1992): Generation X. Geschichten für eine immer schneller werdende Kultur. München, S. 3.
[48] Schnibben, Cordt (1994): Eine heikle Zielgruppe. Eine Jugend, die keine Generation sein will. Spiegel 38/94, S. 58.
[49] BBDO (1995): Future Youth. BBDO präsentiert eine europaweite Studie über die Jugend von heute und morgen. Düsseldorf.
[50] Negt, Oskar (1980): Die verlorenen Söhne kehren nicht mehr zurück. Psychologie heute 7/80, S. 36.
[51] Scherer, Peter (1994). Die Weisheit der Jungen. Die Welt am 20.7.94.

9. Wissenschaften in der Krise

"Die Menschheit ist in die moderne Geschichte gegangen wie ein Tier in eine Falle."

Gomez Davila[52]

Steckt die Wissenschaft in einer (ökologischen) Falle? Nach Ansicht des Lüneburger Pädagogen Gerd Michelsen werden Wissenschaft und Forschung durch das Problem der Umweltzerstörung in starkem Maße tangiert: "Die heutige Aufgabe von Wissenschaft und Forschung besteht paradoxerweise darin, Probleme lösen zu wollen und auch zu müssen, welche möglicherweise ohne Wissenschaft und deren Anwendung wohl kaum vorhanden wären". Wer Wissenschaft betreibt, sollte sich bewußt sein, "daß die Öffentlichkeit nicht dazu da ist, Wissenschaft um ihrer selbst willen zu finanzieren, sondern daß Wissenschaftler vor allem auch dafür bezahlt werden, dem Gemeinwohl zu dienen, Gemeinwohl im Sinne des öffentlichen Interesses, in dessen Zentrum die Erhaltung der Lebensgrundlagen steht".[53]

„Warum wendet unsere Gesellschaft eigentlich einen erheblichen Anteil ihres Bruttosozialprodukts für Wissenschaft und Forschung auf?", fragt sich der Bochumer Psychologe Heinrich Wottawa[54]. Wer die heutige Wissenschaftslandschaft und das rastlose Treiben auf unzähligen Tagungen und Kongressen beobachtet, kommt um die ökologische Krise leicht herum - sie ist praktisch nicht existent. Man muß sie schon mit der Lupe suchen, um sie überhaupt wahrnehmen zu können. Es hat den Anschein, als gäbe es nicht, was es nicht geben darf. Warum das so ist, darüber läßt sich nur spekulieren. Hinsichtlich ihrer kollektiven Verdrängung der Krise sind die Wissenschaften wahrscheinlich lediglich ein Spiegelbild der Gesellschaft - ist dies jedoch eine Entschuldigung, sich der eigenen Verantwortung zu entziehen?

Die wissenschaftliche Umweltforschung kommt der wachsenden öffentlichen Nachfrage nach Handlungsempfehlungen bisher nicht nach. Die nachfolgende multidisziplinärvirtuelle Ringvorlesung - eine Begegnung von einigen wenigen Wissenschaftlern, die sich mit der ökologischen Krise auseinandersetzen - hat nie stattgefunden. Der Austausch der Ansichten findet nur in diesem Buch statt. Angesichts der naturwissenschaftlichen Dominanz in der Beschäftigung mit dem Thema wurde insbesondere nach sozialwissenschaftlichen Ansätzen gesucht. Ausgewählte Beiträge aus Biologie (Tschumi), Ökonomie (Wicke), Soziologie (Luhmann), Pädagogik (de Haan), Psychologie (Roszak), Philosophie (Hösle) und Theologie (Drewermann) offenbaren ihre Antworten auf folgende drei Fragen: Wie wird die ökologische Entwicklung eingeschätzt (Diagnose und Prognose)? Wo liegen die Ursachen der Umweltzerstörung (Analyse)? Gibt es Auswege aus der ökologischen Krise (Therapie)?

---

[52] Davila, Nicolas Gomez (1987): Einsamkeiten. Wien.
[53] Michelsen, Gerd (1990): Umwelt braucht mehr als Bildung. Frankfurt/Main, S. 18.
[54] Wottawa, Heinrich (1988): Psychologische Methodenlehre. Weinheim, S. 12.

Biologie: Kausaltherapie statt Symptombehandlung

Erste Ansprechpartnerin bei der Suche nach Antworten auf die ökologische Frage ist die Biologie bzw. ihre Teildisziplin der Ökologie. Hier wird kein Fatalismus verbreitet, sondern an die Vernunft appelliert. Das hört sich manchmal allerdings ziemlich zynisch an: "Umweltverschmutzung ist, was jedermann tut, wenn es zu viele Leute gibt, die es tun. Die Bevölkerungen der ganzen Welt müssen um jeden Preis zum Wachstumsstillstand gebracht werden".[55] Wie jede Wissenschaftsdisziplin kann auch die Ökologie uns keine Vorschriften machen, was wir tun sollen. Ihre Aufgabe ist es jedoch, auf einige biologische Gesetzmäßigkeiten und Fakten zu verweisen, die wir zunächst einmal zur Kenntnis nehmen sollten.

Einen guten Überblick vermittelt das Buch "Umweltbiologie - Ökologie und Umweltkrise" (1980) des Schweizer Biologen Pierre Tschumi.[56] Der Begriff der Ökologie (grch. oikos = Haus) - als Wissenschaft von den Beziehungen der Organismen untereinander und ihrer Umwelt - stammt von Ernst Haeckel, der ihn bereits 1866 erstmals benutzte. Wer sich mit der Ökologie befaßt, kommt wohl unweigerlich erst einmal ins Staunen über das Wunder des Lebens. So definiert der ehemalige brasilianische Umweltminister Jose Lutzenberger Ökologie als „Symphonie des Lebens und Wissenschaft des Überlebens".[57] Von den einfachsten Organismen bis zum Ökosystem Erde ist es ein langer Weg. Gegenstand der Ökosystemforschung ist die gesamte Biosphäre, und die ist heute sehr gefährdet. Man muß kein Biologe sein, um sich vorstellen zu können, daß die natürlichen Ressourcen der Erde bei der anhaltenden bzw. sich größtenteils noch beschleunigenden Wachstumsgeschwindigkeit in wenigen Jahrzehnten erschöpft sein werden.

Nach Tschumi haben alle Umweltprobleme der Gegenwart mehr oder weniger mit der Zunahme der Weltbevölkerung zu tun. Früher betrug die Verdopplungszeit der Menschheit über 1000 Jahre, gegenwärtig sind es nur noch 35. Die Ursachen des überexponentiellen Wachstums liegen heute weniger in hohen Geburtenraten, sondern vor allem in der Abnahme der Kindersterblichkeit - letztlich eine Folge des technisch-wissenschaftlichen Fortschritts der modernen Medizin. Tschumi geht davon aus, daß die Produktivität der Biosphäre nicht beliebig expandiert, und warnt davor, daß ökologische Krisen beim Menschen angesichts moderner Massenvernichtungswaffen einen ganz anderen Ausgang finden könnten als im Tierreich.

Dank der Systemforschung wissen wir um die Vernetztheit der Erde. Für die langfristige Existenz unseres Ökosystems wäre eine strikte Befolgung des Kreislaufprinzips erforderlich. Heute werden mehr als 90% unserer Energie aus nicht erneuerbaren

---

[55] Leyhausen, Peter (1973): Bevölkerungswachstum und Ökologie. In Jürgen Gründel (Hrsg.), Sterbendes Volk? Fakten - Ursachen - Konsequenzen des Geburtenrückgangs in der Bundesrepublik. Düsseldorf, S. 8.
[56] Tschumi, Pierre (1980). Umweltbiologie. Ökologie und Umweltkrise. Frankfurt/Main.
[57] Lutzenberger, Jose (1997) in Franz Alt: Das ökologische Wirtschaftswunder. Arbeit und Wohlstand für alle, Berlin, S. 139.

Brennstoffen gewonnen. In den Industrieländern ist der technische Energieverbrauch der ca. hundertmal höher als es dem biologischen Grundbedarf entspricht, im krassen Gegensatz zu den sog. Entwicklungsländern, wo er oft weit unter Bedarf ist. Mit dem Energiekonsum einer Nation geht meist materieller Wohlstand und Wirtschaftswachstum einher.

Nach Tschumi läßt sich die Umweltzerstörung einer Nation als das Verhältnis zwischen dem Bruttosozialprodukt und der Fläche eines Landes errechnen. Danach steht Deutschland weltweit an der Spitze der Umweltzerstörung. Geht man vom Verbrauch aus, dann gehen 97 Prozent der Umweltzerstörung auf das Konto der Industrienationen, deren Wirtschaftsweisen nicht auf umweltkonformen Grundlagen beruhen. Moderne Volkswirtschaften, die ihren Erfolg lediglich an ihrem steigenden Bruttosozialprodukt messen, übersehen die Schäden, die dem Menschen und seiner Umwelt zugefügt werden.

Was müßte aus Sicht der Ökologie getan werden? Tschumi fordert zu einer „Kausaltherapie statt Symptombehandlung" auf. Die bisherige Entwicklung von Wissenschaft, Technologie und Wirtschaft führt bis heute zu einer immer größeren Aufspaltung und Spezialisierung in einzelne Teilbereiche. Demgegenüber könnte uns die Ökologie helfen, nicht nur Teilphänomene, sondern das Funktionieren ganzer Systeme zu verstehen. Schon in der Schule müßte nach Tschumi ein Verantwortungsbewußtsein für die künftigen Generationen vermittelt werden. Der abschließende Appell ist für einen Biologen ungewöhnlich: "Wir sollten daher unverzüglich den Geltungsbereich unserer Ethik derart ausweiten, daß sie auch Verantwortung für die Populationen, für die Integrität der Umwelt und für jene Völker impliziert, welche andere Kulturen tragen als die unsrige."

Abb. 30: Wissenschaften in der ökologischen Krise - Biologie (Tschumi)

I. <u>Diagnose</u>

- Erschöpfung der Erdvorräte in wenigen Jahrzehnten
- Gefahr des Zusammenbruchs der menschlichen Population
- Gefährdung der gesamten Biosphäre

II. <u>Analyse</u>

- Überexponentielles Wachstum der Erdbevölkerung
- Mißverhältnis von technischem und biologischem Energiebedarf
- Mangelnde Verantwortung aufgrund von Individualethik

III. <u>Therapie</u>

- Strikte Befolgung des biologischen Kreislaufprinzips
- Ökologisches Denken auf allen Gebieten
- Ausweitung des Geltungsbereichs der Ethik

Umweltökonomie: Ökologischer Marshallplan

In kaum einem gesellschaftlichen Bereich werden Umweltfragen so kontrovers diskutiert wie in der Wirtschaft. Die Welt der Werbung wimmelt inzwischen von mit grünem Touch ausgestatteten Produkten, die der Natur zuliebe angeboten werden. Gleichzeitig genießt die Wirtschaft den Ruf, an allem Schuld zu sein. Wenn die ökologische vor allem eine ökonomische Frage ist, müßte sie auch von dieser Seite zu lösen sein, meinen einige umweltökonomische Optimisten. Antworten in dieser Richtung gibt das Buch "Die ökologischen Milliarden" (1986) des Wirtschaftswissenschaftlers Lutz Wicke.[58]

Ökonomen interessieren sich meist für den Preis und weniger für den Wert einer Sache. So plädiert Wicke für eine "Monetarisierung der Umweltschäden" in Geldeinheiten. Auch Wicke kritisiert das Bruttosozialprodukt als unangemessenes Maß der wirtschaftlichen Leistungsfähigkeit einer Volkswirtschaft, weil es einen viel zu hohen Wohlstandswert vortäusche. Die ökologische Schadensbilanz der Bundesrepublik Deutschland (West) sieht folgendermaßen aus: Verschmutzung der Luft (48 Milliarden DM), Verschmutzung der Gewässer (18 Mill.), Verschmutzung des Bodens (5 Mill.) sowie Lärmkosten (33 Mill.). So ergibt sich eine jährliche Summe von über 100 Milliarden Mark, "eine riesige, zum Teil nicht wiedergutzumachende Verschwendung".

Um sich vor dem Vorwurf einer Dramatisierung der Umweltzerstörung zu schützen, wollte Wicke den Eindruck vermeiden, daß es sich um ein Katastrophenbuch handelt. Daher wurden alle Schäden nach dem Prinzip "im Zweifel eher zu niedrig als zu hoch" beziffert. Ferner wurden einige Umweltschäden als "nicht-rechenbar" eingeschätzt. Dazu zählen psychische und soziale Auswirkungen schlechter Umweltqualität sowie Fragen der Langzeitwirkung von emittierten Schadstoffen. Die „Tschernobyl-Kosten" wurden z.B. nur über den Posten Boden mit 100 Millionen Mark in der Bilanz veranschlagt. Angesichts der vielen stillen Reserven kann der ermittelte Gesamtschaden mit Sicherheit als zu niedrig angesehen werden.

Mit dem Slogan "Umweltschutz durch Eigennutz" will Wicke die menschliche Haupttriebfeder des marktwirtschaftlichen Systems zu neuem Leben erwecken. Dazu sei keine umweltpolitische Revolution, sondern ein "grünes Wirtschaftswunder" erforderlich. Wicke hält ein ökologisches Wirtschaftswunder im Vergleich zum sozialen Wirtschaftswunder im Nachkriegsdeutschland der 50er-Jahre für "eine relativ leicht zu lösende Aufgabe", - zumindest in einer demokratischen Marktwirtschaft.

Die Wahrscheinlichkeit einer erfolgreichen Lösung der weltweiten Umweltprobleme beurteilt Wicke allerdings eher pessimistisch: "Das Raumschiff Erde und damit die Überlebensmöglichkeit bzw. das Leben unserer Kinder und Kindeskinder in einer annehmbaren Umwelt sind extrem gefährdet. Ohne eine schnellstmögliche gemeinsame Aktion aller Staaten, bei der gleichzeitig die Probleme der Bevölkerungsentwicklung, der

---

[58] Wicke, Lutz (1986): Die ökologischen Milliarden. Das kostet die zerstörte Umwelt - so können wir sie retten. München.

Nahrungs- und Energieversorgung sowie der Umweltprobleme energisch und wirksam angegangen werden, besteht die Gefahr einer gravierenden Bedrohung der Menschheit".[59]

Die Idee eines "ökologischen Marshallplans" - von Wicke bereits Ende der 80er-Jahre vorgestellt - wurde im Jahre 1992 durch Al Gore (damals noch Senator) international bekannt. In seinem Bestseller "Wege zum Gleichgewicht" fordert Gore, "die Rettung der Umwelt zum zentralen Organisationsprinzip unserer Zivilisation zu machen", und verweist auf das historische Beispiel: "In einer Zusammenarbeit, die damals ebenfalls ohne Vorbild war, schlossen sich mehrere relativ wohlhabende und mehrere vergleichsweise arme Staaten zusammen, angetrieben von dem gemeinsamen Ziel, eine Weltregion neu zu organisieren und ihre Lebensweise zu ändern. Der Marshallplan zeigt, wie eine große Vision in wirksames Händeln umgesetzt werden kann".[60] Gore nennt fünf Ziele seines ökologischen Marshallplans, der im Gegensatz zum Vorgänger eine florierende Wirtschaft und Technik voraussetzt: Stabilisierung der Weltbevölkerung, Verbreitung neuer Technik, neue Weltwirtschaft, neue internationale Abkommen und Aufbau eines Bildungsplans zur weltweiten Aufklärung. Auf die Realisierung des ökologischen Marshallplans wartet die Welt bisher leider vergeblich.

Abb. 31: Wissenschaften in der ökologischen Krise: Ökonomie (Wicke)

I. Diagnose

- Globale Umweltzerstörung (Wald, Luft, Wasser, Boden)
- Gravierende Bedrohung der Menschheit
- Probleme der Nahrungs- und Energieversorgung

II. Analyse

- Menschliches Eigennutzstreben („Homo Oeconomicus")
- Mangelnder politischer Wille
- Opposition der Wirtschaft gegen Umweltschutz

III. Therapie

- Aufstellung von monetären ökologischen Schadensbilanzen
- Rationale Umweltpolitik (Ökosoziale Marktwirtschaft)
- Gemeinsame Staatenaktion (Ökologischer Marshallplan)

---

[59] Wicke, Lutz (1989): Umweltökonomie. Eine praxisorientierte Einführung. München, S. 7.
[60] Gore, Al (1992): Wege zum Gleichgewicht. Ein Marshallplan für die Erde. Frankfurt, S. 297.

Umweltsoziologie: Ökologische Kommunikation

Nach dem Münchner Soziologen Ulrich Beck leben wir in einer "Weltrisikogesellschaft".[61] Hochentwickelte Industriegesellschaften enthalten ein Zerstörungspotential, das zu Katastrophen unvorstellbaren Ausmaßes führen kann. Der amerikanische Soziologe Charles Perrow weist darauf hin, daß entsprechende Katastrophen aufgrund unvermeidlicher Risiken systembedingt „normal" sind.[62] Wenn ein Atomkraftwerk im Durchschnitt alle 10.000 Jahre in die Luft geht und wir auf der Welt inzwischen etwa 500 Kraftwerke (Tendenz steigend) haben, so ist ein Super-GAU im Abstand von 20 Jahren auch ohne menschliches Versagen eigentlich keine Überraschung mehr. Im Gegensatz zu Katastrophen, die als Ereignis wahrgenommen werden, sind die katastrophalen Auswirkungen der Umweltzerstörung nicht so offensichtlich.

In seinem Buch "Ökologische Kommunikation" (1986)[63] ging der Bielefelder Soziologe Niklas Luhmann der Frage nach, ob sich die moderne Gesellschaft überhaupt auf ökologische Gefährdungen einstellen kann. Luhmann stellt zunächst fest, daß das ökologische Thema durch eine soziologische Abstinenz gekennzeichnet sei, und erinnert daran, daß eine ökologische Selbstgefährdung zu den Möglichkeiten der Evolution gehöre. So müsse man damit rechnen, daß Systeme auf ihre Umwelt einwirken und später in dieser Umwelt nicht mehr existieren können. Langfristig sorge die Evolution aber für ein ökologisches Gleichgewicht und eliminiere diejenigen Systeme, die einem Trend ökologischer Selbstgefährdung folgen. Bezüglich der Frage des Schicksals moderner Gesellschaften kommt Luhmann zu einem negativen Urteil, das in einer "Formel für die Unlösbarkeit ökologischer Probleme" mündet. Das Verständnis dieser Formel basiert auf gesellschaftstheoretischen Grundlagen.

Nach Luhmann ist die ökologische Kommunikation Ausdruck eines gesellschaftsinternen Phänomens. Bei ihr "geht es nicht um die vermeintlich objektiven Tatsachen: daß die Ölvorräte abnehmen, die Flüsse zu warm werden, die Wälder absterben, der Himmel sich verdunkelt und die Meere verschmutzen. Das alles mag der Fall sein oder nicht der Fall sein, erzeugt als nur physikalischer, chemischer oder biologischer Tatbestand jedoch keine gesellschaftliche Resonanz, solange nicht darüber kommuniziert wird, hat dies keine gesellschaftlichen Auswirkungen". Aufgrund ihrer strukturellen Differenzierung in verschiedene Subsysteme könne die moderne Gesellschaft zudem nie als Ganzes handeln. Um die Frage zu beantworten, ob die Gesellschaft auf ökologische Gefährdungen reagieren könne, müsse man daher die Möglichkeiten ihrer Teilsysteme überprüfen.

Als gesellschaftliche Teilsysteme untersucht Luhmann nacheinander Wirtschaft, Recht, Wissenschaft, Politik, Religion und Erziehung. Alle Teilsysteme kommunizieren in

---

[61] Beck, Ulrich (1996) in Andreas Dieckmann & Carlo Jaeger: Umweltsoziologie, Kölner Zeitschrift für Soziologie und Sozialpsychologie 36/96, S. 119.
[62] Perrow, Charles (1992): Normale Katastrophen. Die unvermeidbaren Risiken der Großtechnik. Frankfurt/Main.
[63] Luhmann, Niklas (1986): Ökologische Kommunikation. Kann sich die moderne Gesellschaft auf ökologische Gefährdungen einstellen? Opladen.

eigenen Sprachen (sog. Codes): In der Wirtschaft liege der Schlüssel ökologischer Probleme in der Sprache der Preise. Auf Störungen, die sich nicht in dieser Sprache ausdrücken ließen, könne die Wirtschaft in ihrer heutigen Form nicht reagieren. Das Rechtssystem arbeite mit Normen und könne nur zwischen recht und unrecht unterscheiden. Beim Code der Wissenschaft handele es sich um die Unterscheidung von wahr und unwahr. Politik sei vor allem eine Frage der Macht (und dies nicht nur auf nationaler Ebene), Religion eine Frage des Glaubens und Erziehung eine Frage der Bildung. Luhmann vertritt die These, daß die Gesellschaft innerhalb ihrer Systeme zuviel Resonanz erzeuge, außerhalb des Gesamtsystems jedoch zu wenig, da die Gesellschaft nur *über* die Umwelt, nicht aber mit ihr kommunizieren könne. Dies gilt auch für das von Luhmann zu einem späteren Zeitpunkt entdeckte Teilsystem der Massenmedien.[64]

Am Ende desillusioniert Luhmann Erwartungen an Patentlösungen seitens der Soziologie. Wer gehofft habe, daß in den Überlegungen zum Thema der ökologischen Kommunikation geklärt werden könne, wie die Kommunikation zur Lösung der dringenden Umweltprobleme unserer Gesellschaft beitragen könne, wird enttäuscht sein. Luhmann zeigt auf, warum die Gesellschaft so reagiert, wie sie reagiert, und nicht, wie sie reagieren sollte oder müßte. Derartige Rezepte gebe es genug. Luhmann plädiert dafür, „weniger Ressourcen zu verbrauchen, weniger Abgase in die Luft zu blasen und weniger Kinder in die Welt zu setzen".

Abb. 32: Wissenschaften in der ökologischen Krise: Soziologie (Luhmann)

I. Diagnose

- Umweltzerstörung als Kommunikationsproblem
- Gesellschaften sind nicht kommunikationsfähig
- Eliminierung von Systemen, die sich selbst gefährden

II. Analyse

- Unangemessene gesellschaftliche Resonanz auf Umweltprobleme
- Zu wenig Resonanz an den externen Systemgrenzen
- Zu viel Resonanz an den internen Systemgrenzen

III. Therapie

- Reduzierung des Rohstoffverbrauchs und Wachstums
- Prinzipielle Unlösbarkeit der ökologischen Krise
- Relativ größte Chancen in der Erziehung

---

[64] Luhmann, Niklas (1995): Die Realität der Massenmedien. Opladen.

Die Realisierungschancen dieser Rezepte hängen nach Luhmann davon ab, ob die Gesellschaft als Ganzes handlungsfähig sei. Doch nicht ein einziges Funktionssystem sei als Einheit organisiert und entscheidungsfähig. Soziologie halte der Gesellschaft nach Luhmann einen Spiegel vor - in der Annahme, daß sie durch ihn nicht hindurchblicken könne. So betreibe die Soziologie Aufklärung und erkläre deren Erfolglosigkeit gleich mit. Alles in allem deutet Luhmann das Problem jedoch nicht ganz so deterministisch, wie es den Anschein haben mag. Zwischen den Zeilen finden sich immer wieder kleine Hinweise über Interventionsmöglichkeiten. Nicht zu kontrollieren von den Funktionssystemen sei die Angst, sie könne zu einer Aufladung der ökologischen Kommunikation mit Moral beitragen. Der Wissenschaft attestiert Luhmann die Möglichkeit der Selbstreflexion. Die relativ größten Chancen für eine Ausbreitung intensivierter ökologischer Kommunikation sieht er im Erziehungssystem.

Umweltpädagogik: Vision der Nachhaltigkeit

Unter dem Titel "Ökopädagogik - Aufstehen gegen den Untergang der Natur" erschien 1984 ein Sammelband, der die ökologische Krise aus pädagogischer Perspektive thematisiert. Im Vorwort schrieben die Herausgeber: "Schneller, als Atomraketen hergestellt werden können, steigt die Summe der toten und absterbenden Wälder, verliert die Welt wieder eine Tier- und Pflanzenart. Das Industriesystem leistet beides: den Aufbau eines gigantischen Tötungspotentials wie eine gigantische faktische Zerstörung dieses Planeten, so daß wir uns in dunklen Augenblicken fragen, ob nicht beide Seiten sich längst in einer Konkurrenz befinden und nur noch nicht entschieden ist, mit welcher Methode der Untergang schneller und gründlicher sich erledigen läßt".[65]

Unter der Voraussetzung, daß technische Lösungen und staatliche Verordnungen allein die Katastrophe nicht verhindern, sondern daß es vielmehr eines grundsätzlichen Umdenkens bedarf, sieht sich die Pädagogik gefordert. Wie jede Wissenschaft streitet sie sich aber auch gerne um Begriffe. Danach beinhaltete das in den 70er-Jahren vorherrschende Konzept der Umwelterziehung die Aufgabe, erstmal ein Problembewußtsein der ökologischen Krise sowie Kenntnisse über Ursachen und Gegenmaßnahmen zu vermitteln. Im Vergleich dazu ging es in der Ökopädagogik der 80er-Jahre um eine stärkere Hinwendung zu Initiativen und Lebensgemeinschaften, die versuchen, einem anderen Verhältnis zur Natur näherzukommen. In den 90er-Jahren wurde schließlich der Begriff der Umweltbildung dominant, einhergehend mit der Forderung, alle Bildungseinrichtungen zu ökologisieren.

Die neue Perspektive, mit der ökologische Probleme nun angegangen werden sollen, wurde von der Brundtland-Kommission „Unsere gemeinsame Zukunft" entwickelt und auf der Umweltkonferenz in Rio 1992 zum Weltmodell erklärt, sie heißt: "Sustainable Development" (nachhaltige Entwicklung). Das Wuppertaler "Institut für Klima, Umwelt,

---

[65] Beer, Wolfgang & de Haan, Gerhard (1984): Ökopädagogik. Aufstehen gegen den Untergang der Natur. Weinheim, S. 7.

Energie" hat in der Studie "Zukunftsfähiges Deutschland" errechnet, daß die Ressourcennutzung auf etwa 20% der heutigen Werte reduziert werden müßte, um ein langfristiges Überleben zu sichern.[66] Für die Umweltbildung ergeben sich daher große Herausforderungen, denkt man z.B. an die "Feiertagsökologie"[67] der Gegenwart: Das Umweltangebot an Schulen, Volkshochschulen und Universitäten liegt zur Zeit bei etwa einem Prozent.

Weiterhin zeigt ein Blick auf die sog. Umweltbewußtseinsforschung die große Kluft zwischen Umweltbewußtsein und Umweltverhalten. Ökologisches Verhalten setzt ein Umweltbewußtsein nicht zwingend voraus. Die Motive sind vielfältig: Lebensstilmotive spielen z.B. eine Rolle, wenn Menschen am Wochenende mit dem Fahrrad unterwegs sind, ökonomische Motive führen zum Verzicht auf Flugreisen und aus Gründen des Wohlbefindens wird vielleicht das Licht ausgeschaltet. Die Vision einer nachhaltigen Entwicklung setzt also veränderte Lebensstile voraus. In einer Gesellschaft, in der Konsum und Egoismus zu den wichtigsten Lebensmaximen gehören, haben Werte wie Askese und Solidarität jedoch wenig Anziehungskraft.

Abb. 33: Wissenschaften in der ökologischen Krise: Pädagogik (de Haan)

I. Diagnose

- Aggressive Kampfhaltung gegenüber der Natur
- Zerstörung des Planeten durch das Industriesystem
- Mangelnde Ökologisierung der Bildungseinrichtungen

II. Analyse

- Gesellschaftliche Wertvorstellungen (Egoismus und Konsumstreben)
- Mangelnde Erkenntnisse der Umweltbewußtseinsforschung
- Kontraproduktive Rolle der Massenmedien

III. Therapie

- Grundsätzliche Abkehr von technischem Problemumgang
- Grundlegende Technik- und Wissenschaftskritik
- Konzept der Nachhaltigkeit als leitendes Paradigma

---

[66] BUND/Miserior (1997): Zukunftsfähiges Deutschland. Ein Beitrag zu einer global nachhaltigen Entwicklung. Basel.
[67] de Haan, Gerhard (1995); Perspektiven der Umwelterziehung/Umweltbildung. DGU-Nachrichten, 12/95, S. 23.

Welches Leitbild könnte Menschen dazu bringen, im Einklang mit der Natur zu leben? Als Leitfigur eines „homo oecologicus"[68] könnte man sich die in einer kleinen Wohnung lebende Rentnerin vorstellen: "Sie bezieht nur eine kleine Rente oder erhält Sozialhilfe, sie verläßt das Heim nur selten, sie ist nicht mobil, besitzt nicht einmal einen Führerschein, geschweige denn ein Auto. Sie ist finanziell nicht in der Lage, Fernreisen per Flugzeug zu unternehmen, auch der Sonntagsausflug gehört bei ihr nicht zum Standard. Sie hat ein manifestes Interesse zu sparen und achtet deshalb peinlich darauf, daß immer nur dort das Licht brennt, wo sie es wirklich benötigt. Exotische Lebensmittel sind ihr fremd und außerdem zu teuer".[69] Die Liste ließe sich fortsetzen. Leider läßt sich diese Rentnerin als publikumswirksames Vorbild wahrscheinlich schlecht vermarkten.

Angesichts der wichtigen Frage des Marketing gewinnen heutzutage die Massenmedien zunehmend an Bedeutung. Der Pädagoge Gerhard de Haan vertritt in diesem Zusammenhang die Auffassung, daß so komplexe Konzepte wie das der nachhaltigen Entwicklung "nicht mit Schlauchbooten eingekreist"[70] werden können. Der Kulturphilosoph Peter Sloterdijk sieht dagegen das größte Problem vor allem darin, daß die Message der Medien heutzutage auf Entwarnung hinausläuft: "Alle Medien sprechen im Westen seit mindestens zehn Jahren eine zwiespältige Sprache im Hinblick auf die ökologische Krise. Sie warnen und entwarnen immer gleichzeitig. Und die Bevölkerung hat die Entwarnung auf der Ebene der Verhaltensweisen übernommen." So habe ein Umdenken zwar in den Köpfen stattgefunden, die Körper könnten aber nicht folgen, weil kein Ernstfall erklärt werde.[71]

Umweltpsychologie: Ökologisches Unterbewußtsein

Die Frage des Ernstfallbewußtseins führt vom Umweltbewußtsein zum ökologischen Unterbewußtsein, also zu einer klassischen Domäne der Psychologie. Die nachfolgenden Gedanken einer "Ökopsychologie" gehen allerdings bezeichnenderweise nicht von der akademischen Psychologie aus, sondern von Theodore Roszak, einem Historiker der kalifornischen Universität in Berkeley. Ziel seines 1994 veröffentlichten gleichnamigen Buches ist es, Geistes- und Naturwissenschaften zu verbinden und eine Brücke zwischen dem Psychologischen und dem Ökologischen zu schlagen.[72]

Roszak setzt sich zunächst kritisch mit der Psychologie der Umweltbewegung auseinander. Seit dem Aufkommen der Bewegung zu Beginn der 70er-Jahre seien

---

[68] Meinberg, Eckhard (1995): Homo oecologicus. Das neue Menschenbild im Zeichen der ökologischen Krise. Darmstadt.
[69] de Haan, Gerhard & Kuckartz, Udo (1996): Umweltbewußtsein. Denken und Handeln in Umweltkrisen. Opladen, S. 230.
[70] de Haan, Gerhard (Hrsg.): Umweltbewußtsein und Massenmedien. Perspektiven ökologischer Kommunikation. Berlin 1995, S. 33.
[71] Sloterdijk, Peter (1995) in Gerhard de Haan (Hrsg.): Umweltbewußtsein und Massenmedien. Perspektiven ökologischer Kommunikation. Berlin, S. 66.
[72] Roszak, Theodore (1994): Ökopsychologie. Der entwurzelte Mensch und der Ruf der Erde. Stuttgart.

Umweltschützer in der Öffentlichkeit überwiegend heldenhaft wahrgenommen worden. Man sah sie als verantwortungsvolle Bürger und Naturliebhaber, die für saubere Flüsse und gesunde Wälder kämpften. Auch die größten Kritiker aus Politik und Wirtschaft mußten zugeben, daß die ökologisch orientierten Frauen und Männer idealistische Motive und hohe Prinzipien vertraten. Zumindest für den amerikanischen Raum gehen diese Zugeständnisse mehr und mehr zurück. Nach Ende des Kalten Krieges treten konservative Kräfte in den USA der Umweltbewegung zunehmend aggressiv gegenüber und teilen ihr die Rolle des Bösewichts zu, die früher die Marxisten ausfüllten. Roszak sieht die Umweltbewegung in den USA analog zur 'roten Gefahr' vergangener Tage zur 'grünen Gefahr' aufsteigen.

Allerdings trage die Umweltbewegung selbst ein gewisses Maß an Verantwortung für ihre Angreifbarkeit. Ihre Gewohnheit, düstere Prophezeiungen und apokalyptische Panik zu verbreiten, stelle das Vertrauen auf eine harte Probe. Solange „ökologische Weisheit" nicht annähernd so attraktiv sei wie die materiellen Befriedigungen des industriellen Wachstums, werde sie bei Menschen auf der Strecke bleiben, die auf starke Emotionen ansprechen. Umweltschützer haben nach Roszak wie die meisten politischen Aktivisten wenig Einsicht in die menschliche Motivationsstruktur, sie rechnen nicht mit der Unvernunft, der Perversität und den krankhaften Begierden, die in der Tiefe der Psyche verborgen liegen. Roszak rät der Umweltbewegung, psychologische Wege zu gehen, die nicht auf negativen, sondern auf positiven Gefühlen basieren. Was die Erde brauche, müsse in uns fühlbar werden, als seien es unsere persönlichen Bedürfnisse.

Will eine moderne Wissenschaft von der Seele ihrer Aufgabe gerecht werden, dürfe sie nicht die größere ökologische Realität ignorieren, die die individuelle Psyche umgebe, so als könne die Seele gerettet werden, während die Biosphäre zusammenbreche. Alle großen psychologischen Schulen würden die menschliche Entfremdung von der Natur als gegeben hinnehmen, ohne sie zu hinterfragen. Angesichts der mangelnden Wahrnehmung der ökologischen Krise stellt Roszak die Frage, wie wir einen Mann einschätzen würden, der sich nicht entschließen könne, aus einem brennenden Gebäude zu flüchten, weil er noch auf der Suche nach seiner Kreditkarte sei. Wahrscheinlich würden wir an seiner Zurechnungsfähigkeit zweifeln. So gesehen seien psychologische Theorien, die zu derart irrationalem Verhalten nichts zu sagen hätten, als mangelhaft zu bezeichnen.

Roszak plädiert für eine umfassende Bewußtwerdung des ökologisch Unbewußten in uns und erinnert an einen Mitbegründer der modernen Ökologie, zugleich einen Verfechter der Renaissance des Gewissens. Der russische Naturalist und politische Philosoph Peter Kropotkin sah im angeborenen Gewissen den Ursprung des Unbewußten: "Es ist nicht Liebe, nicht einmal Zuneigung, auf der die menschliche Gesellschaft basiert. Es ist das Gewissen - als Ausdruck der menschlichen Solidarität. Auf dieser breiten und notwendigen Basis entwickeln sich die höheren ethischen Gefühle".[73] Roszak sieht Kropotkin in enger Verwandtschaft mit zwei ökologischen Strömungen: Zum einen mit

---

[73] Kropotkin, Peter (1914): Mutual Aid. New York.

den Ansichten der Tiefenökologie[74], die von einem biozentrischen Weltbild ausgeht und zum spirituellen Flügel der Ökologiebewegung gehört, zum anderen mit der Richtung des sog. Ökofeminismus[75], der auf den Zusammenhang des „Schicksals" der Frauen mit der Situation der Erde aufmerksam zu machen versucht.

Abschließend faßt Roszak einige Prinzipien der Ökopsychologie zusammen. Die sog. Umwelt, um die es gehe, ist für ihn keine soziale Konstruktion, sondern durch die Natur in ihrer Gesamtheit vorgegeben. Kern der Ökopsychologie sei das ökologische Unbewußte, eine Repräsentation der lebendigen Erinnerungen unserer kosmischen Evolution. Die Ursache des Wahnsinns der Industriegesellschaft liege in der Unterdrückung dieses ökologischen Unterbewußtseins. Therapeutisch möchte Roszak in der Kindheit ansetzen - mit jedem neuen Leben werde das ökologische Unbewußte wiedergeboren. Kinder ließen sich schließlich noch von der Anmut der Natur verzaubern. Ziel des Reifungsprozesses sei die Entwicklung eines ökologischen Ich, das in synergetischer Wechselbeziehung mit der Natur lebt.

Abb. 34: Wissenschaften in der ökologischen Krise: Psychologie (Roszak)

I. <u>Diagnose</u>

- Mißhandlung der Natur durch die Zivilisation
- Mangelnde Wahrnehmung der ökologischen Krise
- Diskriminierung der Ökologiebewegung

II. <u>Analyse</u>

- Umweltunverträglichkeit der politischen Systeme
- Fundamentale moderne Natur-Entfremdung
- Begrenztheit menschlicher Überlebensinstinkte

III. <u>Therapie</u>

- Wiederbelebung eines biozentrischen Weltbildes
- Aktivierung des menschlichen ökologischen Unbewußten
- Neubewertung der Muße zu einem wirtschaftlichen Gut

---

[74] Naess, Arne (1972): The Shallow and the Deep Ecology Movements. Inquiry, Oslo, Band 16, S. 95-100.
[75] Dinnerstein, Dorothy (1973): The Mermaid and the Minotaur. New York.

Umweltphilosophie: Weisheit an die Macht

Was kann die Philosophie (grch. Liebe zur Weisheit) - früher die Königin der Wissenschaften, heute oft als weltfremd verspottet - zum Verständnis der ökologischen Krise beitragen? Wie der Berliner Philosoph Reinhard Maurer[76] aufzeigt, finden sich bereits bei Platon richtungsweisende Denkmuster. Im Gegensatz zu den griechischen Naturphilosophen lehrte Platon die Trennung von Leib und Seele und legte so einen Grundstein für die Entfremdung des Menschen von der Natur. Gleichzeitig kritisierte Platon die sog. Athener Krankheit, eine Lebenshaltung des „Immer-mehr-haben-wollen" (grch. Pleonexia), die gegen ein gesundes göttlich-garantiertes Maß verstoße. Neben der Krisendiagnose bietet Platon auch eine politische Psychologie an, um die wachsenden Konsumbegierden des modernen „american way of life" unter Kontrolle zu bringen: die Idee von der Herrschaft der Philosophenkönige.

In jüngerer Zeit hat vor allem der Philosoph Hans Jonas ("Prinzip Verantwortung", ausführlich in Kapitel 4) den Verdacht geäußert, daß die Demokratie auf Dauer nicht die geeignetste Regierungsform zur Lösung der globalen Probleme sei, und in diesem Zusammenhang über Möglichkeiten der "Macht der Weisen"[77] spekuliert. Jonas geht davon aus, daß es in einer Rettungsbootsituation wahrscheinlich keine Alternative zu einer sog. Ökodiktatur gebe. Den Versuch einer "Philosophie der ökologischen Krise" unternahm der in Mailand geborene Philosph Vittorio Hösle als russischer Gastdozent im Rahmen seiner fünf „Moskauer Vorlesungen".[78]

Im Einleitungsvortrag hält Hösle einen vollständigen Kollaps der Erde bei einer Universalisierung des westlichen Lebensstandards für unumgänglich. Daran gebe es für ihn trotz aller kollektiven Anstrengungen der Verdrängung keinen Zweifel. Unter Berufung auf den kategorischen Imperativ von Kant vertritt Hösle die These, daß der Lebensstandard westlicher Industrienationen unmoralisch sei. Auch die osteuropäischen Länder scheinen sich nach den gewaltigen Umwälzungen dem Diktat der Ökonomie zu beugen. Mit Ernst Ulrich von Weizsäcker (1989) wird die Einsicht geteilt, daß es nach dem 18. Jahrhundert der Religion, dem 19. Jahrhundert der Nation und dem 20. Jahrhundert der Ökonomie zu einem 21. "Jahrhundert der Umwelt"[79] kommen werde.

In seinem zweiten Vortrag fragt Hösle nach den geistigen Grundlagen der ökologischen Krise. Das Verhältnis des Menschen zur Natur sei von einem "Mißverhältnis zwischen Macht und Weisheit" geprägt, das er vor allem auf die Theorie von den zwei Welten des französischen Philosophen Rene Descartes zurückführt, der den Siegeszug moderner

---

[76] Maurer, Reinhard (1989): Innere Verfassung und Black Box. Thesen über das moderne Interesse an Platons 'Staat'. In Günter Abel & Jörg Salaquarda, Krisis der Metaphysik, Berlin, S. 469-480.
[77] Jonas, Hans (1984): Das Prinzip Verantwortung. Versuch einer Ethik für die technologische Zivilisation. Frankfurt/Main, S. 55.
[78] Hösle, Vittorio (1991). Philosophie der ökologischen Krise. Moskauer Vorträge. München.
[79] von Weizsäcker, Ernst Ulrich (1989): Erdpolitik. Ökologische Realpolitik an der Schwelle zum Jahrhundert der Umwelt. Darmstadt.

Naturwissenschaften mit der Auffassung einer seelenlosen Natur einleitete, zu der er auch die physische Natur des Menschen zählte. Als weiteres Grundmerkmal moderner Wissenschaft nach Descartes setzte sich die Dominanz der Quantität über die Qualität durch. Dieser Triumph zeige sich zum Beispiel im Begriff des 'Overkill', als wenn es einen Unterschied machen würde, ob man einmal oder zehnmal tot ist. Ist der Tod keine absolute Grenze?

Um die drei klassischen Aspekte der praktischen Philosophie - Ethik, Ökonomie und Politik - kreisen die restlichen Vorträge. Nicht die technische Frage der Machbarkeit, sondern die ethische Frage nach dem Sinn stellt Hösle zur Diskussion. In Anlehnung an Jonas plädiert Hösle für eine neue Naturphilosophie. Um das langfristige Überleben unseres irdischen Hauses zu sichern, sei die Wiederherstellung unseres ideellen Hauses notwendig, in dem der Natur eine eigenständige Würde gewährt wird. Doch wie lassen sich asketische Ideale durchsetzen? Die Philosophie müsse nicht nur neue Werte erarbeiten, sondern sie auch an die Gesellschaft, insbesondere an ihre Führungskräfte und die Jugend weitergeben.

Aus ökonomischer Perspektive glaubt Hösle, ähnlich wie Wicke, auf den Kapitalismus nicht verzichten zu können. Im Gegensatz zu Jonas, der bei einem Vergleich der beiden Wirtschaftssysteme zum Ergebnis kam, daß asketische Ideale in sozialistischen Systemen größere Chancen zur Durchsetzung hätten, setzt Hösle auf Egoismus. Wer den Egoismus ausschalte, verdamme die Menschheit zu Apathie und Gleichgültigkeit. Allerdings müßten sich die Rahmenbedingungen derart ändern, daß sich die Umweltzerstörung finanziell nicht mehr lohne. Hösle stellt das Bruttosozialprodukt als Indikator für das Wohlergehen einer Gesellschaft in Frage, dagegen könnten seiner Meinung nach mit Hilfe von Umweltsteuern andere Prioritäten proklamiert werden.

Abschließend stellt sich die Frage nach politischen Konsequenzen. Für einen Philosophen ungewöhnlich beschäftigt sich Hösle mit ganz konkreten Maßnahmen. Das Umweltministerium müßte zu einem Schlüsselministerium aufgewertet werden, vergleichbar mit dem Innen- oder Finanzministerium. Das Umweltbundesamt müßte einen ähnlichen Stellenwert wie die Bundesanstalt für Arbeit erhalten und - einen Vorschlag von Joschka Fischer[80] aufgreifend - einmal im Monat im Fernsehen über Erfolge und Niederlagen im Umweltschutz berichten. Politische Eliten müßten wie im antiken Rom eine Vorbildfunktion für die Bevölkerung übernehmen. Natürlich reichen nationale Alleingänge aufgrund der Globalität der Gefahren nicht aus, so daß eine Umweltaußenpolitik und ein "Marshallplan zur Rettung der Umwelt" unerläßlich seien. Vor allem aber müsse es Menschen mit Visionen geben, die über die Wahnidee hinausgehen, alles Glück auf Erden in totaler Bedürfnisbefriedigung zu suchen. Die Chancen zur Bewältigung der Probleme seien letztlich auch davon abhängig, ob die Jugend dafür mobilisiert werden könne.

---

[80] Fischer, Joschka (1989): Der Umbau der Industriegesellschaft. Frankfurt/Main.

Abb. 35: Wissenschaften in der ökologischen Krise: Philosophie (Hösle)

I. Diagnose

- Menschheit steht vor einer ökologischen Katastrophe
- Kollaps bei Globalisierung des westlichen Lebensstandards
- Ethisches Vakuum aufgrund neuer Handlungsdimensionen

II. Analyse

- Mißverhältnis zwischen Macht und Weisheit
- Natur-Deontologisierung in modernen Naturwissenschaften
- Leib-Seele-Dualismus seit Platon und Descartes

III. Therapie

- Neue Naturphilosophie mit eigenständiger Naturwürde
- Paradigmenwechsel von Ökonomie zu Ökologie
- Weitergabe neuer Werte an Führungskräfte und Jugend

Umwelttheologie: Maß aller Dinge

Am Ende der interdisziplinären Auseinandersetzung steht die Frage, ob die menschliche Naturbeherrschung nicht auch durch die Religion legitimiert ist. Der australische Philosoph John Passmore bemerkt in diesem Zusammenhang: "Ökologische Kritiker des Westens haben recht, wenn sie argumentieren, daß das Christentum den Menschen dazu ermutigt hat, sich selbst für metaphysisch einzigartig zu halten und als etwas zu betrachten, das übernatürlich über dem Auf und Ab der Prozesse steht".[81] Mit dieser Hybris erscheine die Natur als etwas, das man straflos plündern könne. In der Tat lesen sich Bibelstellen wie "Seid fruchtbar und mehret euch" und „Macht euch die Erde untertan" (Genesis 1,28) wie Gebrauchsanleitungen zur Herstellung der ökologischen Krise.

Eine kritische Analyse des Christentums nahm Eugen Drewermann mit seinem Buch "Der tödliche Fortschritt" (1992) vor.[82] Drewermann sieht in der vom Christentum stark beeinflußten Geisteshaltung Europas die Hauptursache der ökologischen Krise. Der europäische Geist habe ein Menschenbild entworfen, das seine Gültigkeit bis heute nicht verloren habe. Dazu gehöre der Glauben, daß die Geschichte sich ausschließlich um den Menschen zu drehen habe und ihren Sinn nur in einem unendlichen Fortschritt ver-

---

[81] Passmore, John (1980): Den Unrat beseitigen. Überlegungen zur ökologischen Mode. In Dieter Birnbacher (Hrsg.), Ökologie und Ethik, Stuttgart, S. 207.

[82] Drewermann, Eugen (1992): Der tödliche Fortschritt. Von der Zerstörung der Erde und des Menschen im Erbe des Christentums. Freiburg.

wirklichen könne. Außerdem zeichne sich dieses Menschenbild durch die einseitige Ausrichtung auf zweckrationale Kräfte aus, verbunden mit einer Leugnung oder Pathologisierung unbewußter Antriebe.

Ungewöhnlich für einen Theologen ist die ausführliche Darstellung real existierender Probleme wie Bevölkerungsvermehrung, Zerstörung der Wälder oder Ausrottung der Tiere. Wie kommt ein Theologe dazu, über diese Dinge nachzudenken? Drewermann zufolge haben Theologen das bestehende Problem wesentlich mitverursacht - wenngleich in einer schicksalhaften Verkehrung ihrer eigentlichen Absichten. Mehr noch als Hösle sieht Drewermann die Hauptursache der Krise in einem rigorosen und schrankenlosen Anthropozentrismus, der den Menschen als Mittelpunkt der Welt und Maß aller Dinge sehe. Statt nach Umweltschutz sei daher erst einmal nach einem neuen Menschenbild zu fragen.

Während für die Ägypter, Babylonier und Inder das Göttliche gerade auf der Einheit von Mensch und Tier beruhte, waren die Griechen die ersten, die ihren Göttern menschliche Züge verliehen und damit den Menschen in die Nähe der Götter rückte. Was diese Einstellung in der Praxis bedeutete, zeigten vor allem die Römer, die den griechischen Anthropozentrismus mit ungeheurem Herrschaftswillen verbanden. Mit den Römern trat erstmals eine Geistesart auf, die die gesamte Natur zum bloßen Rohstoff für menschliche Zwecke erklärte. Cicero zufolge hat das Leben eines Schweines z.B. seine Berechtigung, weil der Mensch so etwas Salz beim Einpökeln spart.

Das Christentum, das das politische und kulturelle Erbe der Römer antrat und damit das Abendland begründete, stellte schließlich die Ordnung der Natur völlig auf den Kopf, indem das gesamte Schicksal der Natur vom Menschen abhängig gemacht wurde: Wegen Adams Sünde seien alle Geschöpfe bestraft worden und müßten durch den Menschen erlöst werden, ganze Generationen von Theologen hätten sich seitdem abgemüht, diese Anschauung als eine höhere Form der Gerechtigkeit und Weisheit Gottes darzustellen. Die biblische Anthropozentrik erlaube es nicht, eine über den Menschen hinausgehende Ethik der Natur zu begründen. Drewermann hält es aber für seine Pflicht, auf eine Änderung des religiösen Bewußtseins in der Einstellung zur Natur zu wirken. Er fordert die Aufgabe des Anthropozentrismus und eine grundlegende religiöse Neubesinnung.

Die Konsequenzen dieser christlichen Lehre sind in unserer Kultur sehr weitreichend. Sie finden sich laut Drewermann auch auf den universitären Lehrstühlen der Psychologie im Gewande der sog. tabula-rasa-Theorie wieder, wonach es im Menschen nichts anderes gäbe als das, was er von außen übernommen habe. Die einseitige Betonung des Verstandes habe dazu geführt, daß der Mensch heute mit Vorliebe nach dem Modell eines Computers gesehen werde. Damit reduziere sich die Vernunft des Menschen auf den Gehorsam gegenüber der Technik. Mit der technischen Naturzerstörung werde die innere Verwüstung des abendländischen, christlichen Menschen nach außen verlegt. Nach Drewermanns Diagnose ist die ökologische Krise eine Krise des abendländischen Menschenbildes: Die Krise der 'Umwelt' ist demzufolge eine Krise der Religion und der menschlichen Psyche, dann erst eine Krise der Politik und der Wirtschaft.

Um den "Krieg" gegen die Natur zu stoppen, sei ein sog. Moratorium des Nachdenkens dringend geboten. Der Mensch müsse den Umgang mit seinen beiden großen Trieben, der Aggression und der Sexualität, die sich im Laufe von Jahrmillionen aufgebaut haben, in wenigen Jahrzehnten grundlegend verändern, um die letzten Reste intakter Natur zu schützen: "Erst eine Geschwisterlichkeit mit all unseren Mitgeschöpfen wird eine Form von Religion heraufführen, in welcher Natur und Geschichte, Ökologie und Ökonomie, Welt und Mensch, Unbewußtes und Bewußtes, Gefühl und Verstand, Frau und Mann, Leib und Seele eine Einheit bilden können".[83]

Abb. 36: Wissenschaften in der ökologischen Krise: Theologie (Drewermann)

I. Diagnose

- Krieg gegen die Natur seitens des Menschen
- Zunahme zahlreicher realexistierender Probleme
- Ökologische Katastrophe ohne radikalen Wandel

II. Analyse

- Schrankenloser Anthropozentrismus
- Innere Verwüstung des Menschen
- Einseitige Ausrichtung auf zweckrationale Kräfte

III. Therapie

- Überwindung des christlich-jüdischen Anthropozentrismus
- Änderung des Umgangs mit Aggressions- und Sexualtrieb
- Schutz der Reste intakter Natur vor Zugriff durch den Menschen

---

Interdisziplinäre Öko-Bilanz

Lassen wir alle sieben Ansätze noch einmal kurz Revue passieren: Der Biologe Tschumi wies auf einige natürliche Gesetzmäßigkeiten hin und forderte eine ganzheitliche Betrachtungsweise verbunden mit einer Ausweitung der Ethik. Der Wirtschaftswissenschaftler Wicke erstellte eine ökologische Schadensbilanz in Geldeinheiten und mahnte die Notwendigkeit internationaler Zusammenarbeit im Umweltschutz an. Der Soziologe Luhmann lieferte mit seinem systemtheoretischen Ansatz Aufklärung über die Probleme ökologischer Kommunikation moderner Gesellschaften. Der Pädagoge de Haan zeigte die große Kluft zwischen Denken und Handeln auf und beschwor die Vision

---

[83] Ders., S. 406.

einer nachhaltigen Entwicklung. Der Psychologe Roszak überraschte mit einer alternativen Perspektive, die auf die Aktivierung eines kollektiven ökologischen Unbewußten setzt. Der Philosoph Hösle plädierte für die Ausbildung von neuen Werten und übertrug seine Vorstellungen auch auf ganz praktische Fragen der Politik. Der Theologe Drewermann schließlich kritisierte den im Laufe der Geschichte gewachsenen und religiös begründeten anthropologischen Narzißmus, dessen Überwindung für das Überleben der Menschheit von entscheidender Bedeutung sei.

Kritische Würdigung

Natürlich muß jeder Ansatz für sich genommen unvollständig sein: Tschumi delegiert z.B. die Ausbildung von Verantwortung an die "Hüter der Ethik". Wicke weist selbst auf die Ausklammerung der psychosozialen Kosten in seinen Schadensbilanzen hin. Luhmann liefert eine beeindruckende "negative" Theorie ohne Lösungsweg - unter selbstgefälliger Erhebung der Soziologie. De Haan tendiert manchmal zu einer Überschätzung der Möglichkeiten pädagogischer Maßnahmen. Roszak verläßt teilweise den Rahmen der Rationalität und führt einige eigenwillige Neologismen ein. Eine Überforderung mutet Hösle der eigenen Zunft zu, wenn er von der Philosophie die praktische Durchsetzung neuer Werte verlangt. Drewermann geht sehr selbstkritisch mit seiner Profession um, doch seine Therapie verbleibt - typisch theologisch - auf einer relativ abstrakten Ebene.

Diagnose und Prognose

Die Antworten auf die erste Ausgangsfrage sind ziemlich einheitlich: Gefährdung der gesamten Biosphäre (Tschumi), gravierende Bedrohung der Menschheit (Wicke), Eliminierung von Systemen (Luhmann), gigantische Zerstörung des Planeten (de Haan), Zusammenbruch der Biosphäre (Roszak), ökologischer Kollaps der Erde (Hösle), Krieg gegen die Natur (Drewermann). Über die Grenzen der einzelnen Disziplinen hinaus dominiert das Bewußtsein, daß wir dabei sind, unser eigenes Grab zu schaufeln.

Analyse der Probleme

Als Ursachen der Umweltzerstörung werden vor allem anthropologische Konstanten, historische Entwicklungsprozesse und weltpolitische Gegebenheiten gesehen: Anthropozentrisches Menschenbild (Drewermann), dualistische Trennung von Leib und Seele (Hösle), Entfremdung des Menschen von der Natur (Roszak), Leugnung unbewußter Antriebe (Drewermann), mangelndes Verantwortungsbewußtsein (Tschumi), exponentielles Bevölkerungswachstum (Tschumi), Ideologie des Fortschrittsglaubens (Drewermann), Bruttosozialprodukt als Wohlstandsmaß (Wicke), Mißverhältnis von Macht und Weisheit (Hösle), ethisches Vakuum in den Wissenschaften (Hösle), mangelnde Wahrnehmung der Umweltkrise (Roszak), inadäquate gesellschaftliche Resonanzen (Luhmann), kontraproduktive Rolle der Massenmedien (Sloterdijk), Kluft zwischen Bewußtsein und Verhalten (de Haan), moderner „american-way-of-life" (Maurer) und eine unattraktive Umweltbewegung (Roszak).

Therapie

Schließlich entwickeln die Wissenschaften eine blühende Phantasie bei der Suche nach den Lösungswegen aus der ökologischen Krise: Reduzierung des Bevölkerungswachstums (Luhmann), Reduzierung des Ressourcenverbrauchs (Luhmann), strikte Befolgung des Kreislaufprinzips (Tschumi), Paradigma nachhaltiger Entwicklung (de Haan), Ökologisierung der Bildungseinrichtungen (de Haan), Ausweitung des Geltungsbereichs der Ethik (Tschumi), grundlegende religiöse Neubesinnung (Drewermann), Aktivierung des ökologischen Unbewußten (Roszak), Erarbeitung und Weitergabe neuer Werte (Hösle), Förderung eines „grünen" Wirtschaftswunders (Wicke), Ökologischer Marshallplan zur Rettung der Erde (Gore) bzw. ein 21. „Jahrhundert der Umwelt" (von Weizsäcker).

Fazit

Die interdisziplinäre Zusammenschau führt zu folgendem Ergebnis: Die Menschheit befindet sich in einer historisch einzigartigen Krisensituation (Diagnose) und ist auf dem besten Wege, in einer Katastrophe zu enden (Prognose). Zu den wichtigsten historisch-kulturellen Weichenstellungen gehören die Vorstellung vom Menschen als Maß aller Dinge (Anthropozentrismus) und die Entfremdung des Menschen von seiner eigenen und der ihn umgebenden Natur (Dualismus). Galt in der Antike noch der gesamte Kosmos als Umwelt, definieren die einzelnen Systeme heute sich selbst. Wurde die Naturbeherrschung früher per Religion legitimiert, ersetzt die moderne Gesellschaft nach dem Wegfall des transzendenten Bezugspunktes die „Leerformeln" Gott und Mensch. Die wissenschaftlich-technische Naturbeherrschung der Neuzeit ist heute zu einem Kollektivunternehmen der Menschheit geworden. So sind die Weichen dieses Universalprogramms gestellt. Und wie sechs Milliarden Menschen therapiert werden können, weiß niemand.

Zwei Seiten einer Medaille

Auswege aus der Krise setzen bei den Belastungsfaktoren der Erde an, die als zwei Seiten einer Medaille beschrieben werden können: Dem Bevölkerungswachstum der sog. Entwicklungsländer steht das Anspruchswachstum der Industrienationen gegenüber. Angesichts der weltpolitischen Ungleichheiten scheint die globale Umweltkrise weniger eine Folge des Bevölkerungswachstums der sog. Dritten Welt als vielmehr die Folge des unersättlichen Rohstoffhungers der reichen Industriegesellschaften zu sein. Zweifellos ist es für das ökologische Gesamtsystem am schlimmsten, wenn beide Faktoren zusammenkommen. Ebendies scheint heute der Fall zu sein.

Um in der Symbolik zu bleiben: Auf der obenliegenden sichtbaren Seite der Medaille gilt es, die Maßnahmen zu ergreifen, die dazu beitragen, den suizidalen Trend zu stoppen. Orientierungshilfen zur Erkenntnis der notwendigen Handlungen bieten traditionell die Naturwissenschaften an, insbesondere die Ökologie, die objektive Wachstumsgrenzen bestimmen kann. Auf dieser Grundlage hätten Politik und Wirtschaft die Aufgabe, diese

Erkenntnisse umzusetzen. Die unsichtbare Seite der Medaille ist Gegenstand dieses Buches. Sie umfaßt den subjektiven Faktor Mensch mitsamt seinen über die Jahrhunderte gewachsenen Einstellungen, welche die ökologische Krise zu einer kulturellen Krise machen. Hier geht es um das Bild, das wir vom Menschen und der Natur haben. Es geht um unsere Werte wie um unsere Ethik und vielleicht auch um unsere "Religion".

Wenn die Ursache der ökologischen Krise der Mensch selbst ist, in seinem massenhaften und expansiven Dasein, dann muß nicht nur das Bevölkerungs-, sondern auch das Anspruchswachstum überdacht werden. Um an diesem tieferen Kern der ökologischen Krise anzusetzen und die endgültige Katastrophe noch zu verhindern, müssen wir unsere geistigen Voraussetzungen hinterfragen und eine innere Kraft entwickeln, die uns sowohl individuell als auch kollektiv widerstandsfähig macht: Wir brauchen ein ökologisches Gewissen! Da der Gewissensbegriff nicht mehr ganz zeitgemäß zu sein scheint, bedarf er der Reminiszenz bzw. Renaissance in Theorie und Praxis.

Abb. 37: Wissenschaften in der ökologischen Krise -

Interdisziplinäre Zusammenfassung

I. <u>Diagnose</u>

- Mißhandlung, Kampf und Krieg gegen die Natur
- Bedrohung der Menschheit, Gefährdung der Biosphäre
- Ökologische Katastrophen, Eliminierung von Systemen

II. <u>Analyse</u>

- Anthropologische Gegebenheiten
- Historisch-soziale Entwicklungsprozesse
- Weltpolitischer Status Quo

III. <u>Therapie</u>

- Reduzierung des Anspruchswachstums
- Reduzierung des Bevölkerungswachstums
- Ökologischer Wandel revolutionären Ausmaßes

10. Wissenschaften ohne Gewissen

"Sein Gewissen war rein - er benutzte es nie."

Stanislaw Jerzy Lec[84]

Sich wegen des Gewissens ein Gewissen machen? Die modernen Wissenschaften tun es heute kaum noch. Seit den 60er-Jahren ist die Beschäftigung mit diesem klassischen Thema in vielen Disziplinen zurückgegangen. Für die Rechtswissenschaften zum Beispiel bilanziert Niklas Luhmann: "Das Versagen vor dem Tatbestand des Gewissens geht durch alle Auslegeschulen".[85] Für die Politik- und Sozialwissenschaften, insbesondere für die Psychologie, sind ähnliche Zustände zu konstatieren. In der Philosophie führte die Schwierigkeit, die moderne Philosophen mit dem Begriff haben, zu einem völligen Vertrauensverlust gegenüber diesem Wort. Sogar in der Theologie steht das Gewissen mittlerweile im Abseits.

Es scheint, als hätten die Wissenschaften kollektiv beschlossen, im Zuge des Positivismus sich von einem unliebsamen Objekt zu trennen und eine Jahrtausende alte Tradition über Bord zu werfen. Dabei ist das Gewissen in aller Munde. Manchmal „machen" sich Menschen ein Gewissen. Die Steuererklärung wird „nach bestem Wissen und Gewissen" unterschrieben. Es gibt das starke und das schwache Gewissen, das weibliche und das männliche Gewissen, das mündige Gewissen, das politische Gewissen, das religiöse Gewissen, das ärztliche Gewissen und vieles mehr.

Alltagssprachlich verdienen das gute und das schlechte Gewissen besondere Beachtung. Ein schlechtes Gewissen ist etwas Aktives und Unbequemes, ein gutes Gewissen etwas Passives und Schweigendes. Theologen tendieren dazu, ein schlechtes Gewissen gut und ein gutes Gewissen schlecht zu nennen. Wer nicht so theologisch denkt, steht dem guten Gewissen nicht so skeptisch gegenüber. Ein gutes Gewissen kann positive Gefühle wie Zufriedenheit mit sich selbst auslösen. Das schlechte Gewissen, das sich jemand macht, wiegt dagegen oft schwerer als alle Anklagen von außen. Es scheint so, als schlagen sich eher sensible Menschen mit dem Gewissen herum.

Offene Fragen beginnen schon bei der Definition des Wortes. Eine einheitliche Begriffsbestimmung existiert bis heute nicht. Das mittelhochdeutsche Wort "Gewissen" stammt vom althochdeutschen "giwizzani" her, einer femininen Lehnübersetzung der lateinischen "conscientia", welche wiederum eine Übersetzung der griechischen "syneidesis" ist. Die englische und französische Sprache benutzen für Gewissen und Bewußtsein das Wort "conscience" und bringen so zum Ausdruck, daß Gewissen ein Bewußtsein ist, welches das Ganze des menschlichen Seins umschließt. Das Gewissen fragt nicht "Kann ich so

---

[84] Lec, Stanislaw Jerzy (1982): Alle unfrisierten Gedanken. München, S. 98.
[85] Luhmann, Niklas (1965): Die Gewissensfreiheit und das Gewissen. Archiv des öffentlichen Rechts (90), S. 258.

handeln?", sondern meldet sich meist absolut und gegenwärtig mit einem apodiktischen "So nicht!".

Wer sich wegen seines Gewissens ein Gewissen macht, übt Selbstbesinnung. Nachfolgend wird der Versuch unternommen, das Geheimnis des Gewissens näher zu verstehen. Zum einen wird die kollektive Geschichte des Begriffs epochal zurückverfolgt (philosophisch und theologisch), zum anderen wird nach der individuellen Entwicklung des Gewissens gefragt (psychologisch und pädagogisch), um schließlich die gesellschaftliche Praxis kritisch zu beleuchten (politisch und juristisch). Ziel der Untersuchung ist die Vorbereitung eines ökologischen Gewissens.

Philosophisch-theologisches Gewissen

Die Geschichte des Gewissens ist sehr alt. Wahrscheinlich gab es zu allen Zeiten Menschen, die sich mit dem auseinandersetzten, was wir Gewissen nennen. Die frühesten Belege bietet die ägyptische Kultur, die Quellen stammen aus dem dritten Jahrtausend vor Christus. Die Erfahrung einer Gewissensregung geht einher mit der Verantwortung vor jenseitigen Mächten. Die Bewohner der Nil-Oase hatten wie kein anderes Land der Alten Welt den Glauben an ein jenseitiges Leben in ihr irdisches Dasein integriert.

Besonders bedeutsam war die Idee persönlicher Verantwortlichkeit bei den Griechen des klassischen Altertums. Während zur Zeit von Homer der Hauptantrieb des Handelns noch vor allem darin bestand, die Hochachtung der Gemeinschaft zu gewinnen, beschäftigten sich die griechischen Tragiker mit der lebensbegleitenden Funktion der Erinnerung im Gewissen. In den Dramen des Äschylos, Sophokles und Euripides finden sich immer wieder Personen, die leidenschaftlich Reue und Bedauern über ihre Handlungen ausdrücken, aber auch das gute Gewissen des Prometheus, der sich ähnlich wie Hiob im Alten Testament keiner Schuld bewußt ist.

Als "Erscheinen des Gewissens in der Weltgeschichte" (Hegel) gilt der Fall Sokrates. Die innere Stimme tritt bei Sokrates an die Stelle der höchsten Autorität, die bisher dem Orakel in Delphi zugebilligt wurde: "Mir ist dieses von meiner Kindheit an geschehen, eine Stimme nämlich, welche jedesmal, wenn sie von sich hören läßt, mir von etwas abrät, was ich eben zu tun im Begriff bin".[86] Im Gegensatz zu Homer ist es für Sokrates etwas Schreckliches, Unrechtes zu tun, auch wenn niemand etwas davon weiß. Durch seinen freiwilligen Tod symbolisiert Sokrates das gute Gewissen auch als Selbsterkenntnis - in Form des Gefühls, zwar von der Außenwelt, nicht aber von der Stimme im eigenen Inneren angeklagt zu werden.

In der jüdischen Tradition fehlt ein eigenes Wort für Gewissen, das Herz (leb) tritt an seine Stelle. Gott, der "auf Herz und Nieren prüft" (Psalm 7, Vers 10), ist keine Stimme

---

[86] Fischer-Fabian, Siegfried (1992): Die Macht des Gewissens. Von Sokrates bis Sophie Scholl. München, S. 10.

des Inneren, sondern eine Stimme zum Inneren. Das anklagende Gewissen erscheint bereits bei Adams Flucht aus dem Paradies. Im neuen Testament wird der Besitz des Gewissens allen Menschen, also Heiden und Christen, zugeschrieben. Interessant ist, daß Jesus das Wort nie benutzt haben soll, obwohl der Geist des Gewissens insbesondere in der Bergpredigt nicht zu überhören ist.

Im Mittelalter verstärkte sich die philosophische und theologische Reflexion über das Gewissen, dessen selbstkritische Funktion sich allmählich auf die Kontrolle der gewissenhaften Einhaltung von als zweifellos gültig vorausgesetzten Glaubensvorschriften beschränkte. Durch die Bibelübersetzung von Martin Luther ging das Gewissen in die deutsche Sprache ein. Unter Gewissensfreiheit verstand Luther nicht das Prinzip religiöser Toleranz, sondern den Glauben an die heilige Schrift. Von einer Garantie der Religionsfreiheit als Menschenrecht war man in dieser Zeit weiter denn je entfernt.

Mit der Aufklärung verändert sich wiederum das Verständnis des Gewissens. Für Immanuel Kant war das Gewissen als Bewußtsein eines inneren Gerichtshofes das Organ der autonomen praktischen Vernunft. Unter Gewissenskultivierung verstand Kant das Bemühen, dieser inneren Stimme Gehör zu verschaffen. Der kategorische Imperativ "Handle so, daß die Maxime deines Wollens jederzeit zugleich als Prinzip einer allgemeinen Gesetzgebung gelten könne" gilt seitdem als Formel der sog. Gewissensautonomie. Kants Säkularisierung des reformatorischen Gewissensverständnisses beeinflußte das Bürgertum des 19. und 20. Jahrhunderts.

Seit Mitte des 19. Jahrhunderts verlor das Gewissen langsam an Autorität. Friedrich Nietzsche deutete das Gewissen als gesellschaftliche Dekadenz- und Krankheitserscheinung und bemerkte: "Wie ruhig schlafen die Seelen eingefangener Verbrecher! Am Gewissen leiden nur Gewissenhafte!". In 'Jenseits von Gut und Böse' bilanziert Nietzsche schließlich: "Der Mensch hat das gute Gewissen erfunden, um seine Seele einmal als einfach zu genießen". [87]

Weniger pessimistisch deutete Charles Darwin das Gewissen als die spezifisch menschliche Kombination von Instinkt und Intellekt zur Bewältigung des Kampfes ums Dasein: "Ich unterschreibe vollständig die Meinung derjenigen Schriftsteller, welche behaupten, daß von allen Unterschieden zwischen dem Menschen und den Tieren das moralische Gefühl oder das Gewissen der weitaus bedeutungsvollste sei". [88]

Im 20. Jahrhundert war es vor allem der Philosoph Günther Anders, der auf den Zusammenhang von Gewissen und politischem Handeln hinwies. So wie aus der Ablehnung der Teilnahme an einem Mord nicht die Abschaffung eines Mordes resultiere, dürfe auch ein Wissenschaftler seine Hände nicht in Unschuld waschen, wenn er zum Beispiel weiß, wie Kollegen an seiner Stelle Bomben herstellen: "Schließlich ist Gewissen kein nettes oder ehrenwertes oder moralisch neutrales Gefühl unter anderen Gefühlen,

---

[87] Nietzsche, Friedrich (1953): Genealogie der Moral. Stuttgart.
[88] Darwin, Charles (1966): Die Abstammung des Menschen. Jena, S. 121.

dem man sich nach des Tages Arbeit zwischen seinen vier Wänden hingeben könne. Minus Handlung ist das Gewissen einfach nichts".[89] Ferner dürfe Gewissen nicht mit Gewissenhaftigkeit verwechselt werden, die sich auch in einem Vernichtungslager bewähren könne. Die Verantwortung der Wissenschaftler sei kein philosophisches Problem, sie trage keine akademischen Titel, sondern offenbare sich in verantwortlichem Handeln.

Abb. 38: Philosophen über das Gewissen

„Mir ist dieses von meiner Kindheit an geschehen, eine Stimme, welche jedesmal, wenn sie sich hören läßt, mir von etwas abrät, was ich eben zu tun im Begriff bin."

Sokrates

„Das Gewissen ist eine Folge unserer Natur."

Rousseau

„Das Bewußtsein eines inneren Gerichtshofes im Menschen, ist das Gewissen."

Kant

„Der Mensch hat das gute Gewissen erfunden, um seine Seele einmal als einfach zu genießen."

Nietzsche

„Ich unterschreibe vollständig die Meinung derjenigen Schriftsteller, welche behaupten, daß von allen Unterschieden zwischen dem Menschen und den Tieren das moralische Gefühl oder das Gewissen der weitaus bedeutungsvollste sei."

Darwin

„Minus Handlung ist das Gewissen einfach nichts."

Anders

---

[89] Anders, Günther (1972): Endzeit und Zeitenende. Gedanken über die atomare Situation. München, S. 26.

Psychologisch-pädagogisches Gewissen

In vielen modernen psychologischen und pädagogischen Lehrbüchern taucht der Begriff des Gewissens heute nicht mehr auf, so daß man zu der Schlußfolgerung kommen könnte, das Problem existiere nicht. Dabei gehörte das Gewissen zum Grundvokabular zweier Väter dieser Disziplinen, Freud (Psychologie) und Rousseau (Pädagogik). Sie setzten sich mit zeitlosen Fragen auseinander, die heute von existentieller Bedeutung sind: Wie entwickelt sich das Gewissen im Laufe des Lebens? Läßt sich das Gewissen erziehen? Wenn ja, wie?

Sigmund Freud, der Begründer der Psychoanalyse, berührt in fast allen seinen Arbeiten Phänomene des Gewissens - durch die Erfahrung der Gewissensnot seiner Patienten wurde er dazu gedrängt. Ist das Gewissen für die Kirche die Stimme Gottes, hört der Analytiker die Stimme des sog. Über-Ich. Wie kein anderer hat Freud den Konflikt der Gewissensangst beschrieben, die durch den Druck des Über-Ich als Verinnerlichung von Moral auf das Ich des Individuums ausgeht.[90]

Die psychoanalytische Theorie wurde u.a. durch Carl Gustav Jung, dem bekanntesten Nachfolger von Freud, weiterentwickelt. Jung stellte dem individuellen ein kollektives Gewissen gegenüber. Im kollektiven Unbewußten sah C.G. Jung Archetypen, phylogenetische Urvorstellungen, die allen Menschen gemeinsam sind (der Mutter-Archetypus offenbart sich z.B. in der Vorstellung einer Erdmutter).[91]

Die akademische Psychologie versucht heutzutage den Begriff des Gewissens zu vermeiden und spricht stattdessen lieber von moralischen Urteilen. Nach der kognitiven Theorie von Lawrence Kohlberg[92] entwickelt sich die Moral eines Menschen in verschiedenen Stufen, wobei die höchste (siebente) Stufe nur von moralischen Führern wie Sokrates, Mahatma Gandhi oder Martin Luther-King erreicht wird. Allerdings ist der Ansatz mit Vorsicht zu genießen, bedenkt man, daß Kohlberg die Höchstform des Gewissens nicht nur Kindern und Jugendlichen, sondern auch ganzen Kulturkreisen (und Frauen!) vorenthält. Der Aspekt persönlicher Betroffenheit wird in seiner Theorie völlig ausgeblendet.

Insbesondere Untersuchungen zur Entwicklung des Gewissens im Kindes- und Jugendalter zeigen jedoch, daß der emotionale Aspekt für den Gewissensakt von entscheidener Bedeutung ist. Nicht selten entwickeln Kinder sogar ein Gewissen, das strenger und strafender als das ihrer Eltern ist. Aus entwicklungspsychologischer Sicht stellt die Identifikationsmöglichkeit mit elterlichen Handlungen und Gefühlen die wichtigste frühkindliche Gewissensquelle dar. Dabei handelt es sich nicht um intellektuelle Eigenschaften, die das Kind verstandesmäßig zu erlernen hat. Die Gewissensbildung hängt in dieser frühen Lebensphase vielmehr davon ab, ob das Kleinkind die

---

[90] Freud, Sigmund (1920): Jenseits des Lustprinzips. Gesammelte Werke (Band 13). London.
[91] Jung, Carl Gustav (1958): Das Gewissen. Zürich.
[92] Kohlberg, Lawrence (1984): Essays in moral development. New York.

Gelegenheit hat, sich an ein „Du" zu binden (Martin Buber)[93], ein „Urvertrauen" zu entwickeln (Erik Erikson)[94] und die „Kunst des Liebens" zu lernen (Erich Fromm)[95].

Gezielte Experimente der Tierverhaltensforschung haben das Wissen der Humanpsychologie bestätigen können. So wurde z.b. aufgezeigt, daß Tiere durch einen frühen mehrmonatigen Elternentzug ihrer emotionalen Bindungsmöglichkeiten beraubt und als soziale Wesen vernichtet wurden. Ähnliche Ergebnisse erbrachten Untersuchungen an Babys und Kleinkindern, die dem Hospitalismus ausgesetzt waren. Folgen des Liebesentzugs und der Vernachlässigung zeigten sich später in Form von Jugendkriminalität. Das Gewissen als Regulator für soziales Handeln blieb verkümmert. Einige Studien, die diese Befunde belegen, offenbaren in diesem Zusammenhang auch geschlechtsspezifische Unterschiede. Danach sind Ausdrucksformen des Gewissens empirisch eher bei Mädchen zu finden.[96]

Als wissenschaftlicher Adressat für Fragen der Gewissensbildung gilt die Pädagogik. In seinem berühmten Erziehungsroman "Emile"[97] vertrat Jean-Jacques Rousseau die Überzeugung, daß das Gewissen eine Folge unserer Natur sei. Im Gegensatz zu Nietzsche leitet Rousseau daraus nicht die Perversion der Menschennatur ab, sondern die Möglichkeit individueller Freiheit inmitten gesellschaftlicher Vorurteile. Rousseaus Gewissenstheorie blieb nicht ohne Folgen für die Erziehungspraxis bis in die Gegenwart der Reformpädagogik, wie das Modell der antiautoritären Erziehung zeigt.

Die Gefährdung des erwachsenen Gewissens unter Autoritätsdruck konnte der Harvard-Psychologe Stanley Milgram[98] sehr eindrucksvoll experimentell aufzeigen. In der international replizierten Studie von Milgram erteilten zwei Drittel der Versuchspersonen (in Deutschland 85%!) auf Anweisung eines mit einem weißen Kittel bekleideten Versuchsleiters in der Rolle als Lehrer ihren Schülern vermeintliche, in der Realität absolut tödliche, Elektroschocks von 450 Volt. Das Experiment ist ein Beweis für die gesellschaftliche Manipulierbarkeit des Gewissens. Es stellt sich die Frage, wie das Gewissen beschaffen sein muß, um in kritischen Situationen nicht bestechlich zu sein.

Eine New Yorker Kollegin von Milgram, die Sozialpsychologin Eva Fogelman, suchte nach Persönlichkeitsmerkmalen und Motiven von Menschen, die nicht bereit waren, im Namen eines politischen oder wissenschaftlichen Prinzips anderen zu schaden bzw. sie zu töten. Sie befragte Personen, die während des Nationalsozialismus aktiv an der Rettung von Juden beteiligt waren. Die Ergebnisse ihrer langjährigen Recherchen dokumentierte Fogelman 1994 in dem Buch "Conscience and Courage".[99] Zu den Rettern gehörten vier

---

[93] Buber, Martin (1973): Das dialogische Prinzip. Heidelberg.
[94] Erikson, Erik (1977): Identität und Lebenszyklus. Frankfurt/Main.
[95] Fromm, Erich (1956): Die Kunst des Liebens. Berlin.
[96] Gilen, Ludwig (1965): Das Gewissen bei Fünfzehnjährigen. Psychologische Untersuchung. Münster.
[97] Rousseau, Jean-Jacques (1978): Emile oder über die Erziehung. Paderborn.
[98] Milgram, Stanley (1974): Das Milgram-Experiment. Zur Gehorsamsbereitschaft gegenüber Autorität. Hamburg.
[99] Fogelman, Eva (1994): Conscience and Courage. New York.

Gruppen: Gewissenhafte Professionelle (z.B. Ärzte), Judophile, weltanschauliche Retter und Menschen, die sich ausdrücklich ihrem Gewissen verpflichtet fühlten. Gemeinsam war den Rettern ein fester Kern von Werten, die bereits in der Kindheit vermittelt wurden, und eine ausgesprochen positive Wirkung ihres guten Gewissens auf die Befindlichkeit. So erlebten viele Retter die Zeit ihres Widerstands als die glücklichste Phase ihres Lebens.

Politisch-juristisches Gewissen

Politisch bedurfte es immer wieder institutionalisierter Formen, um Menschen auf ihr Gewissen anzusprechen. Das spannungsreiche Verhältnis rechtlicher Forderungen zu den Geboten des individuellen Gewissens gehört zu den dauerhaftesten Problemen der politisch-juristischen Ordnung bzw. der menschlichen Existenz. Trotzdem schrecken auch die Rechtswissenschaften vor einer gründlichen Auseinandersetzung mit der Gewissensfrage zurück.

Im Grundgesetz der Bundesrepublik kommt das Gewissen dreimal vor. Im Artikel 4 (I) heißt es: "Die Freiheit des Glaubens und des Gewissens ... (ist) unverletzlich". Dieser Satz - als Konsequenz aus der gewissenlosen Zeit des Nationalsozialismus - gilt als die 'magna charta' unserer Gewissensfreiheit. Die zweite Garantie des Gewissens (Art. 4, III, GG) gilt dem Kriegsdienstverweigerer und hat zu zahlreichen juristischen Auslegungsproblemen geführt. Auch der dritte Passus zum Gewissen ("Die Abgeordneten sind Vertreter des ganzen Volkes, an Aufträge und Weisungen nicht gebunden und nur ihrem Gewissen unterworfen", Art. 38, 1, GG) ist umstritten.

Roman Herzog[100] stellte bereits 1969 die Frage, ob es der Verfassung überhaupt erlaubt sei, den Gewissensbegriff allgemein verbindlich festzulegen. Gewissensentscheidungen würden vom Individuum nicht in robinsonartiger Einsamkeit getroffen werden, sie seien vielmehr auch von den großen Weltanschauungsgemeinschaften vorgeprägt. Der Staat müsse in gewissensbrisanten Angelegenheiten Enthaltsamkeit als unabdingbare Rechtspflicht üben, das Wagnis einer Definition sei daher unnötig. Wichtiger als der Definitions-Diskurs ist es jedoch, wie das Grundrecht auf Gewissensfreiheit in der Praxis gewürdigt wird. Geschichte und Gegenwart sind in diesem Zusammenhang leider voll von traurigen Beispielen.

Der Holocaust Hitler-Deutschlands verpflichtet wie kein anderes Ereignis, über Gewissen und Gewissensfreiheit im 20. Jahrhundert nachzudenken. Die Berufung auf das Gewissen wird dabei sowohl für die Opfer als auch für die Täter beansprucht. Niemand wird widersprechen, wenn der Widerstand der Geschwister Hans und Sophie Scholl als „Aufstand des Gewissens"[101] bezeichnet wird. Eher befremdend mutet es dagegen an, wenn der Verfassungsrichter Hirsch auf den Gewissenszwang der Richter während des

---

[100] Herzog, Roman (1969): Die Freiheit des Gewissens und der Gewissensverwirklichung. Berlin.
[101] Fischer-Fabian, Siegfried (1992): Die Macht des Gewissens. Von Sokrates bis Sophie Scholl. München, S. 12.

Nationalsozialismus hinweist, welche subjektiv und objektiv nach ihrem Gewissen gehandelt hätten und sich daher auch heute noch auf das Grundgesetz berufen könnten: "In heutiger Sicht lag bei ihnen eine tiefgreifende Bewußtseinsstörung vor, weil der kulturelle Normfilter den biologischen völlig unterdrückt hatte".[102]

Ebenso zwiespältig sind die Reaktionen auf den sog. atomaren Holocaust. So bedauert z.B. der Mann, der am 6. August 1945 eine Atombombe über Hiroshima abwarf, die mehrere hunderttausend Menschen das Leben kostete, auch Jahrzehnte nach seinem Massenmord "überhaupt nichts", wie er in einem Interview gesteht. Oberst Tibbets meint, als Soldat dazu erzogen worden zu sein, Befehle von kompetenter Autorität zu befolgen. Tibbets Antwort auf die Frage, ob er manchmal ein schlechtes Gewissen habe: "Nein. Damit halte ich mich nicht auf. All das ist Vergangenheit".[103]

Die beiden Beispiele aus der jüngeren Geschichte lassen erahnen, wie es um die Freiheit des Gewissens in der Realität bestellt ist. Die Tatsache, daß der Hiroshima-Pilot sich sogar auf die Autorität eines demokratisch definierten Staates berufen kann, ist besonders bedenklich. Juristen beklagen, daß das Bundesverfassungsgericht bislang keiner einzigen Verfassungsbeschwerde stattgegeben habe, mit der die Verletzung der Gewissensfreiheit ausdrücklich gerügt wurde. Zur Illustration der These, daß dieses Grundrecht unseres Grundgesetzes sich in einem "Dornröschenschlaf"[104] befinde, sei noch kurz die Praxis der anderen beiden Gewissensparagraphen erwähnt.

Zu den prominenten Problemen des politisch-juristischen Gewissens gehört das Grundrecht der Kriegsdienstverweigerung, das nicht nur dem Schutz einer Minderheit, sondern als Demokratieprinzip auch zur Stärkung der Verantwortungsfähigkeit der Bürger dient. Anfang der Achtziger Jahre wurde dieses Recht auf eine harte Probe gestellt, als einige Pazifisten nach der Raketenstationierung im Rahmen des sog. Nato-Doppelbeschlusses auch den zivilen Ersatzdienst aus Gewissensgründen verweigerten und mehrfach bestraft wurden.

Ungefähr zur gleichen Zeit sorgte die FDP-Bundestagsabgeordnete Hildegard Hamm-Brücher für Aufsehen, als sie von ihrem Recht auf freie Gewissensentscheidung öffentlich Gebrauch machte und sich dem Fraktionszwang ihrer Partei widersetzte. Die Motive ihres Handelns publizierte Hamm-Brücher in der Streitschrift "Der Politiker und sein Gewissen"[105] - ein leidenschaftliches Plädoyer für politische Unabhängigkeit und den Schutz der Gewissensfreiheit.

---

[102] Hirsch, Eduard (1979): Zur juristischen Dimension des Gewissens und der Unverletzlichkeit der Gewissensfreiheit des Richters. Berlin, S. 90.

[103] Sohr, Sven (1995): Opfer und Täter von Hiroshima. Was ist 50 Jahre danach aus ihnen geworden? Wissenschaft und Frieden 1/95, S. 56-61.

[104] Klier, Günther (1978): Gewissensfreiheit und Psychologie. Der Beitrag der Psychologie zur Normbereichsanalyse des Grundrechts auf Gewissensfreiheit. Berlin, S. 527.

[105] Hamm-Brücher, Hildegard (1983): Der Politiker und sein Gewissen. Eine Streitschrift für mehr Freiheit. München.

Zehn Thesen zum (ökologischen) Gewissen

Nach dem interdisziplinären Rundblick hinsichtlich der Verwendung des Gewissensbegriffs lohnt es sich, die wichtigsten Merkmale in einigen Thesen festzuhalten und bei dieser Gelegenheit zu prüfen, ob der Geist des Gewissens auch auf die ökologische Frage übertragen werden kann. Ökologisches Gewissen wäre dann eine besondere Dimension des Gewissens und nachfolgend genauer zu untersuchen.

(1) Gewissen ist das Bewußtsein von etwas

Es gibt keine einheitliche Definition des Gewissens. Bilanzierend kann das Gewissen als Bewußtsein von etwas verstanden werden. In diesem Sinne könnte im ökologischen Gewissen ein Bewußtsein von der Natur zum Ausdruck kommen. In theologischer Interpretation ist im Gewissen die Stimme Gottes zu hören. Mit einem religiösen Verständnis ließe sich ökologisches Gewissen auf ein Bewußtsein von einer göttlichen Natur zurückführen.

(2) Gewissen hat auch mit Gefühlen zu tun

Die Erkenntnisse der frühkindlichen Gewissensbildung zeigen, daß die Entwicklung des Gewissens in erster Linie keine intellektuelle Angelegenheit ist, sondern vor allem eine Frage der Sensibilität bzw. der persönlichen Betroffenheit. Übertragen auf die Idee des ökologischen Gewissens kann man davon ausgehen, daß Menschen ökologisch handeln, wenn sie sich emotional angesprochen fühlen.

(3) Gewissen ist anlage- und umweltbedingt

Faßt man die verschiedenen Gewissenskonzepte aus theologischer, philosophischer, psychologischer, pädagogischer und soziologischer Sicht zusammen, kann man davon ausgehen, daß bei der Entstehung des Gewissens genetische Anlagen und Umwelt zusammenwirken. Aus psychologischer Perspektive wurde die überragende Bedeutung der Kindheit gewürdigt. Es ist anzunehmen, daß die Entwicklung eines ökologischen Gewissens in ähnlicher Weise zu verstehen ist.

(4) Gewissen ist frei und manipulierbar zugleich

Obwohl das Gewissen bzw. die Gewissensfreiheit in demokratischen Staaten unter Schutz steht, ist die Möglichkeit der Manipulation sehr groß. Die Anfälligkeit für Deprivationsschäden ist in der frühen Kindheit besonders auffällig. Dennoch ist die Unterwerfung des Gewissens unter eine Autoriät kein zwangsläufiger Vorgang, wie selbst das Milgram-Experiment gezeigt hat (bei allen Versuchen gab es auch

Verweigerer). Auch für ein ökologisches Gewissen sind viele positive und negative Einflüsse auf das Umweltverhalten denkbar.

(5) Gewissen zeigt sich in persönlichem Handeln

Auch wenn es wie z.b. im Chor der antiken Tragödie oft andere Menschen sind, die Anstoß am eigenen Verhalten nehmen, geht es beim Gewissen stets um das eigene und nicht um das fremde Tun. Gewissensentscheidungen sind stets eine persönliche Angelegenheit und offenbaren sich im eigenen Handeln. Hier liegt ein häufiges Mißverständnis, das sich teilweise in Vorwürfen gegenüber sog. (ökologischen) Moralaposteln niederschlägt.

(6) Gewissen beeinflußt die psychische Gesundheit

Eine wichtige Frage betrifft den Zusammenhang von Gewissen und Gesundheit. Die Untersuchungen von Fogelman zeigen, daß ein gutes Gewissen manchmal regelrechte Glücksmomente verursacht, und die Antike lehrt, daß ein schlechtes Gewissen ein lebenslanger Begleiter sein kann. Ein "böser Zeigefinger" bekommt wahrscheinlich auch dem ökologischen Gewissen nicht besonders gut.

(7) Gewissen ist der Luxus einer unprivilegierten Elite

Der Gebrauch des Gewissens ist unabhängig vom Bildungsniveau, denn das Gewissen ist ohne Vorrechte individuell allen zugänglich. Doch in der Realität scheinen nur wenige Menschen unter äußerem Druck in der Lage zu sein, ihrem Gewissen zu folgen. Interessant ist die Frage, ob ökologisches Gewissen ebenfalls ein universelles Phänomen ist oder nur das Privileg einer Minderheit.

(8) Gewissen kann sich auch kollektiv offenbaren

Der Gegenstand des Gewissens ist heutzutage keineswegs immer nur privater Natur, im Zeitalter der Globalisierung richtet sich die Aufmerksamkeit zunehmend auf globale Gefahren. So gewinnt auch die Idee eines Kollektivgewissens im Sinne von C.G. Jung an Bedeutung. Wissenschaftlich wird bereits die Vorstellung eines kollektiven ökologischen Unbewußten diskutiert (vgl. Kap. 9).

(9) Gewissen benötigt institutionalisierte Formen

Die politische und juristische Auseinandersetzung mit dem Gewissen lehrt, daß es institutionalisierter Formen bedarf, um das Gewissen des einzelnen zu schützen. Wie ließe sich denn sonst das Recht auf Gewissensfreiheit gewährleisten? Die Geschichte zeigt gleichzeitig, wie schwer es in der Praxis ist, dieses Recht zu sichern. Ökologisches Gewissen bedarf ebenfalls eines solchen Schutzes.

(10) Gewissensbildung ist eine existentielle Aufgabe

Schließlich gehört die Gewissensbildung zu den wichtigsten Aufgaben der Gegenwart:

„Dieses Plädoyer für den Weiterbestand einer menschlicheren Welt, nein: leider bescheidenerer: für den Weiterbestand der Welt, habe ich geschrieben, als manche meiner eventuellen Leser noch nicht das gleißende Licht unserer düsteren Welt erblickt hatten. Sie werden erkennen, daß die revolutionäre, oder richtiger: katastrophale Situation, in die sie hineingeboren wurden und in der sie zu leben leider allzusehr gewohnt sind, nämlich die Situation, in der die Menschheit sich selbst auszulöschen imstande ist, schon vor ihrer Geburt eingesetzt hat, und daß die Pflichten, die sie haben, schon die ihrer Väter und Großväter gewesen sind. Ich schließe mit dem leidenschaftlichen Wunsch für sie und ihre Nachkommen, daß keine meiner Prognosen recht behalten werden." Diese Mahnung von Günther Anders offenbart eindrucksvoll die Notwendigkeit des Gewissens heute.[106]

Auch wenn die Vorstellung des Gewissens heutzutage insbesondere in den modernen Wissenschaften nicht mehr zeitgemäß zu sein scheint, bleibt nach Auffassung des britischen Historikers Henry Chadwick die anthropologische Grundidee des Gewissens bestehen: "Wir leben in einem Zeitalter, in dem die meisten unserer Zeitgenossen zu der Ansicht gekommen sind, Sittlichkeit als eine willkürliche Angelegenheit einer ausschließlich privaten Entscheidung aufzufassen. Der alte Begriff 'Gewissen', was immer für Verwirrung an Zweideutigkeiten und Schwierigkeiten er mit sich gebracht haben mag, vertrat jedenfalls etwas von größerer Bedeutung für uns alle: die Idee der Würde des Menschen. Er umfaßte die Erhabenheit und das Elend des Menschen und verhinderte sein Hinuntersinken in bloße Banalität".[107]

Aufgrund der Grenzen des Wachstums steht die Menschheit auf dem Weg zum 21. Jahrhundert vor globalen Herausforderungen, von deren Bewältigung ihr Überleben abhängt. Gewissensbildung wird so zu einer existentiellen Aufgabe. Angesichts der ökologischen Krise unserer Zivilisation ist für die Bildung eines ökologischen Gewissens die Frage entscheidend, ob der Mensch nicht nur seine eigene Würde (einschließlich der Würde seiner Kinder und Enkel), sondern auch die Würde der Natur, deren Teil er ist, anerkennt.

---

[106] Anders, Günther (1956): Die Antiquiertheit des Menschen (Band I). Über die Seele im Zeitalter der zweiten industriellen Revolution. München, S. 9.
[107] Chadwick, Henry (1974): Betrachtungen über das Gewissen in der griechischen, jüdischen und christlichen Tradition. Opladen, S. 19.

11. Ökologisches Gewissen in der Theorie

"Was traditionell unter der Kategorie Umweltbewußtsein verstanden wird - das Klo mit Essig putzen, Küchenabfälle kompostieren, den Garten verwildern lassen - genügt angesichts der Größe der Aufgabe nicht."

Hans Finck[108]

Warum tun wir uns eigentlich so schwer, die ökologische Bedrohung wahrzunehmen? Diese Frage stellt sich der Autor des einleitenden Zitats in der Zeitschrift 'Psychologie Heute' unter dem Titel "Die Entsorgung des Gewissens". Aus wissenschaftlicher Sicht ist in diesem Zusammenhang zu fragen, ob die zur Erforschung des Themas verwendeten Begriffe überhaupt erfassen, worum es geht. Seit über zwanzig Jahren zerbrechen sich die Sozialwissenschaften nun schon über den Begriff des 'Umweltbewußtseins' den Kopf. Die amerikanischen Psychologen Michael Maloney und Peter Ward, Erfinder der ersten Skala zur Messung des Umweltbewußtseins, verstanden darunter eine Mischung aus rationalem Wissen bzw. kognitiven Einstellungen und emotionaler Betroffenheit sowie beabsichtigtem und tatsächlichem Verhalten. Im Sinne von Maloney und Ward wurde Umweltbewußtsein vor allem als gesellschaftliches und politisches Handeln definiert.[109] Im Laufe der Zeit trat jedoch der emotionale Aspekt immer mehr zurück, und unter Umweltverhalten wird heute fast ausschließlich privates Handeln (meist im eigenen Haushalt) verstanden.

So verwundert es wenig, daß sich die meisten Deutschen heutzutage für ziemlich umweltbewußt halten. Auf die tiefe Kluft zwischen Wissen und Handeln wurde bereits hingewiesen (Kap. 9). Doch auch die Bereitschaft, sich umweltverträglich zu verhalten, hat ihre Grenzen. Nur 10% der Ost- und 20% der Westdeutschen wären zum Beispiel bereit, weniger Auto zu fahren[110]. Fragt man die Bevölkerung danach, in welchem Bereich es zur Zeit die meisten Probleme gibt, rangierte der Umweltschutz in den 90er-Jahren nur noch unter „ferner liefen", weit hinter den Themen Arbeitsmarkt, Renten oder Steuern. Thilo Bode, internationaler Greenpeace-Chef, kommentiert die Entwicklung wie folgt: "Mit atemberaubender Geschwindigkeit ist in Deutschland der Umweltschutz von der Tagesordnung der Politiker wieder verschwunden. In der Debatte um die Reform des Wohlfahrtsstaates entpuppt sich das hochgelobte Umweltbewußtsein der Deutschen als Schönwetterveranstaltung".[111]

---

[108] Finck, Hans (1993): Die Entsorgung des Gewissens. Warum wir uns so schwer tun, die ökologische Bedrohung wahrzunehmen. Psychologie heute 3/93, S. 34.

[109] Maloney, Michael & Ward, Peter (1973): Ecology - Let's hear from the people. An objective scale for the measurement of ecological attitudes and knowledge. American Psychologist 28, 583-586.

[110] Billig, Alfred (1994): Ermittlung des ökologischen Problembewußtseins in der Bevölkerung. Berlin, S. 60.

[111] Bode, Thilo (1996): Der Wachstumswahn. Spiegel 40/96, S. 62.

Angesichts dieser ernüchternden Bilanz scheint es an der Zeit, unser Verständnis von Umweltbewußtsein zu modernisieren bzw. zum ursprünglichen, ganzheitlichen Sinn des Wortes zurückzukehren. Die Idee des ökologischen Gewissens - als Versuch, Gedanken und Gefühle sowie privates und politisches Engagement zu integrieren - verdankt ihrer Entstehung einigen neueren, inspirierenden Arbeiten.

Beispielsweise fand die Oldenburger Psychologin Gisela Szagun in einer großangelegten Studie heraus, daß Gefühle der Angst, Wut und Traurigkeit über die Umweltzerstörung stärker als bisher angenommen dazu motivieren können, die Natur zu schützen. Die Handlungsbereitschaft ging bei Kindern mit Enthusiasmus, bei Jugendlichen mit einem hohen Maß an ethischem Umweltbewußtsein und bei Erwachsenen mit der Liebe zu Kindern einher. Ausgesprochen umweltunfreundlich verhielten sich demgegenüber Menschen mit einer stark ausgeprägten Gleichgültigkeit, definiert als "Zustand des Nichtvorhandenseins von Emotionalität".[112]

Ähnliche Befunde berichtet der Berliner Soziologe Horst Stenger. Ausgehend von der These, daß ein ökologisches Katastrophenwissen für sich genommen keine Handlungsrelevanz besitzt, arbeitet er die herausragende Bedeutung emotionaler Erfahrungen und Erkenntnisse bei der Entwicklung von Umweltbewußtsein heraus. Grundlage für eine emotionale Betroffenheit sei das Erleben einer Bedrohung: "Die Wahrnehmung der Umwelt als bedroht und in ihren Auswirkungen das Subjekt selbst am eigenen Leibe gefährdend, kennzeichnet den Motivationskern des Umweltbewußtseins"[113], das in diesem Sinne nicht als Gegenstand der Vernunft, sondern aus dem Zusammenspiel von Angst und Zivilisation entstehe und nur so in der Lage sei, individuelle bzw. gesellschaftliche Lähmungen zu überwinden, um das politische System unter Handlungsdruck zu setzen.

Schließlich sei noch ein prominentes Beispiel erwähnt, das zur Erweiterung des traditionellen Konzepts 'Umweltbewußtsein' und zur Entwicklung der nachfolgend vorgestellten Idee eines ökologischen Gewissens geführt hat. Nicht nur in der Ökologie, auch in anderen Gesellschaftsbereichen scheint das alte Gegenüber von Herz und Verstand, die Dichotomie von Emotionalität und Rationalität immer mehr als Problem erkannt zu werden. Auf der Grundlage modernster faszinierender Hirnforschungen, die das komplexe Zusammenspiel von Denken und Fühlen zeigen, plädiert der amerikanische Psychologe Daniel Goleman dafür, die etablierte Intelligenzforschung um die Idee der "emotionalen Intelligenz" zu erweitern. Goleman versteht darunter "unsere Metafähigkeit, von der es abhängt, wie gut wir unsere sonstigen Fähigkeiten, darunter auch den reinen Intellekt, zu nutzen verstehen". Als grundlegende Fähigkeit der emotionalen Intelligenz wird die Selbstwahrnehmung angesehen, ohne die es weder Fürsorge noch Mitgefühl geben könne. Goleman versteht sein Konzept als "drängendes moralisches Gebot", um "unserer kollektiven emotionalen Krise Herr zu werden".[114]

---

[112] Szagun, Gisela; Mesenholl, Elke & Jelen, Martina (1994): Umweltbewußtsein bei Jugendlichen. Emotionale, handlungsbezogene und ethische Aspekte. Frankfurt/Main, S. 172.
[113] Stenger, Horst (1990): Vom Katastrophenwissen zum Umweltbewußtsein. In: Hans Peter Dreitzel und Horst Stenger, Ungewollte Selbstzerstörung, Frankfurt/Main, S. 177.
[114] Goleman, Daniel (1996): Emotionale Intelligenz. München, S. 11.

Das Gebot der Gegenwart, mit der die Herausforderung unserer kollektiven ökologischen Krise angenommen werden müßte, scheint mir die Ausbildung eines emotionalen Umweltbewußtseins zu sein, das ich als ökologisches Gewissen bezeichnen möchte. Es vereinigt die philosophischen Prinzipien der Angst, der Hoffnung und der Verantwortung.

Das Prinzip Angst

"Angst vor der Angst, wir schlafen ein."

Herbert Grönemeyer[115]

Angst (lat. angustus = eng) ist heute ein universeller Begriff. "In der Welt habt ihr Angst" heißt es schon in der Bibel und in der Tat scheint ein Leben ohne Angst kaum vorstellbar, auch wenn wir uns vielleicht manchmal nach einem angstfreien Leben sehnen. Über den Sinn der Angst existieren unterschiedliche Auffassungen. Weit verbreitet ist die Erfahrung, daß Angst lähmend wirken kann. Als Überlebensstrategie bei Mensch und Tier löst Angst aber auch Verteidigungsimpulse aus, sie ist "ein unentbehrlicher Motor für jede Form von Entwicklung und Veränderung".[116] In der Psychologie wird Angst als unspezifische Reaktion von Furcht unterschieden, deren Auslöser sich meist eindeutig bestimmen läßt. Angst wird meist als unangenehm erlebt, weshalb wir bemüht sind, sie zu überwinden. Die Psychoanalytikerin Anna Freud spricht in diesem Zusammenhang von Angstabwehrmechanismen, deren bekannteste Form die Verdrängung ist.[117]

In dem Buch "Umgang mit Angst" demonstriert der Psychoanalytiker Horst-Eberhard Richter die vielfältigen Formen der Angst - von der Todes- und Trennungsangst, der Verfolgungs- und Versagensangst bis zur Kriegs-, Fremden- und Endzeitangst. Letztere lebt mit der Erwartung von Zerstörung und Untergang und wird auch als Weltangst bezeichnet. Richter versteht darunter "die Angst vor der konkreten Bedrohung durch Umweltzerstörung und voraussehbare verheerende Kriege auf einer überbevölkerten Erde. Es ist die Angst vor Verlust aller Geborgenheit, Abkoppelung von einer heilen, versorgenden Natur - Trennungsangst im weitesten Sinne. Es ist aber auch Gewissensangst im Bewußtsein, die katastrophalen Gefahren aus einem maßlosen kollektiven Egoismus heraus selbst zu produzieren". Um mit dieser Angst konstruktiv umgehen zu können, ist nach Richter erstmal eine „Rehabilitation der Sensibilität, die diese Angst zuläßt", nötig - verbunden mit einer "Entlarvung der Fatalität der konventionellen Verdrängung".[118]

---

[115] Grönemeyer, Herbert (1986): Angst. Zehnter Song des Albums „Sprünge". Bonn.
[116] Petri, Horst (1987): Angst und Frieden. Psychoanalyse und gesellschaftliche Verantwortung. Frankfurt/Main, S. 16.
[117] Freud, Anna (1936): Das Ich und die Abwehrmechanismen. München.
[118] Richter, Horst-Eberhardt (1992): Umgang mit Angst. Hamburg, S. 310.

Manche Menschen meinen, ohne Verdrängung könnten sie mit all den zivilisationsbedingten Zukunftsängsten unserer Tage nicht leben. So legt sich die moderne Angst "wie ein Smog über die Seelen, sie verbreitet sich als ein tiefes Unbehagen universal im Gefolge des Fernsehschirms und wird dort am klarsten empfunden, wo wir es am wenigsten erwartet hatten - bei den Kindern der reichen Länder".[119] Die Fatalität der kollektiven Verdrängung könnte allerdings eines Tages dazu führen, daß wir tatsächlich nicht mehr leben können.

Der Philosoph Hans Jonas erhebt daher die Furcht zur ethischen Pflicht: "In einer solchen Lage, die uns die heutige zu sein scheint, wird also Fürchten selber zur ersten Pflicht einer Ethik geschichtlicher Verantwortung werden. Wen diese Quelle dafür nicht vornehm genug für den Status des Menschen dünkt, dem ist unser Schicksal nicht anzuvertauen". Das Wesen der Furcht sei stets mit der Hoffnung auf Abwendung der Katastrophe verbunden: "begründete Furcht, nicht Zaghaftigkeit, vielleicht gar Angst, doch nicht Ängstlichkeit, und in gar keinem Falle Furcht oder Angst um sich selbst. Der Angst aus dem Wege zu gehen, wo sie sich ziemt, wäre in der Tat Ängstlichkeit".[120]

Der Philosoph, der wohl am wenigsten Angst hatte, die Angst vor der Zerstörung zu einem Prinzip zu erklären, war Günther Anders, der sich Zeit seines Lebens zwar vor allem mit der atomaren Bedrohung auseinandersetzte, im fortgeschrittenen Alter aber auch die ökologische Situation thematisierte. In einem neuen Vorwort zu seinem Hauptwerk "Die Antiquiertheit des Menschen" heißt es Ende der 70er Jahre: "Die drei Hauptthesen: daß wir der Perfektion unserer Produkte nicht gewachsen sind; daß wir mehr herstellen als vorstellen und verantworten können; und daß wir glauben, das, was wir können, auch zu dürfen, nein: zu sollen, nein: zu müssen - diese drei Grundthesen sind angesichts der im letzten Vierteljahrhundert offenbar gewordenen Umweltgefahren aktueller und brisanter als damals".

Anders zufolge leben wir im "Zeitalter der Unfähigkeit zur Angst", wir verhalten uns wie "emotionale Analphabeten", die nicht in der Lage sind, auf eine existentielle Gefahr angemessen zu reagieren: "So also ist unsere Situation. So beängstigend. Aber wo ist unsere Angst? Ich finde keine. Noch nicht einmal eine Angst mittlerer Größe kann ich finden. Noch nicht einmal eine, wie sie etwa bei der Gefahr einer Grippe-Epidemie aufträte. Sondern eben überhaupt keine. Wie ist das möglich?"[121] - Anders beantwortet diese Frage mit seiner These vom sog. 'Prometheischen Gefälle', von der Diskrepanz zwischen Machen und Vorstellen, zwischen Tun und Fühlen, zwischen Wissen und Gewissen.

---

[119] Biermann, Renate & Biermann, Gerd (1988): Die Angst unserer Kinder im Atomzeitalter. Frankfurt/Main, S. 43.
[120] Jonas, Hans (1984): Das Prinzip Verantwortung. Versuch einer Ethik für die technologische Zivilisation. Frankfurt/Main, S. 392.
[121] Anders, Günther (1987): Die Antiquiertheit des Menschen (Band I). Über die Seele im Zeitalter der zweiten industriellen Revolution. München, S. 265.

Unsere Unfähigkeit, emotional 'up to date', auf dem Laufenden unserer Produktion zu bleiben, veranschaulicht Anders am Gefühl des Mitleids: Der Anblick eines Ermordeten erfüllt uns mit Grauen, die Rede von zehn Toten vermag vielleicht noch irgendwie in uns anklingen, vor der Apokalypse aber "streikt die Seele". Auch auf die ökologische Apokalypse reagieren wir cool, wie der Berliner Psychologe Thorsten Bloedhorn beobachtet: "Die Nachricht von der fortschreitenden Zerstörung des Regenwaldes oder der Ozonschicht versetzt uns nicht in Panik, sondern wird bei Bier und Knabbereien zwischen Spielfilm und Werbung, wie alles andere auch, konsumiert". [122]

Die Angst vor der Angst zu überwinden, gehört für Anders zur wichtigsten Aufgabe unserer Zeit. Nur so lasse sich moralische Phantasie entwickeln, um das 'prometheische Gefälle' zu überwinden. Natürlich weiß auch Anders, daß Angst lähmen kann, aber gelähmter als heute könnten wir uns gar nicht verhalten. Stattdessen hätten wir "unsere Mitmenschen zur Angst zu erziehen".[123] Das Prinzip Angst ist der Hoffnungsträger des Widerstands. Ohne die Wirksamkeit dieses Prinzips sei unsere Lage hoffnungslos.

Das Prinzip Hoffnung

"Looking for hope in a hopeless world."

Paul Young[124]

Was ist Hoffnung? Der 'Brockhaus' definiert Hoffnung als "die Erwartung eines ersehnten oder gewünschten Zustandes, eine in der seelischen Tiefenschicht verwurzelte Grundstimmung, die stark die menschliche Handlungsbereitschaft mitbestimmt".[125] Werner Fröhlich sieht in der Hoffnung "eine positive, auf Zukünftiges gerichtete Qualität des Erlebens, die man als emotionale Einstellung sehen kann. Hoffnung steht im Gegensatz zur Angst."[126] Hoffnung ist sowohl eine Emotion, als auch eine rationale Einstellung - metaphorisch illustriert von Erich Fromm: "Hoffnung ist eine psychische Begleiterscheinung von Leben und Wachstum. Wenn ein Baum, der keine Sonne bekommt, seinen Stamm der Sonne zudreht, können wir nicht sagen, daß der Baum genauso hofft, wie das der Mensch tut, da die Hoffnung beim Menschen mit Gefühlen und Bewußtsein verbunden ist, die der Baum wohl nicht besitzt. Und doch wäre es nicht falsch zu sagen, daß der Baum auf Sonne hofft. Ist es denn etwas anderes bei dem Kind, das geboren wird?".[127]

---

[122] Bloedhorn, Thorsten (1994): Die Antiquiertheit der Psychologie. Berlin, S. 14.
[123] Schubert, Elke (Hrsg.): Günther Anders antwortet. Berlin 1987, S. 131.
[124] Young, Paul (1993): Hope in a hopeless world. London.
[125] Petri, Horst (1996): Lieblose Zeiten. Psychoanalytische Essays über Tötungstrieb und Hoffnung. Göttingen, S. 204.
[126] Fröhlich, Werner (1987): Wörterbuch zur Psychologie. München, S. 177.
[127] Fromm, Erich (1971): Die Revolution der Hoffnung. Stuttgart, S. 27.

Hoffnung ist Gegenstand verschiedener Wissenschaftsdisziplinen. In der Philosophie hat die Frage der Hoffnung eine lange Tradition, die bis in die griechische Mythologie reicht. Die Ambivalenz der Hoffnung zeigt sich besonders deutlich in der Interpretation der Pandora-Sage, wo die Hoffnung als einzige Gabe in der berühmten Büchse verbleibt - ob als Trost oder Übel ist bis heute ungeklärt. Eine optimistische Bestimmung der Hoffnung setzte sich erst im frühen Christentum durch. In der Theologie und Religion spielt das Thema Hoffnung wohl die größte Rolle. Im Neuen Testament richtet sich die Hoffnung auf das Reich Gottes und die Rettung der eigenen Seele im Jenseits. In jüngerer Zeit bezieht sich christliche Hoffnung auch auf Veränderungen im dieseitigen Leben.

In einem Buch über die "Biologie der Hoffnung"[128] bezeichnet der amerikanische Anthropologe Ted Tiger unsere Fähigkeit zu hoffen als bisher unterschätzten, möglicherweise genetisch programmierten Faktor in der Evolution. Ohne die Annahme eines biologischen Zensors sei es kaum zu erklären, warum der Mensch immer wieder über Ängste und Pessimismus hinwegkomme und nicht in Hoffnungslosigkeit versinke. Obwohl der Mensch als einziges Wesen der Unausweichlichkeit seines Todes gewiß sei, lasse er sich von diesem Gedanken nicht zu Boden drücken. Die Vorstellung eines Lebens nach dem Tode ist vielmehr allen großen Religionen gemeinsam. Ebenso sei die Tatsache, daß sich Menschen nicht davon abhalten lassen, entgegen jeglichem ökonomischen Kalkül und angesichts großer Menschheitskatastrophen noch Kinder in diese Welt zu setzen, nur mit der Annahme eines entsprechenden biologischen Prinzips zu verstehen. Nach Auffassung von Tiger ist Hoffnung daher das wahre Opium des Volkes.

Die bedeutendste neuzeitliche Arbeit zur Philosophie der Hoffnung stammt von Ernst Bloch. Das dreibändige "Prinzip Hoffnung"[129], in dem Bloch den "Umbau des Sterns Erde" mittels Technik fordert, bietet Anlaß für sehr unterschiedliche Interpretationsrichtungen: Die vorherrschende Auffassung besagt, daß die Philosophie der Hoffnung naturfreundlich und geeignet sei, Leitideen für eine ökologische Politik zu liefern. In scharfem Kontrast dazu steht die These des Berliner Philosophen Klaus Wiemers[130], Bloch habe einen ideologisch bedeutsamen Beitrag zur progressiven Naturzerstörung geliefert, indem er Naturfeindschaft als Wollen der Natur interpretierte. Die Blochsche Utopie eines weltweiten Wohlstandes sei aufgrund der natürlichen Wachstumsgrenzen nicht einzulösen. Bloch gilt als einer der vehementesten Verfechter des sog. "Baconschen Programms", nach dem der größtmögliche Wohlstand der Menschheit durch wissenschaftliche Erforschung und technische Beherrschung der Natur erzielt werden müsse. Dieses Programm hat mit seinem unerschütterlichen Fortschrittsglauben einen historisch einzigartigen Siegeszug erlebt, der bisher kaum hinterfragt wurde.

Kritisch mit dem 'Prinzip Hoffnung' setzt sich Günther Anders auseinander: "Ich glaube, Hoffnung ist nur ein anderes Wort für Feigheit. Was ist Hoffnung überhaupt? Ist es der Glaube, daß es besser werden kann? Oder der Wille, daß es besser werden soll? Noch niemals hat jemand eine Analyse des Hoffens durchgeführt. Auch Bloch nicht. Nein,

---

[128] Tiger, Ted (1983): The Biology of Hope. New York.
[129] Bloch, Ernst (1967): Das Prinzip Hoffnung. Frankfurt/Main.
[130] Wiemers, Klaus (1994): Natur und Technik bei Ernst Bloch. Berlin.

Hoffnung hat man nicht zu machen, Hoffnung hat man zu verhindern. Denn durch Hoffnung wird niemand agieren. Jeder Hoffende überläßt das Besserwerden einer anderen Instanz. Ja, daß das Wetter sich bessere, das darf ich vielleicht hoffen. Das Wetter wird dadurch zwar nicht besser, aber auch nicht schlechter. Aber in einer Situation, in der nur das Selberhandeln gilt, ist Hoffnung nur das Wort für den Verzicht auf die eigene Aktion". Durch Bloch sei Hoffnung zu einem Feiertagswort geworden. Anders hält Hoffnung für eine "unberechtigte Emotion", denn man könne auch unverantwortlich hoffnungsvoll sein. Unberechtigte Hoffnung habe man zu verhindern.[131]

Hoffnung und Hoffnungslosigkeit spielen auch als klinisch-psychiatrisches und psychosomatisches Phänomen eine Rolle. Aufbauend auf Bloch legte Heike Schnoor eine "Psychoanalyse der Hoffnung"[132] vor. Als Phänomen der Not wird Hoffnung jenseits aufklärerischer Anstrengungen angesiedelt. Im Gegensatz zu Bloch, für den Hoffnung nicht zerstört werden kann, weist die Autorin jedoch darauf hin, daß Hoffnung als integrativer Bestandteil des Lebens im Zuge chronischer Krisen auch in Hoffnungslosigkeit einhergehend mit der Gefahr einer Selbstvernichtung münden kann. Tatsächlich konnte der Zusammenhang zwischen Hoffnungslosigkeit und Suizidalität in vielen empirischen Studien gut belegt werden. Moderne Depressivitätstheorien weisen der Hoffnungslosigkeit eine Schlüsselrolle zu. Ausgehend von der Annahme, daß es auch eine "ökologische Hoffnungslosigkeit" als Gefühl der Unabwendbarkeit globaler Katastrophen gibt, stellt sich die Frage nach den Folgen für die individuelle psychische Gesundheit: Gibt es Menschen, die sich wegen der Umweltzerstörung das Leben nehmen?

In seinem Buch "Umweltzerstörung und die seelische Entwicklung unserer Kinder" macht der Berliner Psychoanalytiker Horst Petri auf die Relevanz der Frage aufmerksam. Er weist darauf hin, daß die bisherige Menschheitsgeschichte das Prinzip der Hoffnung als Glauben an das Vorübergehende allen Unglücks jenseits von Katastrophen und Schicksalsschlägen die Kontinuität menschlicher Geschichte nie ernsthaft infragestellte. "In der Auffassung, daß ein Leben ohne Hoffnung für den Menschen auf Dauer nicht möglich ist, sind sich viele Philosophen und Psychologen einig. Aber das Gefühl, daß es in absehbarer Zeit keine Zukunft, und das bedeutet kein Leben mehr geben wird, daß, wie viele Jugendliche es formulieren, das eigene Leben noch zehn, höchstens zwanzig Jahre dauert, manchmal noch weniger, und das Gefühl, daß im Grunde jede Planung und Vorstellung von Zukunft sinnlos geworden sind, daß es völlig gleichgültig ist, was ich tue, wenn sich das endgültige Ende als unabwendbar abzeichnet - diese Gefühle können das innere Hoffnungspotential tiefgreifend erschüttern und aushöhlen. Der Effekt wird epidemisch verstärkt, weil die Gefühle nicht nur einzelne befallen, sondern kollektiv sind, und weil nicht individuelle Schicksale betrauert werden müssen, sondern das Ende der menschlichen Art selbst. Die neue Qualität der Zukunftsangst besteht daher in dem Verlust existentiell notwendiger Lebenskraft".[133]

---

[131] Schubert, Elke (Hrsg.): Günther Anders antwortet. Berlin, S. 151.
[132] Schnoor, Heike (1988): Psychoanalyse der Hoffnung. Die psychische und psychosomatische Bedeutung von Hoffnung und Hoffnungslosigkeit. Heidelberg.
[133] Petri, Horst (1992): Umweltzerstörung und die seelische Entwicklung unserer Kinder. Stuttgart, S. 120.

Ein hoffnungsvolles intrapsychisches Gegenkonzept schlägt Gregory Fuller vor, in dem er zu einer "heiteren Hoffnungslosigkeit im Angesicht der ökologischen Katastrophe" aufruft. Da der Untergang kollektiv sei, brauche sich das Individuum nicht zu fürchten. Empfohlen wird ein "Totentanz ohne Trauer" nach dem "Prinzip der Akzeptanz", das als "unerträgliche Leichtigkeit des Seins" erfahren werden könne. Fuller führt aus: "Wer selbstgewählte Heiterkeit an den Tag legt, braucht nachts nicht zu weinen." [134]

Gegen den philosophischen "Luxus der Hoffnungslosigkeit" wehren sich die Theologen Dorothee Sölle und Fulbert Steffensky. Der Zynismus sei typisch für postmoderne Menschen, die alles haben und nicht den Druck erleben, etwas an ihrem Leben oder für die Gesellschaft verändern zu müssen, in der sie leben: "Es ist merkwürdig, daß die Hoffnungslosigkeit uns heute in fideler, in einer funny Gestalt begegnet". Diese ritualisierte Hoffnungslosigkeit sei keineswegs depressiv, sondern komme ganz munter daher, sie schaue vom sicheren Land aus zu und berichte, wie die Schiffe verbrennen. "Existentiell verhält man sich dabei jedoch nicht hoffnungslos. Man ißt, man trinkt, man liebt, man lacht. In der Rede verhält man sich allerdings widerspruchsfrei apokalyptisch". [135] Viele Menschen, insbesondere in den armen Ländern, könnten sich sich diese Haltung jedoch nicht leisten.

In diesem Sinne bemüht sich der kanadische Schriftsteller Ulrich Schaffer um eine zeitgemäße Interpretation der Hoffnung, wenn er am Prinzip der Hoffnung festhält - als einer bewußten Entscheidung, "ganz gleich wie die Situation der Welt ist". Der Hoffende gebe seinen Glauben an die Möglichkeiten der Veränderung nicht auf, auch wenn das heute nicht leicht sei: "In einer Welt, in der es viel Grund zur Hoffnungslosigkeit gibt, grenzt es an Verwegenheit, sich auf die Möglichkeiten zu konzentrieren und nicht auf die Unmöglichkeiten". [136]

Das Prinzip Verantwortung

"Der Mensch ist verurteilt, frei zu sein. Verurteilt, weil er sich nicht selber erschaffen hat, andererseits aber dennoch frei, da er, einmal in die Welt geworfen, für alles verantwortlich ist, was er tut."

Jean-Paul Sartre [137]

Im Vergleich zu Angst und Hoffnung wird Verantwortung in unserem Sprachgebrauch weniger inflationär verwendet, obwohl sich Fragen der Verantwortung praktisch auf alle Lebensbereiche erstrecken. Verantwortliches Handeln gilt in unserer Gesellschaft als ein

---

[134] Fuller, Gregory (1995): Das Ende. Von der heiteren Hoffnungslosigkeit im Angesicht der ökologischen Katastrophe. Frankfurt/Main, S. 107.
[135] Sölle, Dorothee & Steffensky, Fulbert (1995): Wider den Luxus der Hoffnungslosigkeit. Freiburg, S. 47.
[136] Schaffer, Ulrich (1990): Wenn Mauern fallen. Eine Feier der Freiheit. Stuttgart, S. 10.
[137] Sartre, Jean-Paul (1986): Ist der Existentialismus ein Humanismus? In Volker Spierling, Lust an der Erkenntnis: Die Philosophie des 20. Jahrhunderts. München, S. 171.

erstrebenswertes Ziel. Wissenschaftlich gewinnt die Frage der Verantwortung angesichts des anhaltenden technischen Fortschritts zunehmend an Bedeutung, beispielsweise in der modernen Medizin.

Die Berliner Psychologin Ann Auhagen, die Verantwortung für ein „forschungstheoretisch reizvolles und lebenspraktisch wichtiges" Thema hält, bilanziert die bisherigen sozialwissenschaftlichen Erkenntnisse dahingehend, daß Verantwortung bisher überwiegend auf einer rationalen Ebene untersucht wurde, einhergehend mit einer weitgehenden Ausblendung emotionaler Anteile. Im Spannungsfeld zwischen einer als angenehm erlebten Herausforderung und einer als unangenehm wahrgenommenen Bedrohung gleiche Verantwortung einem Vexierbild, das zu einem Wechselbad der Gefühle führen könne - "eine schöne, junge Frau, die sich im selben Augenblick in eine Hexe verwandeln kann".[138]

In dem Buch "Aufstand für die Natur - Von der Mitwelt zur Umwelt" unterscheidet der Essener Philosoph Klaus Michael Meyer-Abich zwei Arten von Verantwortung: Zum einen die traditionelle Verantwortung für sich selbst, die von einer Rechenschaftspflicht eigenen Handelns ausgeht (Vergangenheitsverantwortung), zum anderen Verantwortung für andere und anderes, die sich auf zukünftiges Handeln bezieht (Zukunftsverantwortung). Nach Immanuel Kant besteht Verantwortung (lat. responsio = Antwort) gegenüber demjenigen, vor dem wir uns zu rechtfertigen hätten. Wer z.B. seinem Nachbarn verspricht, dessen Blumen zu gießen, übernehme demnach nur gegenüber seinem Nachbarn eine Verantwortung, nicht jedoch für die Blumen. Sie werden nicht um ihrer selbst willen begossen, sondern nur in ihrer Funktion als Eigentum des Nachbarn. Der Gedanke einer Zukunftsverantwortung im Sinne einer Verantwortung für die Erhaltung der Natur (im Beispiel: die Blumen um ihrer selbst willen zu gießen) scheint sich erst langsam durchzusetzen.

Mit Hilfe von sieben sog. Verantwortungskreisen versucht Meyer-Abich anhand der historischen Entwicklung nachzuzeichnen, warum Zukunftsverantwortung über bloße Rechenschaftspflicht hinausgehe: Im Lockeschen Naturzustand ist jeder nur für sich verantwortlich (Egozentrik). Die Moral der Sippe schließt Familie und Freunde, Verwandte und Bekannte ein (Nepotismus). In einem dritten Schritt achtet eine Gemeinschaft von Landsleuten seine eigenen Mitbürger (Nationalismus). In internationaler Gemeinschaft achten Menschen ihre Artgenossen nah und fern (Anthropozentrik). Die nächste Stufe umfaßt auch alle "höheren" Lebewesen (Mammalismus), die abgelöst wird von einer Gemeinschaft aller Lebewesen (Biozentrik). Eine Steigerung ist schließlich die Aufnahme auch der unbelebten Welt in den siebenten Kreis der Verantwortung (Physiozentrik). Zuletzt erscheint das anthropozentrische Weltbild wie ein menschlicher Chauvinismus: "Nicht der Mensch ist das Maß aller Dinge, sondern alles, was mit uns ist, ist das Maß unserer Menschlichkeit".[139]

---

[138] Auhagen, Ann (1994): Zur Sozialpsychologie der Verantwortung. Zeitschrift für Sozialpsychologie. Bern, S. 246.

[139] Meyer-Abich, Klaus-Michael (1990): Aufstand für die Natur. Von der Umwelt zur Mitwelt. München, S. 82.

Wo steht der Mensch heute? "Der endgültig entfesselte Prometheus, dem die Wissenschaft nie gekannte Kräfte und die Wirtschaft den rastlosen Antrieb gibt, ruft nach einer Ethik, die durch freiwillige Zügel seine Macht davor zurückhält, dem Menschen zum Unheil zu werden." Mit diesem Satz beginnt Hans Jonas sein "Prinzip Verantwortung", den „Versuch einer Ethik für die technologische Zivilisation". Jonas kritisiert den ursprünglich mythisch, später philosophisch und heute ökologisch erkannten menschlichen Übermut (grch. Hybris) und fordert, die demokratischen Grundrechte durch Grundpflichten zu erweitern. Die Pflicht zur Zukunftsverantwortung sei allerdings nicht mißzuverstehen als eine Ethik in der Zukunft, sondern als eine Ethik in der Gegenwart, die sich um die Zukunft kümmert. Zeitloses Urbild aller Verantwortung ist das Neugeborene, "dessen bloßes Atmen unwidersprechlich ein Soll an die Umwelt richtet: nämlich sich seiner anzunehmen. Sieh hin und du weißt - mit jedem Kinde, das geboren wird, fängt die Menschheit neu an."[140]

Jonas' Theorie der Verantwortung basiert sowohl auf der Annahme eines objektiv-rationalen Grundes der Verpflichtung als auf der subjektiv-emotionalen Bereitschaft des Gefühls der Verantwortung. Voraussetzung einer wirksamen Verantwortung für die Zukunft wäre der Schritt von einer anthropozentrischen Ethik, die die Natur nur insoweit zu schützen bereit ist, wie sie das menschliche Überleben garantiert, zu einer nicht-anthropozentrischen Ethik, bei der die Natur kein Objekt, sondern ein Subjekt mit einem Eigenrecht sei. Angesichts der veränderten Dimensionen menschlichen Handelns mit einer ungeheuren Ausbreitung in Raum und Zeit (Beispiel Atomkraft) reichten traditionelle Gebote wie "Liebe Deinen Nächsten wie Dich selbst!" nicht mehr aus, vielmehr müßten sie auch auf künftige Generationen und die nichtmenschliche Natur ausgedehnt werden. Die Konsequenzen der beiden Verpflichtungen menschlicher Verantwortung sind grundverschieden: Im ersten Falle ist ein - insbesondere mit Hilfe der Gentechnik - beliebiger Umgang mit der Natur möglich, anderenfalls wäre Ehrfurcht nötig, die uns Heutigen fehlt. Wissenschaftliche Aufklärung und monotheistische Transzendenzreligionen sind sich hinsichtlich der Abqualifizierung von Naturreligionen einig. Ob eine biozentrische Ethik ohne Wiederherstellung der Kategorie des Heiligen möglich ist, bezweifelt Jonas im Vakuum des heutigen Wertrelativismus. Im Gegensatz zu uns verehrten die Menschen der Antike die Natur noch als eine Göttin (Gaia).

Läßt sich ökologisches Handeln mit dem Verantwortungskonzept von Jonas vorhersagen? Diese Frage überprüfte die Berliner Psychologin Karin Neuberger in einer Feldstudie, in der Studierende gebeten wurden, zwei Wochen lang ein sog. Umwelttagebuch zu führen, mit dem umweltschützende Maßnahmen im eigenen Haushalt begleitet wurden. Die Autorin zerlegte Jonas' Prinzip Verantwortung in die Komponenten "Sollen" (rationale Einsicht in die Verpflichtung zu handeln), "Wollen" (emotionale Empfänglichkeit der Bedrohung durch die Umweltzerstörung) und "Können" (Kontrollerwartung, Handlungen auch ausführen zu können). Unter "Können" wird verstanden, was Jonas Macht nennt: "Das also, was Wollen und Sollen überhaupt

---

[140] Jonas, Hans (1984): Das Prinzip Verantwortung. Versuch einer Ethik für die technologische Zivilisation. Frankfurt/main, S. 241.

verknüpft, die Macht, ist eben dasselbe, was Verantwortung ins Zentrum der Moral rückt". Doch an der Komponente des Könnens haperte es bei vielen Versuchspersonen, stattdessen zeigte sich eine ausgeprägte Ohnmacht, so daß die Schlußfolgerungen der Studie das Konzept der Verantwortung empirisch nur mit Einschränkungen bestätigen: "Wer glaubt, etwas für die Umwelt tun zu müssen, sich von der Umweltzerstörung bedroht fühlt, sowie - in Grenzen und gemeinsam mit anderen - glaubt, die Umweltkatastrophe beeinflussen zu können, verhält sich eher umweltschützend".[141] An der Frage der Macht scheiden sich also die Geister - hier gilt es anzusetzen.

Ökologisches Gewissen als dreidimensionales Modell

"Wohl aber gehört die Furcht zur Verantwortung so gut wie die Hoffnung."

Hans Jonas[142]

Vor der Vorstellung des Modells zum ökologischen Gewissen sei noch auf einen weiteren Versuch hingewiesen, aufbauend auf der Philosophie von Jonas eine Theorie ökologischer Verantwortung zu entwickeln, die sich in der Realität bewährt. Die Arbeitsgruppe des Berliner Psychologen Ernst Hoff[143] unterteilt Verantwortung in ökologische Kontroll- und Moralvorstellungen sowie in ökologisches Bewußtsein. Im Gegensatz zu anderen psychologischen Ansätzen der Umweltbewußtseinsforschung wird in dieser Theorie der ökologischen Verantwortung die Täterschaft des Menschen als Verursacher von Umweltproblemen thematisiert.

Die aufwendige Überprüfung dieses Modells in Form von sog. Dilemmata-Interviews mit Arbeitern und Angestellten in der Automobilindustrie führte wie schon bei Auhagen und Neuberger zu einer Problematisierung der Kontrollkomponente. Viele Menschen glauben zwar an die Möglichkeiten privaten Umweltschutzhandelns, denken aber fatalistisch über die kollektiven und langfristigen Chancen nach dem Motto "eigentlich hat doch alles keinen Zweck": "Natürlich kann ich selbst etwas beitragen, indem ich meinen Müll trenne, das hat aber letztlich doch keinen Sinn". Ohne das Gefühl eines erfolgreichen kommunikativen Handelns, wie es heute eher von Greenpeace als von Regierungen vermittelt wird, herrscht in weiten Teilen der Bevölkerung ein Gefühl ökologischer Ohnmacht.

---

[141] Neuberger, Karin & Auhagen, Ann (1994): Verantwortung gegenüber der Umwelt: Eine Studie über umweltbewußtes Verhalten im Haushalt. Gruppendynamik 26 (3), S. 319.
[142] Jonas, Hans (1984): Das Prinzip Verantwortung. Versuch einer Ethik für die technologische Zivilisation. Frankfurt/Main, S. 390.
[143] vgl. z.B. Hoff, Ernst & Lecher, Thomas (1994): Ökologisches Verantwortungsbewußtsein. In Martin Jänicke, Hans-Jürgen Bolle und Alexander Carius (Hrsg.), Umwelt global, Veränderungen - Probleme - Lösungsansätze, Berlin, 213-224.

Offenbar reicht ein rein verstandesgemäßes, bloß auf das Individuum beschränktes Verantwortungsbewußtsein nicht aus, um sich ökologisch verantwortungsvoll zu verhalten. So folgert Hans Jonas: "Mit anderen Worten, das meiste, was wir uns heute sittlich zu fragen haben, ist nicht so sehr: Wie führe ich mein Leben sinnvoll und anständig? (das bleibt immer noch bestehen), sondern: Was können wir dazu tun, wir, nämlich dieses ganze große, als Ganzes bestehende Super-Subjekt, die heutige technisch-zivilisierte Menschheit - was können wir dazu tun, daß sie sich nicht so verhält, daß die zukünftigen Möglichkeiten von Menschen in Frage gestellt werden?"[144] Für Jonas ist Hoffnung die zentrale Emotion, die letztlich darüber entscheidet, ob das Individuum als Teil dieses Super-Subjekts überhaupt den "Mut zur Verantwortung" aufbringt. Mit Jonas können wir davon ausgehen, daß erst die Kombination von "Furcht, Hoffnung und Verantwortung", verstanden als kollektiver Imperativ, ein handlungsfähiges individuelles ökologisches Gewissen ermöglicht.

Ökologisches Gewissen als Synthese der philosophischen Prinzipien Angst (Anders), Hoffnung (Bloch) und Verantwortung (Jonas) bedarf noch einer Differenzierung, die sich aus den Ausführungen ergeben: Während Anders und Jonas ihre Prinzipien Angst und Verantwortung in einem fortschrittskritischen Sinne verstehen, trägt das Prinzip Hoffnung bei Bloch einen unreflektierten Fortschrittsoptimismus. Es ist jedoch nicht unbedingt davon auszugehen, daß Hoffnung - als naive Zuversicht verstanden, nach der sich alle Probleme schon irgendwie lösen werden - Menschen dazu bewegt, aktiv zu werden. Auf das Prinzip Hoffnung setzen wahrscheinlich eher Personen, die sich der bevorstehenden ökologischen Katastrophe bewußt sind, die aber trotzdem ihre Hoffnung auf einen erfolgreichen Widerstand nicht aufgeben wollen.

So wäre schließlich das "Prinzip Trotz"[145] - wie es der Zukunftsforscher Robert Jungk genannt hat - als Ausdruck einer Gesinnung zu verstehen, etwas gegen die Umweltzerstörung aus Verantwortung tun zu sollen, aus Angst tun zu wollen und aus Hoffnung tun zu können bzw. aus Gewissensgründen tun zu müssen. Abbildung 39 stellt das heuristische Modell des ökologischen Gewissens in Form eines Dreiecks dar.

Neben dieser modellhaften Vorstellung des ökologischen Gewissens, die im Verlauf des weiteren Buches in der Praxis überprüft wird, kann man ökologisches Gewissen in einem nicht-anthropozentrischen Sinn vielleicht als Sensibilität für die Achtung der Würde der Natur definieren. Im Grunde handelt es sich wohl um nichts anderes als das, was Erich Fromm "Liebe zum Leben" (Biophilie)[146] oder Albert Schweitzer "Ehrfurcht vor dem Leben"[147] genannt hat.

---

[144] Jonas, Hans (1985): Technik, Medizin und Ethik. Zur Praxis des Prinzips Verantwortung. Frankfurt/Main, S. 275.
[145] Jungk, Robert (1988). Projekt Ermutigung. Streitschrift wider die Resignation. Berlin, S. 9.
[146] Fromm, Erich (1986): Über die Liebe zum Leben. München.
[147] Schweitzer, Albert (1991). Die Ehrfurcht vor dem Leben. Grundtexte aus fünf Jahrzehnten. München.

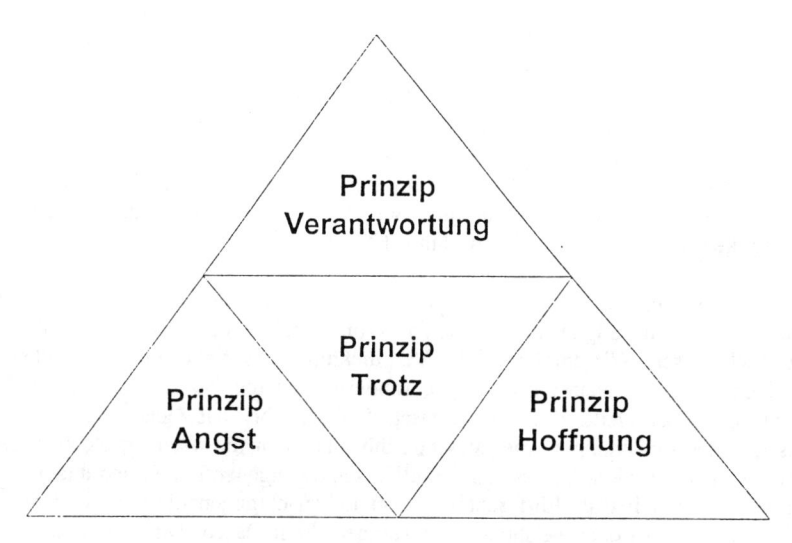

Abb. 12: Ökologisches Gewissen als heuristisches Modell

Ökologisches Gewissen als Ehrfurcht vor dem Leben

"Ich bin Leben, das leben will, inmitten von Leben, das leben will."

Albert Schweitzer[148]

Wer nach den tieferen Wurzeln des ökologischen Gewissens sucht, stößt schließlich auf die Ethik der Ehrfurcht vor dem Leben des Urwaldarztes und Friedensnobelpreisträgers Albert Schweitzer, der eine Ethik formulierte, die Ausdruck ökologischen Gewissens ist. Praktiziert wird diese Ethik auch heute noch in einigen Kulturen, z.B. von den Indianern. Schweitzer sieht in der Ehrfurcht vor dem Leben die ins Universelle erweiterte „Ethik der Liebe", wie sie in allen großen Religionen verkündet wird. Schweitzer glaubte an die Offenbarung der Liebe durch praktisches Handeln. Das Grundprinzip Ehrfurcht gilt in allen Bereichen, in denen menschliches Handeln dem Leben begegnet, als "ins Grenzenlose erweiterte Verantwortung gegen alles, was lebt". Im Sokratischen Sinne ist Ehrfurcht vor dem Leben "die Konsequenz unseres Nichtwissens um die Welt".[149] Zur Vertiefung der Auszug eines Textes, den Schweitzer nach fast zwanzigjähriger ärztlicher Tätigkeit in Lambarene/Afrika im Jahre 1931 schrieb:[150]

"Was wir mit einem griechischen Fremdwort ethisch, mit einem lateinischen moralisch nennen, besteht ganz allgemein in unserem Wohlverhalten gegenüber uns selbst und anderen Lebewesen. Wir empfinden die Verpflichtung, uns nicht einzig und allein um unser eigenes Wohlergehen zu kümmern, sondern auch um das der anderen und der menschlichen Gesellschaft. Wird der Mensch denkend über das Geheimnisvolle seines Lebens und der Beziehungen, die zwischen ihm und dem die Welt erfüllenden Leben bestehen, so kann er nicht anders, als daraufhin seinem eigenen Leben und allem Leben, das in seinen Bereich tritt, Ehrfurcht vor dem Leben entgegenzubringen und diese in ethischer Welt- und Lebensbejahung zu bestätigen. Sein Dasein wird dadurch in jeder Hinsicht schwerer, als wenn er für sich allein lebte, zugleich aber auch reicher, schöner und glücklicher. Aus Dahinleben wird es jetzt wirkliches Erleben des Lebens. (...). Auf die Frage, ob ich pessimistisch oder optimistisch sei, antworte ich, daß mein Erkennen pessimistisch und mein Wollen und Hoffen optimistisch sei. Pessimistisch bin ich darin, daß ich das nach unseren Begriffen Sinnlose des Weltgeschehens in seiner ganzen Schwere erlebe. (...) Dennoch verbleibe ich optimistisch. Als unverlierbaren Kinderglauben habe ich mir den an die Wahrheit bewahrt. Ich bin der Zuversicht, daß der aus der Wahrheit kommende Geist stärker ist als die Macht der Verhältnisse. Meiner Ansicht nach gibt es kein anderes Schicksal der Menschheit als dasjenige, das sie sich durch ihre Gesinnung selber bereitet. Darum glaube ich nicht, daß sie den Weg des Niedergangs bis zum Ende gehen muß."

---

[148] Schweitzer, Albert (1991). Die Ehrfurcht vor dem Leben. Grundtexte aus fünf Jahrzehnten. München, S. 111.
[149] ders., S. 98.
[150] ders., S. 99ff.

12. Ökologisches Gewissen in der Praxis

Die bisherigen Überlegungen waren vor allem theoretischer Natur. Wie aber zeigt sich ein aktives ökologisches Gewissen in der Praxis? In diesem Kapitel geht es um die Brücke von der Theorie zur Praxis. Es wird nach wissenschaftlichen Methoden (grch. methodos = Weg) gesucht, um ökologisches Gewissen in der Realität nachzuweisen. Nach einigen einleitenden, grundlegenden Gedanken zur Philosophie von Wissenschaft und Forschung werden die Teilnehmerinnen und Teilnehmer der 'Berliner Befragung' vorgestellt, deren ökologisches Gewissen untersucht wurde. Anschließend besteht Gelegenheit, mit Hilfe eines „ÖQ"-Tests den eigenen Ökologiequotienten zu ermitteln. Am Ende des Abschnitts wird ein erster Einblick in die Praxis der Prinzipien Angst, Hoffnung und Verantwortung gegeben, bevor die persönlichen Portraits der Befragten im Mittelpunkt stehen.

Forschungsphilosophie

„Wissenschaft baut nicht auf Felsengrund. Es ist eher ein Sumpfland, über dem sich die kühne Konstruktion ihrer Theorien erhebt."

Sir Raimund Popper[151]

Was ist Wissenschaft? Mit dieser forschungsphilosophischen Frage beschäftigt sich die Wissenschaftstheorie, die Wissenschaft über Wissenschaft. „Trotz einiger ernüchternder Konsequenzen, wie die Wasserstoffbombe und die Umweltverschmutzung, für die sie verantwortlich gemacht wird"[152], genießt Wissenschaft bei uns nach wie vor ein hohes Ansehen - und das, obwohl es bis heute keine einheitliche Antwort auf diese Frage gibt. Stattdessen streiten sich zahlreiche Auslegungsschulen um die Wahrheit. Drei besonders bedeutsame Wahrheitsdeutungen verdienen nachfolgend Beachtung.

Der wohl einflußreichste Wissenschaftstheoretiker war Karl Popper, der in London geadelt wurde. Das einleitende Zitat ist ein Beispiel für den Skeptizismus dieser Schule. Gesicherte Wahrheiten sind für Popper unerreichbar, weil die Möglichkeit des Irrtums theoretisch immer bestehen bleibt. Auch nach der Beobachtung von 99 weißen Schwänen ist es nicht ausgeschlossen, eines Tages einem schwarzen Schwan zu begegnen. Ziel der Wissenschaften nach Popper sei es, sich der Wahrheit im Sinne einer umfassenden Erklärung der Welt schrittweise so gut wie möglich zu nähern. Politisch plädiert Popper daher für eine „offene Gesellschaft"[153] ohne geistige Beschränkungen.

---

[151] Popper, Karl Raimond (1982): Logik der Forschung. Tübingen, S. 75.
[152] Chalmers, Albert (1994): Wege der Wissenschaft. Einführung in die Wissenschaftstheorie. Berlin, S. 1.
[153] Popper, Karl Raimond (1990): Die offene Gesellschaft und ihre Feinde. Bern.

In einem Essay zur „Struktur wissenschaftlicher Revolutionen"[154] wies der Amerikaner Thomas Kuhn allerdings nach, daß die traditionellen Beschreibungen von Wissenschaften, die von einem kontinuierlichen Erkenntnisfortschritt ausgehen, der historischen Wirklichkeit nicht standhalten. Weiterentwicklung ist nach Kuhn erst möglich, wenn überalterte Theorien im Zuge wissenschaftlicher Revolutionen zugunsten neuer Perspektiven („Paradigmen") aufgegeben werden. Ein neues Paradigma wäre heute z.B. eine ökologische Perspektive. Im Gegensatz zu Popper sah Kuhn keinen Grund für die Annahme, daß sich Wissenschaften einer imaginären Wahrheit nähern.

Eine noch radikalere Infragestellung wissenschaftlicher Autoritäten unternahm mit Paul Feyerabend ein Schüler Poppers. In seinem Hauptwerk „Wider den Methodenzwang"[155] legte er eine anarchistische Theorie vor, mit der die Überlegenheit von Wissenschaft gegenüber anderen Erkenntnisformen bezweifelt wird. Methodisch wird für das pluralistische Prinzip des "anything goes" plädiert. Wissenschaftlich unbeliebt machte sich Feyerabend nicht zuletzt deshalb, weil er seine eigene Zunft als „engstirnige Egomanen, interessiert an einer Verbesserung ihrer Reputation bei den Kollegen, total uninteressiert an der Wohlfahrt von Menschen, die sie nicht kennen"[156] beschimpfte.

Angesichts der Tatsache, daß es kein zeitlos-universelles Konzept von Wissenschaft gibt, scheint ein kritisch-toleranter Umgang mit unterschiedlichen Theorien und Methoden unerläßlich zu sein. Darüberhinaus steht Wissenschaft im Dienste der Gesellschaft, die sie ernährt. Dies setzt eine gewisse „ethische Sensibilität"[157] voraus.

Patchwork-Methodik

Um dem üblichen Methoden-Streit zu entgehen, empfiehlt es sich, möglichst viele Methoden in eine Untersuchung miteinzubeziehen. So wurden die Teilnehmerinnen und Teilnehmer während meiner Studien sowohl schriftlich mit Hilfe eines Fragebogens als auch mündlich in Form eines Interviews befragt. Außerdem konnten einige ökologisch besonders engagierte Personen bei ihren Aktionen begleitet und beobachtet werden (sog. Aktionsforschung). Hierbei handelt es sich um Kinder und Jugendliche bei Greenpeace.

Wo kann man Menschen mit einem ökologischen Gewissen finden? Mehr oder weniger überall wahrscheinlich. So wurden sehr viele unterschiedliche Gruppen befragt, die sich wie ein bunter Patchwork-Teppich zusammensetzen. Ausgangsort der Studie war Berlin (daher 'Berliner Befragung'). Im Laufe des Erhebungszeitraumes von 1994 bis 1996 konnten jedoch insgesamt 600 Personen im Alter von 3 bis 87 Jahren aus der ganzen Welt erreicht werden. Nachfolgend wird zunächst die regionale, dann die nationale und schließlich die globale Befragung vorgestellt.

---

[154] Kuhn, Thomas (1962): The Structure of Scientific Revolutions. Chicago.
[155] Feyerabend, Paul (1976): Wider den Methodenzwang. Skizze einer anarchistischen Erkenntnistheorie. Frankfurt/Main.
[156] Feyerabend, Paul (1984): Wissenschaft als Kunst. Frankfurt/Main, S. 165.
[157] Bortz, Jürgen (1984): Lehrbuch der empirischen Forschung. Berlin, S. 17.

Berliner Befragung

Unter den Berliner Befragten befinden sich ökologisch aktive wie nicht-aktive Personen. Kriterium für Aktivität ist das Engagement in einer Umweltgruppe (natürlich können die in diesem Sinne passiven Befragten auch ein wachsames ökologisches Gewissen haben!). Zu den Aktiven gehören Kinder und Jugendliche unter 30 Jahren, die je nach Alter vier Stichproben abdecken: Greenkids (3-10 Jahre), Greenteams (12-15), Greenteens (16-19) und Greentwens (20-29). Die Greenkids stammen aus Kindertagesstätten und Schülerläden (mehr darüber in Kap. 16), die Greenteams von Greenpeace (Kap. 17) und die anderen Jugendlichen aus verschiedenen Umweltgruppen (Kap. 18). Zu den Passiven gehören Studierende (der Medizin an der Freien Universität Berlin), Stipendiaten (der Heinrich-Böll-Stiftung) und Senioren, wobei die Altersspanne der letzten Gruppe mit „40 plus" weit gefaßt wurde.

Bundesweite Befragung

Die sog. Bundesweite Befragung begann bereits im Jahre 1985. Zu einer Zeit, als der 'Kalte Krieg' zwischen der damaligen Sowjetunion und den USA zu eskalieren drohte, begründete ein friedensbewegtes Forschungsteam von drei Ärzten (Horst Petri, Michael Macpherson und Margarete Meador) und einem Sozialwissenschaftler (Klaus Boehnke) das Projekt „Leben unter atomarer Bedrohung". Ziel war es, die Bedeutung existentieller Bedrohungsgefühle bei Jugendlichen zu untersuchen. Das ursprüngliche Anliegen der Wissenschaftler, eine repräsentative Studie an Schulen durchzuführen, wurde in Berlin von der zuständigen Senatorin mit der Begründung abgelehnt, eine solche Erhebung läge nicht im Interesse der Berliner Schule. In der 'Welt'[158] erschien die Kolumne „Kindern Angst machen", die begleitet war von einer mit „Doktorspiele" betitelten Karikatur, auf der ein Arzt einem Kind „No Future" einimpft. Kinder und Jugendliche wurden demnach nicht durch die wachsende atomare Bedrohung geängstigt, sondern durch Menschen, die mit ihnen darüber sprachen.

Die Durchführung der Untersuchung konnte trotz der Widerstände nicht verhindert werden. Die Erhebung, an der damals 3500 Personen zwischen 8 und 20 Jahren teilnahmen, war die erste bundesweite Erhebung über atomare Bedrohungsängste von Kindern und Jugendlichen. Sie wurde in regelmäßigen Abständen wiederholt und ist heute die einzige Studie auf der Welt, die über einen so langen Zeitraum dieselben Personen zu diesem Thema befragt.[159] Von den heute noch 350 bundesweit verbliebenen Befragten habe ich die in Berlin lebenden (inzwischen) jungen Erwachsenen interviewt. Es handelt sich um Stichprobe 5 der folgenden Überblickstafel (auf der nächsten Seite). Die Entwicklung ihres ökologischen Gewissens über zehn Jahre ist Gegenstand der anschließenden drei Abschnitte (Kap. 13-15).

---

[158] Hofstätter, Peter (1985): Kindern Angst machen. In: Die Welt, 40 (267, 15.11.), S. 2.
[159] vgl. Sohr, Sven, Boehnke, Klaus & Stromberg, Claudia (1997): Politische Persönlichkeiten - eine aussterbende Spezies. In Christian Palentien & Klaus Hurrelmann (Hrsg.), Jugend und Politik, Ein Handbuch für Forschung, Lehre und Praxis. Berlin.

Abb. 40: Berliner, bundes- und weltweite Befragung auf einen Blick

Nationale Öko-Aktive

Gruppe	Stichprobe	Anzahl	weiblich	männlich	Alter
1	Greenkids	44	25	19	3-10
2	Greenteams	18	12	6	12-15
3	Greenteens	30	17	13	16-19
4	Greentwens	38	14	24	20-29
		130	68	62	3-29

Nationale Öko-Passive

Gruppe	Stichprobe	Anzahl	weiblich	männlich	Alter
5	Ehem. Schüler	25	19	6	18-27
6	Studenten	100	42	58	20-29
7	Stipendiaten	24	11	13	27-42
8	Senioren	18	11	7	40-87
		167	83	84	18-87

Internationale Öko-Aktive

Gruppe	Stichprobe	Anzahl	weiblich	männlich	Alter
9	Europa	16	8	8	17-25
10	Chile	28	12	16	16-36
11	Brasilien	48	28	20	15-29
12	Mali	16	8	8	17-27
13	Ukraine	33	18	15	16-31
14	Indien	10	6	4	16-27
15	Thailand	34	22	12	18-23
16	Neuseeland	33	18	15	14-73
		218	120	98	14-73

Internationale Öko-Passive

Gruppe	Stichprobe	Anzahl	weiblich	männlich	Alter
17	Taiwan	20	10	10	21-26
18	Madagaskar	12	6	6	21-43
19	Kanada	39	32	7	16-19
20	USA	14	6	8	20-68
		85	54	31	16-68
Gesamtstichprobe		**600**	**325**	**275**	**3-87**

Weltweite Befragung

Ausgehend von der Annahme, daß ökologisches Gewissen kein deutsches Privileg sei, wurden mit Hilfe von Multiplikatoren auch Menschen aus allen Kontinenten befragt: aus der Ukraine, Chile, Brasilien, Indien, Thailand, Taiwan, Mali, Madagaskar, Neuseeland, Kanada und den USA (vgl. Kap. 20). So wurden die Fragebogen in sechs Sprachen übersetzt (englisch, französisch, spanisch, portuguisisch, russisch und chinesisch). Auf der gegenüberliegenden Seite finden Sie alle Befragten auf einen Blick (Abb. 40).

Läßt sich ökologisches Gewissen „messen"?

Ja und nein: Grundsätzlich ist Gewissen unteilbar, eine persönliche Angelegenheit jedes einzelnen Menschen, die es zu respektieren gilt. Wer jedoch empirische sozialwissenschaftliche Forschung betreibt, muß transparent Auskunft über den Gegenstand geben können, der im Interesse der Aufmerksamkeit steht. Es bedarf also verbindlicher Festlegungen, wie das theoretisch definierte ökologische Gewissen in der Praxis beobachtet werden kann. Im Rahmen des vorgestellten Modells müssen die Prinzipien Angst, Hoffnung und Verantwortung mit nachprüfbaren Inhalten gefüllt werden. Es handelt sich dabei um Fragen, die mündlich und schriftlich gestellt wurden (vgl. auch ÖQ-Test auf den folgenden Seiten).

Schriftlich wurden alle Gruppen mit Ausnahme der Kinderstichprobe ein- bis dreimal mit einem insgesamt 40seitigen Fragebogen befragt. Es handelte sich um klassische, psychologisch abgesicherte Skalen der empirischen Sozialforschung. Über die drei Prinzipien hinaus ging es um Fragen zur Erfassung von Einstellungen und Werten (politische Grundüberzeugungen, Selbstkonzept eigener politischer Fähigkeiten, Zufriedenheit mit dem politischen System, Vertrauen in die Politik, Menschenbilder, Materialismus, Religiosität u.a.) und von psychischer Gesundheit und Persönlichkeit (u.a. Selbstbewußtsein, Glückserleben, Optimismus, Einsamkeit, körperliche Beschwerden).

Mündlich wurden die Gruppen 1 bis 5 innerhalb eines Jahres bis zu dreimal interviewt. Ein Interview dauerte durchschnittlich etwa eine Stunde (zwischen 30 Minuten bei den Vorschulkindern und 90 Minuten bei größeren Jugendumweltgruppen). Die insgesamt 60 Interviewfragen lassen sich alle den Prinzipien Angst, Hoffnung oder Verantwortung zuordnen, wobei die Perspektive über die Fragebögen hinausgeht. So wurde z.B. nicht nur nach ökologischer Angst und deren Bewältigung, sondern auch nach verwandten Gefühlen gefragt („Wenn Angst nicht das richtige Wort ist, was ist es dann?"). Ökologische Hoffnung wurde z.B. mit der sog. Welturh-Frage erfaßt („Wie spät ist es auf Deiner Welturh, eher fünf vor oder fünf nach zwölf?"). Ökologische Verantwortung wurde z.B. mit bestimmten Rollenidentitäten abgebildet („Fühlst Du Dich persönlich eher als Opfer, als Retter/in oder als Täter/in der Umweltzerstörung?").[160]

---

[160] Alle, die an vertiefenden Ausführungen zu den Instrumenten der Befragung interessiert sind, finden die 999-seitige Original-Arbeit unter: *„http://archiv.tu-chemnitz.de/pub/0035/1997"*.

„Erkenne Dich selbst!"

Die weisen Worte des berühmtesten Orakels der Antike in Delphi stehen am Beginn eines „Break", das zum Mitmachen animieren soll. Einerseits würde es den Rahmen dieses Buchs schlichtweg sprengen, wollte ich versuchen, Ihnen alle eingesetzten Instrumente zu zeigen. Andererseits würde ich Sie zu passiven Konsumenten degradieren, wenn Sie nach der Vorstellung des wissenschaftlichen Expertentums auf dem Weg zur Theorie des ökologischen Gewissens nun nahtlos mit den jugendlichen Portraits aus der Praxis konfrontiert würden, ohne die Chance zu haben, sich selbst zu positionieren. So möchte ich Ihnen nachfolgend einen simplen Test anbieten, mit dessen Hilfe Sie Ihr ökologisches Gewissen befragen können, wenn Sie wollen.

Wie hoch ist Ihr Ökologie-Quotient („ÖQ")?

Erlauben Sie mir vorher noch einen kleinen Rat zum Stellenwert der psychologischen Diagnostik aus eigener Erfahrung: Nehmen Sie den „ÖQ"-Test zwar ernst, aber bitte nicht zu ernst! Psychologische Tests sind lediglich ein (unvollkommener) Versuch, das Innenleben von Individuen zu beschreiben und zu interpretieren. Auch den so gefürchteten (und in der Realität leider überschätzten) „IQ"-Test kann man nur mit einem gewissen Schmunzeln genießen. Weil „Intelligenz" ein Konstrukt ist, das sich nicht direkt beobachten läßt (wie z.B. den blauen Himmel), versuchen die Sozialwissenschaften, Intelligenz in eine bestimmte Aufgaben-Sprache zu übersetzen. Bei der Interpretation des Intelligenzquotienten wird oft vergessen, daß es sich nur um eine Möglichkeit unter vielen anderen handelt. Erfolg im Leben ist eben nicht nur eine Frage der akademischen, sondern auch der praktischen, sozialen oder emotionalen Intelligenz.

Ähnlich ist auch der Versuch zu verstehen, ökologisches Verhalten vorherzusagen. Warum manche Menschen umweltverträglich handeln und andere nicht, ist in den Wissenschaften noch ein großes Rätsel. Fest steht: Das bisher die Umweltforschung einseitig dominierende Umweltbewußtsein - vergleichbar mit dem Intelligenzquotienten in der Intelligenzforschung - ist offenbar nicht ausreichend, da einseitig „kopflastig". Ökologisches Gewissen umfaßt daher über Kognitionen hinaus auch Gefühle. So geht es auf den nächsten Seiten nicht nur um Verantwortung, sondern auch um Angst und Hoffnung.

An dieser Stelle kurz noch einige Informationen zum Aufbau des Tests, bevor Sie loslegen: Analog zum Modell des ökologischen Gewissens besteht der ÖQ-Test aus drei Teilen, die nacheinander die Ausprägungen der Prinzipien Angst, Hoffnung und Verantwortung zu erfassen versuchen. Gegenstand des Prinzips Angst ist die Art und Weise, wie Sie emotional mit dem Thema umgehen. Gegenstand des Prinzips Hoffnung sind Ihre Einschätzungen zu der Frage, ob und was für den Umweltschutz getan werden kann. Gegenstand des Prinzips Verantwortung ist vor allem die praktische Bedeutung des Themas in Ihrem Leben. Und nun viel Spaß bei Ihrem ganz persönlichen ÖQ-Test!

Abb. 41: ÖQ-Test (I) - Prinzip Angst

1. Wieviele Sorgen machen Sie sich in Ihrem Alltag darüber,

	keine	einige	viele
daß die Umweltzerstörung *in der Welt* schlimmer wird?	0	0	0
daß die Natur *in Deutschland* immer mehr in Mitleidenschaft gezogen wird?	0	0	0
daß Umweltprobleme *in Ihrer Nachbarschaft* zunehmen?	0	0	0

2. Vor welchen der folgenden Umweltprobleme haben Sie Angst?

	ja	nein
Treibhauseffekt/Klimakatastrophe	0	0
Abholzung des Regenwaldes	0	0
Abnahme der Ozonschicht	0	0
Waldsterben hierzulande	0	0
Zunahme des Verkehrs	0	0
Wasserverschmutzung	0	0
Luftverschmutzung	0	0
Bodenbelastung	0	0
Artensterben	0	0
Müllberge	0	0

3. **Unterstreichen Sie bitte, welche der folgenden Gefühle Sie angesichts der Umweltzerstörung haben!**

Sorge-Furcht-Ärger-Wut-Aggression-Panik-Ohnmacht-Trauer

4. **Wie stark beschäftigen Sie die Umweltprobleme gefühlsmäßig?**

gar nicht - wenig - etwas - mittel - stark - sehr stark - extrem?

Prinzip Angst in der Praxis

Achtung: Wenn Sie an Ihrem Ökologie-Quotienten interessiert sind, lesen Sie erst nach Bearbeitung des Tests zum Prinzip Angst weiter!

Frage 1

Frage 1 ist ein Ausschnitt eines 33 Fragen umfassenden Instruments über existentielle Ängste (konzipiert von den amerikanischen Psychologen Goldenring und Doctor).[161] Für die Befragten der vorliegenden Studie waren die globale, nationale und lokale Umweltzerstörung die drei am meisten angstauslösenden Probleme.

Frage 2

Frage 2 ist das Ergebnis einer offenen Interview-Frage, bei denen die Gesprächspartner gebeten wurden, Beispiele für Umweltprobleme zu geben. Die am häufigsten genannten Bedrohungen waren die Abholzung der tropischen Regenwälder und das Ozonloch.

Frage 3

Frage 3 ist das Ergebnis einer anderen offenen Frage im Interview, bei dem es um alternative Gefühle zur Angst im Zusammenhang mit dem Thema ging. Es zeigt sich, daß das „Prinzip Angst" für vielfältige Emotionen steht, die durch die Umweltzerstörung ausgelöst werden. Das Spektrum umfaßt sowohl offensive (z.B. Aggressionen) als auch defensive (z.B. Trauer) Umgangsformen.

Frage 4

Frage 4 ist eine mündlich gestellte Frage (nach einer Vorlage des Berliner Psychologen Ernst Hoff). Ihre persönliche Betroffenheit angesichts der Umweltzerstörung konnten die Befragten kundtun, indem sie eine der sieben auf Karten vorgelegten Antworten auswählten. Die meisten Interviewten gaben eine „starke" Beschäftigung an.

Ergebnisse

Zusammenfassend zeigen die Auswertungen zum Prinzip Angst, daß die Umweltzerstörung in der Tat existentielle Besorgnisse auslöst. Im Interview waren es allerdings vor allem die ökologisch Engagierten, die Umweltängste als eine persönliche Antriebsfeder für politisches Handeln bezeichneten. Die weniger Engagierten hatten auch weniger Ängste bzw. gaben häufiger an, Gedanken an die Umweltzerstörung zu verdrängen. Die Verdrängung erwies sich auch abhängig vom Alter und Geschlecht der Befragten: Kinder verdrängen weniger als Erwachsene und Frauen weniger als Männer (Kap. 13 und 14).

---

[161] Goldenring, J.M. & Doctor, R. (1986). Teenage Worry about Nuclear War: North-American and European Questionnaire Studies. International Journal of Mental Health 15 (1-3), 72-92.

Abb. 42: ÖQ-Test (II) - Prinzip Hoffnung

5. Können Sie den folgenden Aussagen zustimmen?

ja-teilweise-nein

	ja	teilweise	nein
- Wir sind auf dem Weg in eine Mehrzahl von Weltkatastrophen. Für eine Umkehr ist es zu spät:	0	0	0
- Ich glaube, daß wir die ökologische Krise noch rechtzeitig meistern werden:	0	0	0
- Die ökologische Katastrophe ist ein Prozeß, der schon begonnen hat und nicht mehr aufzuhalten ist:	0	0	0
- Wenn wir wirklich wollen, können wir alle Probleme lösen, vor denen wir stehen:	0	0	0
- Die Umweltzerstörung wird uns in den nächsten Jahren und Jahrzehnten überrollen:	0	0	0
- Die Umwelt ist noch zu retten, wenn jeder Mensch seinen Beitrag dazu leistet:	0	0	0
- Ich glaube, es ist sowieso alles zu spät und wir gehen auf eine große Umweltkatastrophe zu:	0	0	0
- Mit einer globalen Umweltrevolution könnten die Bedrohungen unserer Zukunft noch erfolgreich bewältigt werden:	0	0	0
- Die Probleme, vor denen wir heute stehen, haben einen uneinholbaren Vorsprung vor den Lösungen:	0	0	0
- Die Zukunft ist offen. Es liegt an uns, was wir aus ihr machen:	0	0	0

6. Wie schätzen Sie die folgenden Chancen ein?

	ja	nein
Ich glaube, daß *die Menschheit* etwas gegen die Umweltzerstörung tun kann:	0	0
Ich glaube, daß *ich persönlich* etwas gegen die Umweltzerstörung tun kann:	0	0

7. Wie spät ist es auf Ihrer ökologischen Weltuhr?

Fünf *vor* zwölf, fünf *nach* zwölf oder *genau* zwölf?

Prinzip Hoffnung in der Praxis

Wenn Sie an Ihrem Ökologie-Quotienten interessiert sind, lesen Sie bitte erst nach Bearbeitung des Tests zum Prinzip Hoffnung weiter!

Frage 5

Frage 5 ist der umfangreichste Bestandteil des vorliegenden Tests und bedarf einer Klärung. Es handelt sich um eine eigene 1993 entwickelte Skala zur Erfassung ökologischer Hoffnungslosigkeit.[162] Dabei wechseln sich hoffnungslose und hoffnungsvolle Aussagen ab. Welches Antwortverhalten kann ökologisches Handeln vorhersagen? Weder der Fatalist noch der Zuversichtliche ist besonders motiviert, sich zu engagieren. Beide sehen keinen allzugroßen Handlungsdruck. Tatsächlich zeichnet sich der aus Prinzip Hoffende dadurch aus, daß er die Augen vor der Realität nicht verschließt und trotzdem noch hoffen und handeln kann. Daher sind alle Bejahungen im Fragebogen als Ausdruck des ökologischen Gewissens zu werten.

Frage 6

Frage 6 prüft den Glauben an ökologische Handlungsmöglichkeiten im Interview. Die Mehrheit der Befragten glaubt prinzipiell an den Sinn von individuellen und kollektiven ökologischen Aktivitäten. Manche Menschen haben diesen Glauben jedoch verloren.

Frage 7

Frage 7 ist der Versuch, mit dem Bild einer imaginären „Weltuhr" das Prinzip Hoffnung im Interview zu erfassen. Interessanterweise zeigt sich, daß diejenigen, deren Zeiger am nächsten zur Zwölf stehen, die größte Handlungsbereitschaft offenbaren.

Ergebnisse

Zusammenfassend zeigen die Auswertungen zum Prinzip Hoffnung, daß der Glaube an die Verhinderung einer ökologischen Katastrophe bei einigen Interviewten schon schwer erschüttert ist. Im Fragebogen neigt fast jeder dritte Befragte zu ökologischer Hoffnungslosigkeit (hierbei ist zu beachten, daß der Anteil der Hoffnungslosen unter den Jüngeren teilweise wesentlich höher liegt!). Umweltaktivitäten gehen übrigens tendenziell eher mit Hoffnungslosigkeit als mit Zuversicht einher, ökologisch am günstigsten ist jedoch die „Apfelbäumchen-Mentalität" des „sowohl als auch". So gesehen erweist sich auch das Prinzip Hoffnung als eine unabdingbare Voraussetzung für ein lebendiges ökologisches Gewissen.

---

[162] Sohr, Sven (1994): Ist es schon „fünf nach zwölf"? Entwicklung einer Skala zu „Ökologischer Hoffnungslosigkeit". Praxis der Kinderpsychologie und Kinderpsychiatrie, 26 (2), S. 173-182.

Abb. 43: ÖQ-Test (III) - Prinzip Verantwortung

8. Wie stark sehen Sie den Zustand der Umwelt gefährdet?

gar nicht - wenig - etwas - mittel - stark - sehr stark - extrem?

9. Welche Rollen haben Sie gegenüber der Umweltzerstörung?

Opfer: 0 *Retter/in:* 0 *Täter/in:* 0

10. Worauf kommt es an, wenn die Erde bewahrt werden soll?

	+	-
auf die technische Entwicklung	0	0
auf staatliche Maßnahmen	0	0
auf einflußreiche Personen	0	0
auf die Medien (Presse, TV)	0	0
auf viele Menschen gemeinsam	0	0
auf jeden einzelnen	0	0
auf mich selbst	0	0

11. Können Sie den folgenden Aussagen zustimmen?

	ja	teilweise	nein?
- Flaschen und Papier bringe ich zum *Recycling*:	0	0	0
- Um *Wasser* zu sparen, dusche ich statt zu baden:	0	0	0
- An einer Umwelt-"*Demo*" würde ich teilnehmen:	0	0	0
- Wenn es bei mir zuhause kalt ist, drehe ich lieber die *Heizung* auf, statt einen Pullover anzuziehen:	0	0	0
- Beim Einkaufen lasse ich mir lieber eine *Plastiktüte* geben, als daß ich eine Tasche mitnehme:	0	0	0

12. Bitte unterstreichen Sie Ihr bevorzugtes Verkehrsmittel:

Flugzeug - Auto - Bus - Bahn - Fahrrad - ich laufe

13. Welche Rolle spielt das Thema Umwelt in Ihrem Leben? Bewerten Sie mit Schulnoten (1=sehr groß, 2=groß, etc.):

- Wie schätzen Sie sich *selbst* ein? ___
- Wie werden Sie *von vertrauten Menschen* eingeschätzt (Partner, Freunde, Eltern)? ___

Prinzip Verantwortung in der Praxis

Wenn Sie an Ihrem Ökologie-Quotienten interessiert sind, lesen Sie erst nach Bearbeitung des Tests zum Prinzip Verantwortung weiter!

Frage 8

Frage 8 ist das Pendant zu Frage 4 mit dem Unterschied, daß es nun nicht um die emotionale, sondern um die rationale Einschätzung geht. Die meisten Befragten halten die Umwelt für „sehr stark" gefährdet. Setzt man die beiden Fragen in Beziehung, so könnte man den Grad der Verdrängung auch als Differenz zwischen der wahrgenommenen Umweltgefährdung und der emotionalen Betroffenheit „berechnen". Demnach würden diejenigen nicht verdrängen, die „im Bauch" genauso intensiv fühlen, wie sie „im Kopf" denken. Unter den 100 Variablen in dieser Studie ist das Merkmal „Verdrängung" bei der Vorhersage von ökopolitischem Engagement am erfolgreichsten.

Frage 9

Frage 9 bietet den Befragten eine Opfer-, Retter- und Täter-Rolle an. Die Frage wurde aufbauend auf einem theoretischen Konzept der Bremer Psychologin Sigrun Preuss[163] entwickelt, die davon ausgeht, daß erst die gleichzeitige Annahme aller drei Identitäten eine ökologische Persönlichkeit auszeichnet (vgl. spätere Analysen der Interviews).

Frage 10

Frage 10 stellt ökologische Verantwortungsträger zur Diskussion. Die verantwortungsvollste Antwort (nach der Theorie von Hoff) setzt auf ein gemeinsames Handeln aller Akteure.[164] Ebenso wie bei der vorherigen Frage gaben auch hier nur wenige Befragten ein solch umfassendes Statement ab.

Fragen 11 bis 13

Die Fragen 11 und 12 sind typische Beispiele für Umweltbewußtsein (nach einer Skala des Heidelberger Psychologen Joachim Schahn).[165] Frage 13 schließlich faßt alle drei Prinzipien mit einer generellen Selbst- und Fremdeinschätzung zusammen. Letztere wurde in der Studie von sechs unabhängigen Interview-Auswertern vorgenommen.

Bilanzierend kann auch das Prinzip Verantwortung als wichtiges Element des ökologischen Gewissens bestätigt werden. Werten Sie nun Ihren ÖQ-Test aus, um mit diesem „Spiegel" in der Hand die Portraits Ihrer Mitmenschen zu betrachten!

---

[163] Preuss, Sigrun (1992): Opfer, Täter, Retter - kollidierende Rollen in der Risikogesellschaft. Vortrag auf der Wissenschaftlichen Jahrestagung der Bundeskonferenz für Erziehungsberatung.
[164] Hoff, Ernst; Lecher, Thomas; Walter, Jens; Galetto, Daniela; Trenel, Mattias (1995): Zwischenbericht zum Projekt „Industriearbeit und ökologisches Verantwortungsbewußtsein". Berlin.
[165] Schahn, Joachim (1989): Skalensystem zur Erfassung des Umweltbewußtseins. Köln.

Abb. 44: Wie hoch ist Ihr Ökologie-Quotient (ÖQ)?

Zur Ermittlung Ihres „ÖQ" zählen Sie alle Punkte/Fragen zusammen:

1. *Sorgen über die globale, nationale und lokale Umweltzerstörung* (einige Sorgen = 1, viele Sorgen = 2 Punkte/Frage, max. 6 Pkt.)
2. *Angstauslösende Umweltprobleme* (1 Pkt./Frage, max. 10 Pkt.)
3. *Emotionen aufgrund Umweltzerstörung* (1 Pkt./Frage, max. 8 Pkt.)
4. *Intensität der emotionalen Auseinandersetzung mit dem Thema* (Bewertung: gar nicht = 0, wenig = 1, etwas = 2, mittel = 3, stark = 4, sehr stark = 5, extrem = 6, max. 6 Pkt.)
5. *Skala zu ökologischer Hoffnung bzw. Hoffnungslosigkeit* (ja = 2, teilweise = 1, nein = 0, max. 20 Pkt., vgl. Textkommentar!)
6. *Einschätzung der ökologischen Handlungsmöglichkeiten* (positiv = 3, negativ = 0, max. 6 Pkt.)
7. *„Weltuhr"-Frage* (genau zwölf = 4, vor = 2, nach = 0, max. 4 Pkt.)

8. *Einschätzung der Umweltgefährdung* (vgl. Frage 4, max. 6 Pkt.)
9. *Ökologische Rollenidentitäten* (1 Pkt./Rolle, max. 3 Pkt.)
10. *Ökologische Verantwortungsträger* (1 Pkt./Frage, max. 7 Pkt.)
11. *Ökologische Verhaltensweisen* (die ersten drei Antworten positiv, die letzten beiden negativ: ja/nein = 2, teilw. = 1, max. 10 Pkt.)
12. *Ökologisches Verkehrsverhalten* (Flugzeug und Auto = 0, Bus = 1, Bahn = 2, Fahrrad = 3, Fußgänger = 4, max. 4 Pkt.)
13. *Bedeutung des Umweltschutzes* (Selbst-/Fremdeinschätzung: Note 1=5 Pkt., 2=4, 3=3, 4=2, 5=1, 6=0, max. 10 Pkt.)

Angst (30) + Hoffnung (30) + Verantwortung (40) = max. 100 Pkt.

Feedback zu Ihrem Ökologiequotienten:

ÖQ > 66 *Herzlichen Glückwunsch zu Ihrem ökologischen Gewissen!*

ÖQ > 33 *Ein befriedigendes Ergebnis, das noch ausbaufähig ist...*

ÖQ < 33 *Sie haben wahrscheinlich am meisten vom Test profitiert?*

Welche Prinzipien sind Ihre Stärken, wo könnten Sie sich verändern?

13. Männliches Gewissen

Daß es körperliche Unterschiede zwischen Männern und Frauen gibt, weiß jedes Kind. Doch die Frage nach den psychischen Unterschieden ist nach wie vor umstritten. Geschlechtsunterschiede werden in der sozialwissenschaftlichen Forschung oft als 'Störvariablen' behandelt, wahrscheinlich weil die Erklärung der Differenzen viele überfordert. Generelle Einigkeit herrscht darüber, daß das Geschlecht zwar ein biologisches Merkmal ist, das aber von Geburt an gesellschaftlich beeinflußt wird: „Die Natur bestimmt, ob wir männlich oder weiblich sind, die Kultur legt fest, was es bedeutet, männlich oder weiblich zu sein".[166] Spannend ist die Frage, unter welchen gesellschaftlichen Bedingungen die unterschiedlichen biologischen Voraussetzungen zur Geltung kommen.

Die wichtigste biologische Funktion der Geschlechtsunterschiede ist die unterschiedliche Aufgabe von Männern und Frauen bei der Fortpflanzung. Viele Unterschiede treten erst in der Pubertät hervor. Einige Unterschiede sind aber auch biologisch bedingt, ohne direkt von den unterschiedlichen Aufgaben bei der Fortpflanzung ableitbar zu sein (z.B. Gewicht und Körpergröße). Interessant ist in diesem Zusammenhang auch die moderne Großhirnforschung, die auf einen geschlechtsspezifischen Unterschied in der Größe des Balkens zwischen beiden Gehirnhälften hinweist. Könnte die Tatsache, daß die beiden Hälften bei Frauen weniger stark voneinander getrennt sind, eine bessere Zusammenarbeit der beiden Hälften bewirken? Vielleicht sollten Geschlechtsunterschiede weniger als Problem, sondern eher als Bereicherung für die Gesellschaft aufgefaßt werden.

Was Männer denken

Gibt es ein männliches ökologisches Gewissen? Nachfolgend werden fünf ausgewählte junge Männer im Alter zwischen 19 und 27 Jahren porträtiert, die seit 1985 schriftlich befragt und Mitte der 90er-Jahre ausführlich interviewt werden konnten.[167]

Christoph (Abb. 45) und Till (Abb. 46) gehören zu den Menschen, die man manchmal als „Aussteiger" bezeichnet, sie selbst sehen sich als „Anarchisten". Während Christoph in einem besetzten Haus in Berlin lebt und sich als einziger Teilnehmer seiner Gruppe anläßlich der Weltklimakonferenz 1995 engagierte, hat sich Till nach Italien zurückgezogen und mit seinem politischen Leben vorerst abgeschlossen. Dagegen ist Leo (Abb. 47) ein Beispiel für einen seit seiner Kindheit sich kontinuierlich politisch engagierenden Menschen. Holger (Abb. 48) und Torsten (Abb. 49) können schließlich als technisch-pragmatisch orientierte Umweltschützer bezeichnet werden.

---

[166] Merz, Franz (1979): Geschlechtsunterschiede und ihre Entwicklung. Ergebnisse und Theorien der Psychologie. Göttingen, S. 9.

[167] In diesem und den beiden folgenden Kapiteln werden jeweils Auszüge der Gespräche (a) vom Sommer 1994, (b) vom Herbst/Winter 1994 unmittelbar nach der Bundestagswahl und (c) vom Frühjahr 1995 nach der Weltklimakonferenz in Berlin präsentiert.

Abb. 45 - Interview mit Christoph:

„Mit Handgranaten in den Bundestag einmarschieren"

„Ich bin Anarchist und kein Autonomer" begrüßte mich Christoph, 19 Jahre alt, der mit seiner neuen „selbstgewählten Familie" („meine brothers and sisters") in einer Wohngemeinschaft lebt.

(a)Tust Du eigentlich auch was für den Umweltschutz?
Na im Kleinen sowieso, z.b. aggressives Recycling, außerdem Strom, Wasser und Kohle sparen. Und im Großen kann man mit anderen Leuten zusammen sicherlich 'ne ganze Menge machen, also sich z.b. in Gorleben vor den lieben Castor legen.

Was verstehst Du denn unter aggressivem Recycling?
Durch die Gegend laufen und Glasflaschen oder Dosen aufsammeln.

Bringt das was?
Das ist halt gut für's eigene Gewissen. Diese ganzen reformistischen Gruppen, Greenpeace und BUND etc., sind doch Selbstbefriedigung. Ich setze da eher auf 'ne Revolution.

Du glaubst an 'ne Revolution?
Wenn ich nicht daran glauben würde, könnte ich mir ja gleich die Kugel geben. Ich denke, in wenigen Jahren wird sich sehr viel ändern, weil die Umwelt einfach total den Bach 'runtergeht. Mutter Natur hat Milliarden Jahre gebraucht, und der Mensch macht in weniger als 2000 Jahren alles platt. Für mich wäre es das letzte, wenn die Revolution kommen würde und dann die Umwelt tot wäre.

Wie stellst Du Dir Deine Revolution vor?
Viele befreite Menschen, die unter'm Regenbogen tanzen und Tee trinken, also 'ne relativ lockere Menschheit, wo man sich toleriert.

(b) Bist Du ein Opfer, Retter oder Täter der Umweltzerstörung?
Erstmal ein Opfer des Großkapitals. Natürlich auch ein Täter, ich muß mit Ofen heizen, was 'ne echte Umweltsauerei ist. Schließlich auch ein Retter, jeder gute Revolutionär ist ein Retter der Umwelt.

(c) Wie denkst Du über die Zukunft?
Für mich ist Zukunft so jenseits von Gut und Böse. Ich hab' das Gefühl, nicht besonders alt zu werden, weil wenn der ultimative Gongschlag ertönt, dann ist sowieso Sense! Irgendwann werde ich wahrscheinlich mit Handgranaten in den Bundestag einmarschieren.

Abb. 46 - Interview mit Till:

„Wählen ist, wie wenn man einen Stein ins Meer wirft"

Till (21) zog nach seinem Abitur nach Italien, um Geigenbauer zu werden. Auch Till bezeichnet sich als überzeugter Anarchist.

(a) Ist die Umwelt überhaupt gefährdet?
Die Umwelt ist nahe der kompletten Zerstörung. Dort, wo ich jetzt lebe, ist es verboten, in einem Fluß baden zu gehen, weil es lebensgefährlich ist. Und wenn die Sonne scheint und man ist froh, daß sie scheint, muß man sich schützen. Wenn man sich das genauer überlegt, ist man schon nahe an der Apokalypse.

Wo liegen die Ursachen der Umweltgefährdung?
Erstmal in der Bequemlichkeit der Leute, weil es ja so einfach ist, Auto zu fahren oder Atommüll ins Meer zu kippen. Jeder sollte seine Ansprüche um einiges zurückschrauben. Letztlich ist alles Profit, es geht nur noch ums Geld. Die meisten Menschen haben den Kontakt und damit auch den Respekt vor der Natur verloren.

Hast Du Angst vor der Umweltzerstörung?
Ich bin irgendwie wütend, daß ich nichts dagegen tun kann und mir das gefallen lassen muß. Es ist auch eine hilflose Bedrückung, die an der Hoffnung zehrt und den Lebensmut trüben kann.

Du blickst ziemlich pessimistisch in die Zukunft?
Es kostet sehr viel Phantasie, optimistisch an das Weiterleben der Menschheit zu denken. Wenn ich mir überlege, wie's bisher gelaufen ist, kann ich's mir an zwei Händen abzählen, wie's weitergeht, es sei denn, wir erleben eine große Umweltrevolution.

(b) Hast Du an der letzten Bundestagswahl teilgenommen?
Wählen war für mich 'ne blinde Aktion, bei der man gar nicht weiß, was man da macht. Ich stehe der ganzen Sache völlig machtlos gegenüber. Wählen ist, wie wenn man einen Stein ins Meer wirft und hofft, daß da noch irgendwas Großartiges entsteht, es ist wie nichts irgendwie. Ich glaube nicht, daß sich was ändern wird.

Warum gehst Du dann überhaupt noch wählen?
Ich finde, das bißchen, was wir haben, sollten wir auch wahrnehmen.

Woher schöpfst Du eigentlich Deine Lebensenergien?
Aus der Schönheit der Natur, meiner Mitmenschen und schließlich aus meinem tiefen Inneren.

Abb. 47 - Interview mit Leo:

"Kann ich in diese Welt noch Kinder setzen?"

Leo (24) studiert Politikwissenschaft. Sein halbes Leben lang ist er in unterschiedlichen gesellschaftlichen Bereichen sehr engagiert.

(a) Wo siehst Du die Ursachen der Umweltzerstörung?
In der inneren Logik unseres Wirtschaftssystems, was einfach immer weiter expandieren muß, daß man da gar nicht die Bremse ziehen kann, bis dann irgendwann einfach nichts mehr da ist.

Wie spät ist es auf Deiner Weltuhr?
Ich hab' so ein Bild vor Augen, wie man es auf manchen Flughäfen sieht, wo viele Uhren nebeneinander sind, die verschiedene Zeiten anzeigen. Da gibt es dann eine Uhr, wo es wahrscheinlich schon zehn nach zwölf ist, z.B. in Osteuropa oder Lateinamerika. Bei uns ist es vielleicht noch kurz vor zwölf. Wenn zwölf allerdings heißt, daß es kein Zurück mehr gibt, dann sind wohl alle Uhren schon nach zwölf. Denn eigentlich haben wir den 'point of no return' schon erreicht.

(b) Glaubst Du, gegen die Umweltzerstörung etwas tun zu können?
Gegen die ganz großen Bedrohungen kann ich wenig machen. Trotzdem versuche ich viele kleine Sachen, wo ich das Gefühl habe, das sind so symbolische Gesten, um die Hoffnung nicht aufzugeben. Das tägliche ökologische Wirtschaften ist ein Abwehrmechanismus.

(c) Wie hast Du die Weltklimakonferenz in Berlin erlebt?
Ich hab' viel gelesen und versucht, das zu verstehen. Ich verstehe z.B. nicht, wie diese Grenzwerte entstehen und finde es immer wieder faszinierend, wie willkürlich solche Werte zustandekommen.

Hast Du auch Angst vor der Umweltzerstörung?
Es begleitet mich latent, wenn ich mit dem Fahrrad im Frühling fahre und mich wundere, warum die Bäume noch nicht ausschlagen. Ich ärgere mich dann besonders über die ganzen Schufte, die ihre Abgase in meine Richtung pusten, ohne sich darüber Gedanken zu machen.

Möchtest Du einmal Kinder haben?
Angesichts der düsteren Zukunftsprognosen kann ich's mir schwer vorstellen, Verantwortung für Kinder zu übernehmen. Kann ich in diese Welt guten Gewissens Kinder setzen, die das Jahr 2050 oder 2080 noch erleben? Das kann man ja eigentlich niemandem zumuten.

Abb. 48 - Interview mit Holger:

„Nicht weil die Cola-Dose da ist, wird sie gekauft, sondern es gibt die Dose, weil 'ne Nachfrage da ist"

Holger (25) ist selbständiger Wirtschaftsingenieur und Gründer einer eigenen Firma.

(a) Was kann gegen die Umweltzerstörung getan werden?
Meine Erfahrung ist, daß die Leute am besten über Zwang zu etwas gebracht werden können. Dann lande ich natürlich bei den Politikern, weil sie die Menschen nicht dazu zwingen, anders zu handeln. Wenn man allerdings versucht, den Leuten über liebe Worte Verantwortung und Moral beibringen zu wollen, dann gebe ich der Umwelt keine Chance mehr.

Was tust Du für den Umweltschutz?
Meine eigenen Möglichkeiten versuche ich zu nutzen, sie sind aber sehr begrenzt. Mir hilft es dann, mich meines Ingenieur-Studiums zu erinnern und zu sehen, was man alles machen kann. Auch wenn wir es nicht wahrhaben wollen, entweder lernen wir zu verzichten, oder wir können nur auf die Ingenieure hoffen.

(b) Wie stellst Du Dir die Zukunft vor?
Also ich lebe ja erst ein Vierteljahrhundert, da finde ich es schwierig, an die nächsten hundert Jahre zu denken. Inzwischen haben wir ja eine Veränderungsgeschwindigkeit angenommen, die nicht annähernd zu irgendeiner Zeit der Menschheit jemals erreicht wurde.

Gibst Du der Erde noch eine Chance?
Ich gehe davon aus, die Flinte noch nicht ins Korn werfen zu müssen. Der Ingenieur in mir sagt, für vieles wird noch ein Weg gefunden.

(c) Du hast hier die 'Parkraumbewirtschaftung' durchgesetzt?
Ja, ich finde jetzt immer einen Parkplatz vor meiner Haustür. Früher war das ziemlich katastrophal, aber jetzt müssen die Leute für ihre Parkplätze bezahlen. Anfangs gab es ein kurzes Geheule, doch nun redet kaum noch jemand darüber. Mit dem Autofahren richten wir ja mehr Schaden an, als wir bezahlen können. Wir leben auf Kredit.

Was bedeutet ökologische Verantwortung für Dich?
Ich finde es völligen Quatsch, wenn Leute sagen, das Große muß erst geändert werden, damit ich als kleiner Mann was machen kann. Jeder Mensch ist ein Teil des Großen. Die Nachfrage bestimmt das Angebot: Nicht weil die Cola-Dose da ist, wird sie gekauft, sondern es gibt die Dose, weil 'ne Nachfrage da ist. Wenn niemand mehr 'ne Dose kauft, gibt's auch keine Dosen mehr - so funktioniert das Spiel!

Abb. 49 - Interview mit Torsten:

"Globale Probleme durch High-Tech lösen"

Torsten (27) ist Geologe und in seiner freikirchlichen Gemeinde ökologisch engagiert.

(a) Wie sieht Umweltschutz bei Euch aus?
Wir haben einen alten Bauerhof in der Fränkischen Schweiz, den wir ökologisch aufbauen. Es geht vor allem darum, die Stadtmenschen ein bißchen mehr an die Natur heranzuführen, damit sie die Umwelt wieder mehr schätzen lernen und wissen, wie z.B. Brot oder Fleisch produziert wird. Außerdem sind wir dabei, ein ehemaliges russisches Kasernengebiet von Altlasten zu sanieren.

Was denkst Du über die Wirksamkeit des Umweltschutzes?
Hinsichtlich der Wirksamkeit muß man seinen Idealismus ein bißchen zurückschrauben und etwas langfristiger denken. Man darf nur nicht erwarten, daß sich die Welt von heute auf morgen ändert. Das schlimmste ist einfach zuzugucken, wie was zerstört wird.

(b) Hast Du auch Angst vor der Umweltzerstörung?
Also ich bin eigentlich nicht jemand, der Angst hat. Soweit will ich das alles gar nicht an mich herankommen lassen, dann könnte man nur noch heulen. Ich bin froh, wenn ich mir kein schlechtes Gewissen machen muß. Und mehr als meinen Beitrag kann ich nicht leisten.

Welche Umweltprobleme sind für Dich besonders brisant?
Da muß ich zuerst ans Ausland denken, also z.B. an die tropischen Regenwälder, das Ozonloch oder den Treibhauseffekt. Das sind für mich die globalen Hauptprobleme, zusammen mit Überbevölkerung, die den Druck noch verstärkt. Irgendwie schneiden wir an unserem eigenen Lebensfaden herum. Ich find's in diesem Zusammenhang ganz toll, was Leute wie Sting machen, die Namen und Geld haben, um sich wirklich einzusetzen und etwas in Bewegung zu bringen.

Blickst Du dann doch eher optimistisch in die Zukunft?
Also ich würde immer sagen, es ist nie zu spät. Ich glaube auch, daß es möglich ist, viele globale Probleme durch Hightech zu lösen.

Durch High-Tech?
Ja, die Technik macht alles möglich, sie kann auch verseuchtes Wasser wieder saubermachen. Wir in Deutschland haben z.B. das beste Trinkwasser in der Welt. Aber es ist natürlich schwierig, von Menschen, die nicht wissen, wo sie ihr nächstes Essen bekommen, zu verlangen, ihre Umwelt zu schützen.

Grundzüge eines männlich-ökologischen Gewissens

Selbstverständlich basiert der nachfolgende Versuch, einige typisch männliche Umgangsformen mit der Umweltzerstörung aufzuzeigen, nicht nur auf den portraitierten Männern, sondern auf allen Interviews sowie den Fragebogen-Ergebnissen aller Untersuchungsteilnehmer. Auch ohne Kenntnis der weiblichen Reflexionen, denen das nächste Kapitel gewidmet ist, sind einige männliche Antwortmuster auffällig:

Rationalisierung

Tendenziell sprechen Männer eher auf einer abstrakten Ebene über die Umweltzerstörung. Philosophiert wird über Politik (besonders Christoph, Till und Leo), Wirtschaft (Holger) und Technik (Torsten).

Globalisierung

Tendenziell wird das Thema Umwelt mehr auf globaler als auf lokaler Ebene reflektiert. Besonders prägnant ist das Beispiel von Leo, der das Bild von den Flughafenuhren gebraucht, um Ungleichheiten aufzuzeigen.

Internalisierung

Tendenziell neigen Männer zu einer internalen Kontrollüberzeugung, d.h. sie sind ökologisch handlungsorientiert, weil sie glauben, über eine politische Befähigung zu verfügen (Musterbeispiel ist Holger).

Fazit

Alle drei Klassifizierungen lassen sich statistisch belegen. Sie sind zugleich ein Hinweis darauf, was den Männern tendenziell „fehlt". So geht z.B. die Rationalisierung oft zu Lasten einer Emotionalisierung. Frauen über- und Männer unterschätzen eher die Umweltzerstörung. Um nicht mißverstanden zu werden: Auch Männer haben Angst vor der Umweltzerstörung. Doch ihre Verdrängung findet im Vergleich zu Frauen oft auf einem niedrigeren Niveau statt. Obwohl Männer die Umwelt durchschnittlich weniger gefährdet erleben als Frauen, bleibt die emotionale Betroffenheit trotzdem hinter der Einschätzung der Bedrohung zurück. Warum? Um die eingangs aufgestellte These zu überprüfen, ist es notwendig, das andere Geschlecht zu betrachten.

14. Weibliches Gewissen

Die heutigen Wissenschaften werden (leider) immer noch ziemlich einseitig von Männern dominiert. Zeichen eines langsamen Wandels kündigen sich allerdings durch die sog. emanzipatorische Forschung an, die fast ausschließlich von Frauen betrieben wird. Ihr Ziel ist es, Geschlechtsunterschiede nicht nur zu beschreiben und zu erklären, sondern auch zu „verändern". Die meisten Autorinnen vertreten die Auffassung, daß Geschlechtsunterschiede vor allem auf die unterschiedliche Machtverteilung in der Gesellschaft zurückgehen. Historische und ethnologische Befunde zeigen, „daß es keine männliche Eigenschaft gibt, die nicht bei irgendeinem Volke auch bei Frauen ebenso als weibliches Charakteristikum vorkam".[168] Als berühmtes Beispiel gilt z.b. die Stellung der Frauen im antiken Sparta.

Letztlich geht es auch in der emanzipatorischen Forschung um das immer wieder diskutierte 'Anlage-Umwelt'-Problem, also um die Frage, ob menschliches Verhalten eher angeboren oder anerzogen ist. Gegen Ende des 20. Jahrhunderts zogen die Forscherinnen folgendes Fazit: „Der auffälligste Befund zu Geschlechtsunterschieden besteht darin, daß sie sich in den vergangenen zwei Jahrzehnten verringert haben".[169] Dabei ist zu berücksichtigen, daß die überwiegende Anzahl der Forschungen auf unseren Kulturkreis begrenzt ist.

Nach wie vor fallen die Ergebnisse in der Geschlechterforschung in Abhängigkeit des Geschlechts der Forschenden recht unterschiedlich aus, was zu interessanten Spekulationen führt: „Hat möglicherweise der 'männliche Blick' Geschlechtsunterschiede produziert und insbesondere die Interpretation ihrer Ursachen beeinflußt? Und neigt der 'weibliche Blick' vielleicht dazu, Geschlechtsunterschiede lieber zu übersehen?"[170]

Was Frauen denken

Gibt es ein weibliches ökologisches Gewissen? Nachfolgend werden fünf ausgewählte junge Frauen im Alter zwischen 21 und 27 Jahren vorgestellt, die seit 1985 schriftlich befragt und Mitte der 90er-Jahre ausführlich interviewt werden konnten.

Maja (Abb. 50) hat u.a. durch einen Umzug von West- nach Ostberlin ihr ökologisches Gewissen gewaltig geschärft. Sandra (Abb. 51) und Sabrina (Abb. 52) zeigen, welche psychischen und physischen Reaktionen die Umweltzerstörung bei sensiblen Menschen auslösen können. Britta (Abb. 53) versucht, sich mit parteipolitischem Engagement gegen depressive Gefühle zu wehren. Eva (Abb. 54) ist schließlich ein Beispiel dafür, wie existentielle Ängste aus der Kindheit im Erwachsenenleben massiv weiterwirken können.

---

[168] Vaerting, M. (1923): Wahrheit und Irrtum in der Geschlechtspsychologie. Karlsruhe, S. 5.
[169] Alfermann, D. (1996): Geschlechterrollen und geschlechtstypisches Verhalten. Stuttgart, S. 160.
[170] dies., S.171.

Abb. 50 - Interview mit Maja:

„Das finde ich dann manchmal schon schockierend, in was für 'ner Blindheit die Leute weitermachen"

Maja (21) möchte Designerin werden. Sie ist während der Interviewphase umgezogen.

(a) Wo liegen für Dich die Ursachen der Umweltzerstörung?
Die wichtigste Ursache sehe ich in der Verschmutzung der Atmosphäre und im Energie- und Ressourcenverbrauch der Menschen, so daß die Natur einfach nicht mehr hinterherkommt mit dem Schadstoffabbau.

Bist Du ein Opfer, eine Retterin oder Täterin der Umweltzerstörung?
Also Opfer eher nicht, weil ich das Gefühl habe, mein Leben bewußt zu gestalten. Täter schon eher, weil ich im reichen Deutschland lebe und alles benutze, was an Komfort zur Verfügung steht. Und als Retter sehe ich die Leute von Greenpeace in ihren Schlauchbooten.

(b) Welche Rolle spielt die Umweltzerstörung in Deinem Leben?
Ich denke, wenn's so weitergeht mit der Umweltzerstörung, kommt es irgendwann mal zu einem Punkt in meinem Leben, wo ich nicht mehr frei entscheiden kann, was ich tun möchte.

(c) Du bist inzwischen von West- nach Ostberlin umgezogen?
Ja, für mich hat sich einiges verändert. Der Geräuschpegel und die Verschmutzung ist hier viel stärker und intensiver. Vielleicht werde ich mich daran gewöhnen. Aber momentan muß ich eigentlich täglich daran denken, wie schlimm das eigentlich ist. Diese ganzen Autos, wie verrückt, daß die Menschen jeden Tag wieder im Stau stehen!

Bist Du ein Opfer, eine Retterin oder Täterin der Umweltzerstörung?
Retterin wäre ich wahrscheinlich, wenn ich bei Greenpeace aktiv im Boot sitzen würde. Aber manchmal spüre ich auch 'ne Liebe für meine Umwelt, ein Bewußtsein, was in mir immer mehr wächst. Als Täterin fühle ich mich sowieso, weil ich mit Kohle heize, obwohl ich merke, wie schlimm die Luft draußen ist. Langsam bin ich jetzt auch ein Opfer von dem, was ich selbst den ganzen Tag mitverbreche.

Welche Gedanken hast Du über die Zukunft?
Es ist schon komisch, wie man umdenkt, nur wenn man den Stadtteil wechselt. Das finde ich dann manchmal schon schockierend, in was für 'ner Blindheit die Leute weitermachen. Dann denke ich, wenn die Menschen so rabiat mit der Natur umgehen, geschieht's ihnen recht!

Abb. 51 - Interview mit Sandra:

„Viele können das abspalten - ich kann das nicht"

Sandra (23) ist Dolmetscherin für Französisch und Italienisch.

(a) Wird die Umweltproblematik nicht ein bißchen hochgespielt?
Also von Hochspielen kann überhaupt keine Rede sein. Ich halte die Umwelt auf jeden Fall für gefährdet. Wenn ich in den Nachrichten höre, man gibt uns eventuell noch ein paar Jahre oder Jahrzehnte, bleibt mir immer wieder das Herz stehen, und ich denke 'Oh, Gott, das kann doch alles nicht wahr sein!' Inzwischen lese ich auch nicht mehr Zeitung oder kaufe so Sachen wie 'Öko-Test'.

Warum nicht?
Wenn ich das lese, kommt mir das kalte Grauen. Es gibt ja so viele, die können das einfach abspalten, ich kann das nicht! Ich bin jedes Mal wieder frustriert, und das hat auf mein Seelenleben einen großen Einfluß.

(b) Hast Du Angst, wenn Du an die Umweltzerstörung denkst?
Angst ist schon das richtige Wort für mich. Sie äußert sich teilweise auch in Panik, ich kann dann eigentlich nur noch heulen und mich zurückziehen. Ich fühle mich der Umweltzerstörung einfach machtlos ausgeliefert und hab' Phantasien, davor zu fliehen. Mein Traum wäre, auf's Land zu ziehen.

Hast Du auch noch andere Gefühle, wenn Du an die Umweltzerstörung denkst?
Manchmal bin ich auch nur total wütend oder arrogant und sage, das sind alles Idioten, 90% der Menschheit sind dumm. Ich find's immer wieder schmerzlich zu erfahren, daß Dummheit siegt. Ich werd' langsam ganz böse und schütz' mich so.

(c) Du hast als einzige Befragte am Öko-Programm (Experiment zum Umweltschutz im eigenen Haushalt, Anm. Sohr) *teilgenommen. Warum?*
Ich dachte, ich könnte mir noch Ideen holen, und hab' gemerkt, daß ich die meisten Dinge schon mache. Und manches, z.B. gut isolierte Fenster, kann ich mir nicht leisten. Das sind Ideen für die Zukunft.

Wie siehst Du die Zukunft?
Schwarz! Irgendwie möchte ich schon glauben, daß sich alles wieder erneuert. Aber nach all den Wahnsinns- und Katastrophenmeldungen der letzten Jahre hab' ich nicht das Gefühl, daß sich da was ändert. Ich weiß auch nicht, wann da noch was passieren soll? Ich kann nicht mal richtig darauf hoffen. Wir bewegen uns immer noch auf dem Level von vor zehn Jahren. Irgendwo scheinen die Menschen das gar nicht zu wollen. Also ich hab' das Gefühl, der Zug ist abgefahren.

Abb. 52 - Interview mit Sabrina:

„Du Idiot hast doch überhaupt keine Ahnung"

Sabrina (24) ist von Beruf Malerin/Lackiererin und Sekretärin.

(a) Ist Umweltschutz ein Thema, das Dich beschäftigt?
Ich rede viel mit meinen Eltern und meiner besten Freundin darüber. Sie hat gerade ein Kind bekommen, und da machen wir uns natürlich viele Gedanken wegen der Umwelt.

Warum?
Wir können die Kinder später nicht immer nur beschützen, die müssen erfahren, was los ist!

Du meinst, es hilft nicht, den Kindern eine heile Welt vorzugaukeln?
Richtig! Dann stehen sie nachher eines Tages mit offenen Augen da, das kann man den Kindern nicht antun. Ich bin dafür, ihnen lieber gleich die Wahrheit erzählen.

(b) Wie hast Du die Bundestagswahl erlebt?
Chaos! Die Wahlen haben doch vor allem Müll gebracht, die ganzen Wahlplakate sind doch die reinste Umweltverschmutzung. Ich trau' den Politikern keinen Zentimeter mehr über den Weg, die dürften mir nicht unter die Finger kommen. Wenn ich das Wort 'Politiker' höre, kommt mir schon die Wut hoch!

Kann Deine Wut sich eigentlich irgendwie entladen?
Ja, beim Fernsehen sind auch schon ein paar Teile kaputtgegangen. Dann sitze ich hier und fluche „Du Idiot, Du hast doch überhaupt keine Ahnung, was hier draußen los ist!"

Deine Wut kann sich manchmal körperlich entladen?
Man kann das alles nicht immer nur in sich hineinfressen. Dann motz' ich lieber mit meinem Fernseher, und wenn's ganz schlimm wird, fliegt ein Glas.

(c) Welche Umweltprobleme nimmst Du im Kiez persönlich wahr?
Sobald ich hier nach Kreuzberg komme, kriege ich Kopfschmerzen und huste mich zu Tode, und das geht nicht nur mir so. Die Bäume schaffen's nicht mehr, die Luft zu reinigen. Ich weiß nicht, ob hier in der Stadt in zehn Jahren noch Bäume stehen werden.

Fühlst Du Dich als Opfer, Retterin oder Täterin der Umweltzerstörung?
Täter sind wir alle. Es kann mir jedenfalls niemand erzählen, daß er ein Unschuldsknabe ist. Opfer sind wir sowieso alle, weil es uns alle trifft. Und Retterin bin ich vielleicht auch ein bißchen, weil ich schon so oft einen Führerschein hätte machen können. Man versucht zu tun, was man kann. Du willst zwar die Erde retten, aber es klappt nicht.

Abb. 53 - Interview mit Britta:

„Daß die Umwelt gefährdet ist, weiß sogar meine Tante in Bayern"

Britta (26) ist diplomierte Geologin und arbeitet als Journalistin.

(a) Ist die Umwelt Deiner Meinung nach überhaupt gefährdet?
Das ist doch wohl keine Frage, oder? Das weiß ja irgendwie jeder, daß die Umwelt gefährdet ist, das weiß sogar meine Tante in Bayern.

Wo siehst Du die Ursachen der Umweltzerstörung?
In der zunehmenden Luxusgesellschaft. Jeder ist sich einfach selbst der nächste, findet sich selbst nett, und es wird darauf geschissen, was nach uns kommt. Was interessieren mich meine Kinder? Diese Verdrängung, die so verbreitet ist...

Verdrängst Du eigentlich auch?
Ich glaube nicht, daß jemand permanent an die Umweltzerstörung denkt. Wenn er's tut, nimmt er sich wahrscheinlich bald 'nen Strick!

(b) Hast Du die Bundestagswahlen verfolgt?
Also am Wahltag war ich unheimlich aufgeregt, ich hab' mir 'n Bier genommen und dachte, trink' lieber was!'. Danach war ich drei Tage nicht mehr ansprechbar.

Du bist im Wahlkampf engagiert gewesen?
Vor der Wahl hatte ich dem Kanzlerkandidaten einen vierseitigen Brief geschrieben. Nach drei Monaten kam ein Dreizeiler mit etwa vierzig Rechtschreibfehlern von seiner Sekretärin zurück. Sowas von lieblos und sinnlos! In diesem blöden Brief stand einfach nichts drin.

(c) Wie fühlst Du Dich, wenn Du an die Umwelt denkst?
Ich neige eher zu Depressionen und zu einem schlechtem Gewissen als zu Angst. Wenn ich mir darüber Gedanken mache, geht das mehr in Richtung Panik. Es fällt dir ein, du machst irgendwas spontan, und nach 'ner Woche ist es wieder vergessen, bis zum nächsten Anfall.

Welche Umweltprobleme erlebst Du vor Deiner Haustür?
Seit Jahren hab' ich mein Asthma-Spray, weil ich einfach keine Luft mehr bekomme. Du kannst die Luft schneiden, wenn du 'rausgehst.

Was verstehst Du unter ökologischer Verantwortung?
Wenn man intelligent ist, muß man auch danach handeln - nicht nur wissen, wie es richtig wäre, und es trotzdem falschmachen.

Abb. 54 - Interview mit Eva:

„Und deshalb ist es fünf nach zwölf"

Eva (27) wollte eigentlich Blindenhundausbilderin werden. Heute ist sie Sozialarbeiterin, Taxifahrerin und Gas-/Wasser-Installateurin. Außerdem arbeitet Eva bei der Tierschutzorganisation Animal Peace.

(a) Hältst Du die Umwelt für gefährdet?
Ich glaube, daß alles gefährdet ist! Ich hoffe eigentlich nur noch, daß ich's noch überlebe und alt werde, aber spätestens die Generation nach mir wird an der Umweltzerstörung sterben. Ich denke, schon in den nächsten 30 Jahren werden wir ziemlich viel mitkriegen.

Warum wird das Deiner Meinung nach so sein?
Die Menschen sind so blöd. Ohne Rücksicht auf Folgen und Verluste produzieren sie Dinge, die der Umwelt schaden. Das nimmt immer größere Dimensionen an, die keiner mehr abschätzen kann. Und die Häufung von Katastrophen findet in immer kürzeren Abständen statt.

Kann man gegen die Umweltzerstörung etwas tun?
Nee, das glaube ich nicht. Die Menschen sind auf dem Weg, sich selbst zu zerstören. Früher hatten sie einfach nicht die Möglichkeiten, alles so krass zu zerstören. Jetzt können sie es und tun es auch. Ich hab' da keine Hoffnungen, das große Globale ist nicht aufzuhalten.

(b) Wie gehst Du mit diesen globalen Gefahren um?
Ungefähr zweimal im Jahr träume ich vom Atomkrieg. Ich träume, daß die Welt zerstört wird, ich sehe den Atompilz und weiß, jetzt ist es zu Ende. Dabei spüre ich eine grenzenlose Angst. Die Angst bleibt. Man kann zwar versuchen, sich seelisch darauf vorzubereiten, aber das macht den Verlust, den Schmerz und das ganze Sterben nicht weniger dramatisch, wenn es soweit ist.

Machen sich Deine Existenzängste auch im Alltag bemerkbar?
Neulich auf Arbeit hat ein junger Kollege 'ne große Hummel einfach gekillt. Ich bin dann ans Fenster gegangen und mußte auf einmal über diese bescheuerte Hummel heulen. Sowas macht mich echt krank!

(c) Wie stellst Du Dir die Zukunft vor?
Dunkel und tot und öde und kalt. Es wäre wahrscheinlich noch fünf vor zwölf, wenn plötzlich alle Leute die Erleuchtung kriegen würden. Aber das ist völlig utopisch! Und deshalb ist es fünf nach zwölf.

Grundzüge eines weiblich-ökologischen Gewissens

Als typisch weibliche Umgangsformen mit der Umweltzerstörung lassen sich beobachten:

Emotionalisierung

Auch wenn es wie ein Klischee klingt: Tendenziell sprechen Frauen eher über ihre Gefühle, die sie bei der Umweltzerstörung empfinden (vgl. z.B. Eva und Sandra). So verwundert es wenig, daß die Frauen in der Studie ein ausgeprägteres ökologisches Gewissen aufweisen.

Lokalisierung

Tendenziell reflektieren Frauen das Thema mehr auf lokaler als auf globaler Ebene. Über die Umweltzerstörung in ihrer Wohnumgebung machen sich insbesondere Maja, Sabrina und Britta große Gedanken.

Externalisierung

Tendenziell neigen Frauen zu einer externalen Kontrollüberzeugung, d.h. sie sehen ihre eigenen öko-politischen Handlungsmöglichkeiten in der Regel als eher begrenzt an und machen weniger Gebrauch davon (trotzdem sind sie privat oft sehr öko-aktiv, wie zum Beispiel Sandra).

Fazit

Der bedeutsamste Befund ist zweifellos der erste: Ist ökologisches Gewissen etwa eine speziell weibliche Angelegenheit? Sicher nicht. Im übrigen verdrängen auch Frauen die Umweltzerstörung in nicht unerheblichem Maße, wie das nächste Kapitel eindrucksvoll offenbart. Nur findet die Verdrängung auf höherem Niveau statt - die Umweltgefährdung wird tendenziell als sehr hoch eingeschätzt, so daß es kaum möglich ist, adäquat auf diese Einschätzung zu reagieren.

Abschließend noch ein Wort zu der Frage, ob Geschlechtsunterschiede eher biologisch oder kulturell zu erklären sind. Natürlich spielt auch für die Entwicklung eines ökologischen Gewissens die gesellschaftliche Sozialisation eine große Rolle. Dennoch sind biologische Faktoren zu beachten: Frauen äußern viel häufiger als Männer den Wunsch nach eigenen Kindern. Vielleicht ist die biologische Affinität zu Kindern ein Schlüssel für das Geheimnis des tendenziell ausgeprägteren weiblich-ökologischen Gewissens.

15. Tschernobyl in Germany

„Tschernobyl ist vielleicht die letzte Warnung an uns gewesen, endlich der Versuchung zu widerstehen, Göttern gleichen zu wollen."

Günter Kunert[171]

Erinnern wir uns! Am 26. April 1986 ereignete sich im ukrainischen Atomkraftwerk von Tschernobyl zum ersten Mal in der Geschichte der Atomenergie ein größter anzunehmender Unfall („GAU"). Was nach Meinung führender Atomwissenschaftler nicht geschehen konnte, wurde Wirklichkeit: Ein menschlicher Bedienungsfehler löste einen Brand im Reaktorkern aus und setzte radioaktive Substanzen in großen Mengen frei, die sich in wenigen Wochen über ganz Europa verteilten. Sie führten zu einer radioaktiven Verstrahlung von Luft, Wasser, Boden und Nahrungsmitteln. Bis heute ist das gesamte Ausmaß der gesundheitlichen und volkswirtschaftlichen Schäden umstritten, die Schätzungen reichen bis zu mehr als einer Million Krebstoten weltweit.

Umgang (mit) der Angst

Die Tschernobyl-Katastrophe hat viele Menschen nicht nur physisch, sondern auch psychisch belastet, unter ihnen einige Teilnehmerinnen und Teilnehmer, von denen Archivdaten seit 1985 vorliegen. Wie haben die heute jungen Erwachsenen Tschernobyl in ihrer Kindheit und Jugend erlebt? Wie denken Sie zehn Jahre später darüber? Portraitiert werden sechs Frauen, die damals noch Mädchen waren. Von den Männern äußerte sich nur Holger (Kap. 13) zum Thema. Für ihn war Tschernobyl „das erstmalige Sichtbarwerden, daß die Probleme der Atomkraft nicht wegdiskutiert werden können".

Für einige Kinder und Jugendliche symbolisiert Tschernobyl so etwas wie die Geburtsstunde ihres ökologischen Gewissens. Jule (Abb. 55) erlebte den GAU mit neun Jahren ziemlich „krass". Heute ist Jule erwachsen. Das ökologische Gewissen ist geblieben - an die Katastrophen hat sie sich gewöhnt. Tina (Abb. 56) erinnert sich an den Tag von Tschernobyl auch noch sehr genau. Sie war damals zehn Jahre alt und hatte große Angst vor dem nächsten Regen. Heute verdrängt Tina ihre Angst vor der Umweltzerstörung, weil sie sonst damit nicht leben könne. Katrin (Abb. 57) war elf Jahre alt, als sie mit ihrer kleinen Schwester auf dem Balkon stand und dachte, die Welt geht nicht mehr weiter. Als angehende Journalistin sind Schreckensmeldungen heute nur noch Fakten für sie. Kathy (Abb. 58) nahm mit zwölf Jahren zum ersten Mal bewußt das Blühen der Bäume wahr. Es sollte der Frühling von Tschernobyl werden. Ein paar Jahre später engagierte sie sich mit Greenpeace gegen Atommülltransporte. Als angehende Ärztin muß Kathy heute ihre Angst verdrängen, will sie nicht wahnsinnig werden. Imke (Abb. 59) fühlte sich im Alter von 13 Jahren von Tschernobyl persönlich angegriffen. Heute hat sie keine Lust mehr, sich täglich die Katastrophen der Welt „reinzuziehen". Auch Carla (Abb. 60) erlebte Tschernobyl als große Bedrohung, doch heute rede niemand mehr darüber.

---

[171] Kunert, Günter (1992): Valmy, Tschernobyl und das Ozonloch. Die Welt 16.2.92, S. 7.

Abb. 55 - Interview mit Jule:

„Man redet und redet und redet und es passiert nichts"

Jule erlebte den GAU von Tschernobyl im Alter von neun Jahren. Zum Zeitpunkt des Interviews hatte sie gerade ihr Abitur bestanden.

(a) Hast Du vor der Umweltzerstörung Angst?
Früher hab' ich oft vom Atomkrieg geträumt, aber das ist jetzt besser geworden. Ich bin aber immer wieder erschüttert, wenn ich im Fernsehen Berichte über tote Tiere sehe, dann wird mir ganz heulig.

(b) Hast Du vor der Umweltzerstörung Angst?
Wenn ich Angst habe, schlägt mir immer alles gleich auf den Magen. Bei der Umweltzerstörung überkommt mich das noch nicht so.

Vielleicht ist Angst nicht das richtige Wort?
Es ist eher so ein unheimliches Unwohlsein, daß ich dem Ganzen so ausgeliefert bin. Ich glaube, daß man dagegen was machen kann, aber die großen Sachen kann ich irgendwie nicht verändern.

(c) Hast Du vor der Umweltzerstörung Angst?
Ja, hab' ich schon. Ich schalte inzwischen immer den Fernseher um, wenn etwas über Robben kommt, ich kann's echt nicht mehr sehen. Ich bin auch etwas am Verdrängen, weil sich einfach nichts ändert.

Für wie gefährdet hältst Du die Umwelt eigentlich?
Extrem, was man so mitkriegt. Zum Beispiel das Hochwasser in Köln, das find' ich ziemlich krass, oder den Smog-Mief über der Stadt. Das gehört schon alles so dazu. Ich kann mich an keine andere Zeit erinnern, es ist eigentlich immer nur schlimmer geworden. Doch, Tschernobyl war noch krasser!

Da bist Du doch noch sehr jung gewesen, oder?
Ja, ich weiß aber noch genau, daß ich nicht auf den Spielplatz gehen durfte und immer die Schuhe ausziehen mußte. Und Nutella durfte ich auch nicht mehr essen! Ich hab' da ganz schön was mitgekriegt.

Wie denkst Du über die Zukunft?
Wenn ich den Glauben an das Gute im Menschen verlieren würde, könnte ich echt aufhören. Deswegen denke ich immer, daß uns bald die große Erleuchtung kommt, was zu ändern. Außerdem bin ich auch noch viel zu jung, um so pessimistisch zu denken. Andererseits tut sich nichts. Man redet und redet und redet und es passiert nichts.

Abb. 56 - Interview mit Tina:

„Wie wir leben, ist eigentlich unter aller Sau"

Tina war zehn Jahre alt, als die Atomkatastrophe in Tschernobyl passierte. Zehn Jahre später studiert sie nach ihrem Abitur Schauspielkunst in der Schweiz.

(a) Hältst Du die Umwelt eigentlich für gefährdet?
Die gesamte Erde ist gefährdet. In manchen Gegenden ist die Umweltzerstörung schon besonders krass fortgeschritten, in anderen Teilen noch nicht so sehr, aber das dauert bestimmt auch nicht mehr lange. Ich glaube, da kommt ganz schön was auf uns zu.

Wo siehst Du die Ursachen dieser Entwicklung?
Ich glaube, mit der Industriealisierung hat alles angefangen und so läuft der sogenannte Fortschritt halt immer weiter. Es liegt an unserem Konsumverhalten, unseren Autos, unseren Fabriken, unserem Müll, unseren FCKW-Kühlschränken, unseren Flugzeugen, einfach wie wir leben, wir in der ersten Welt, das ist eigentlich unter aller Sau!

Versuchst Du, anders zu leben?
Ich mach' mehr so diese kleinen Sachen, also z.B. im Bioladen einkaufen, weil da nicht soviele Düngemittel benutzt werden, oder kein Fleisch essen. Ich bin halt nur ein kleiner Teil, und von der Wirksamkeit meines Engagements merke ich eigentlich gar nichts. Ich versuche halt irgendwie, Mutter Erde zu lieben.

Hast Du auch Angst vor der Umweltzerstörung?
Ich finde, Angst ist irgendwie ein absurdes Wort. Was ist Angst? Als ich gestern z.B. vom Hagel auf der Fensterscheibe aufgewacht bin, da hab' ich gedacht, das ist nicht mehr normal - mitten im Sommer! Ist das schon der Anfang der Klimakatastrophe? Ich verdräng' das, sonst könnte ich nicht leben. Wenn ich vom Ozonloch in Australien erfahre und höre, daß die drei Stunden am Tag nicht 'rausgehen können, ist das eine überdimensionale Angst, die so ungreifbar ist.

Hattest Du nach der Atomkatastrophe von Tschernobyl Angst?
Ja, ich erinnere mich noch genau an den Tag der Explosion und an meine Angst vor dem nächsten Regen.

Welchen Einfluß hat der Zustand der Umwelt auf Deine Zukunft?
Früher hab' ich gesagt, daß es eigentlich schwachsinnig ist, Kinder in die Welt zu setzen, weil wie sieht deren Welt einmal aus? Heute weiß ich nicht, ob ich in 50 Jahren noch lebe, aber solange ich noch lebe, will ich noch gut leben. Und ich hab' auch Lust, mal ein Kind im Bauch zu haben und mich fortzupflanzen.

Abb. 57 - Interview mit Katrin:

„Gefühl von Endzeitstimmung"

Katrin war 11 Jahre alt, als der Reaktor in Tschernobyl explodierte. Zehn Jahre später studiert sie Kulturwissenschaften mit dem Ziel, Journalistin zu werden.

(a) Hältst Du die Umwelt für ernsthaft gefährdet?
Natürlich sehe ich sie gefährdet, das ist wohl 'ne rhetorische Frage!

An welche Gefährdungen denkst Du?
Also ich kann gar nicht sagen, was am schlimmsten ist. Ozonloch, Tropenwald, es gibt so viele Sachen. In unseren Breitengraden sehe ich das Auto als größten Feind an, darauf konzentriert sich mein Haß.

Wer ist dafür verantwortlich?
Die Verantwortung sehe ich bei den Leuten, die erkannt haben, woran es liegt, und trotzdem nicht auf ihren Komfort verzichten wollen. Zum größten Teil unsere Eltern-Generation und dann auch meine Generation. Wir können unser Leben gerade noch zu Ende leben, aber unsere Kinder dann nicht mehr.

(b) Kannst Du Dich an Tschernobyl noch erinnern?
Also nach diesem Super-GAU fing es eigentlich erst an, daß ich mich mit dem Thema beschäftigt habe. Das war ein einschneidendes Erlebnis für mich.

Warum?
Ich dachte, die Welt geht nicht mehr weiter, dieses Gefühl von Endzeitstimmung eben. Ich stand auf dem Balkon und dachte 'Wie können die da auf der Straße langlaufen, wenn die Welt kaputt geht?' Einmal haben sich meine Schwester und ich heulend geweigert, zur Schule zu gehen, als es regnete.

(c) Hast Du Angst vor der Umweltzerstörung?
Angst geht bei mir viel mit Aggression einher, z.B. gegen Autofahrer, daß ich teilweise an der Straße stehe und mich meinem Haß hingebe. Ich denke, daß man aggressiv wird, wenn man sich hilflos fühlt. Inzwischen hab' ich's aufgegeben, andere Leute aufklären zu wollen, weil man sich damit nur unbeliebt macht. Ich werde nicht mehr die Aufsässige spielen!

Sind Deine Ängste im Laufe der Zeit zurückgegangen?
Das hängt sehr von aktuellen Ereignissen ab. Wenn ich heute etwas Schreckliches in der Zeitung lese, dann wühlt mich das wieder auf. Aber wenn die Umweltzerstörung von der UNO konstatiert wird, dann sind das irgendwann nur noch Fakten.

Abb. 58 - Interview mit Kathy:

„Wahnsinnig vor Angst werden"

Kathy kommt aus Bremerhaven und studiert Medizin in München. Sie engagierte sich früher bei Greenpeace gegen Atomtransporte. Die Katastrophe von Tschernobyl hatte sie im Alter von zwölf Jahren erlebt.

(a) Werden Umweltprobleme bei uns nicht ziemlich hochgespielt?
Ich bin der Meinung, daß sie eher durch die Medien 'runtergespielt werden. Ich glaube, daß es auf vielen Gebieten einfach schlimmer aussieht als gesagt wird, z.B. bei der Atomenergie, daß die Zustände der Atomkraftwerke eigentlich viel schlechter sind als vorgegeben wird, um die Leute nicht zu beunruhigen.

Wer ist für diese Situation verantwortlich?
Der Mensch hat sich im Grunde genommen die Erde zum Untertanen gemacht, dadurch beherrscht er sie auch, tut dies aber nicht sehr gut.

Was waren Deine Erfahrungen bei Greenpeace?
Selbst da kann man immer nur ganz kleine Dinge bewirken. Wir wollten Unterschriften gegen Atommülltransporte von Deutschland nach England sammeln, um ein Druckmittel gegen die Regierung zu haben. Dabei war meine Erfahrung ziemlich niederschmetternd, daß doch so viele Leute der Sache gegenüber völlig gleichgültig waren.

(b) Hast Du Angst vor der Umweltzerstörung?
Ja, also wenn ich mir die Zerstörung unserer Umwelt bewußt mache, dann kann ich schon wahnsinnig vor Angst werden. So muß ich meine Angst verdrängen, weil es für mich einfach nicht möglich ist, jeden Tag aufzuwachen und mir darüber Gedanken zu machen, was alles passieren könnte und wieviel mehr das Ozonloch gewachsen ist.

Kannst Du Dich noch an Tschernobyl erinnern?
Ja, vor allem an die furchtbaren Bilder im Fernsehen. Eines Tages rief mich meine Mutter besorgt ins Haus, weil ich im Regen auf der Straße spielte. Ich war zwölf und hatte zum ersten Mal in meinem Leben wahrgenommen, daß im Frühjahr die Bäume wieder grün werden.

Welche Erwartungen hast Du an die Zukunft?
Ich denke, daß die Menschen jeder für sich in ihrem Leben auch immer kleine Lichtblicke haben, an denen sie sich festhalten und langhangeln, die sie aber auch blind machen für das, was drumherum geschieht. Ich glaube nicht, daß die Welt untergehen wird, sondern nur, daß sich ein anderes Leben irgendwann weiterentwickeln wird.

Abb. 59 - Interview mit Imke:

„Menschenzerstörung statt Umweltzerstörung"

Imke war 13 Jahre alt, als Tschernobyl passierte. Nach ihrem Abitur lebte sie zwei Jahre in Frankreich und studiert heute Ethnologie, Französisch und Arabistik in Berlin.

(a) Wo siehst Du die Ursachen der Umweltzerstörung?
Ich denke, wir haben eine völlig falsche Umweltpolitik. Man wartet immer erst, bis was ganz Schlimmes passiert, eigentlich sollte man eher vorsorgen als nachsorgen. Man müßte völlig umdenken und die Natur als eigenständiges System ansehen, statt sie auszunutzen.

Fühlst Du Dich selbst auch verantwortlich?
Ja, auf jeden Fall. Ich könnte z.b. nicht Formaldehyd in den Ausguß kippen, da würde ich mir noch jahrelang Vorwürfe machen.

(b) Hast Du Angst vor der Umweltzerstörung?
Ja, das war früher unheimlich präsent bei mir, als ich jünger war. Tschernobyl hat mich damals persönlich angegriffen, ich hab' mich echt davon bedroht gefühlt. Ich hab' Bilder gemalt und alles ging nur um dieses Thema.

Und heute?
Heute ist die Angst eher unbewußt und verdrängt. Wir wissen ja alle, was passiert und was wir jeden Tag machen, aber man denkt halt nie weiter darüber nach. Die Leute setzen sich trotzdem in ihr dickes Auto, und wenn man doch was in der Zeitung liest von einer Ölpest oder einem Fast-Super-GAU, dann ist das schon so alltäglich. Wir leben mit der Angst und der Verdrängung.

(c) Welche Umweltprobleme nimmst Du persönlich wahr?
Also ich vermeide es schon fast, in der Großstadt herumzulaufen, weil ich das so unangenehm finde. Mich streßt z.B. dieser ganze Lärm, den man überall um sich hat, in der U-Bahn, auf der Straße und in den Geschäften. Ich bin der Meinung, eigentlich müßte es Menschenzerstörung statt Umweltzerstörung heißen.

Blickst Du eher optimistisch oder pessimistisch in die Zukunft?
Wenn ich mich regelmäßig mit den Medien auseinandersetzen würde, dann würde ich wohl dem Pessimismus verfallen. Aber ich hab' keinen Fernseher und lese selten Zeitung, weil ich keine Lust mehr hab', mir täglich diese Sachen 'reinzuziehen, das würde mich zu sehr beeinträchtigen in meiner Lebenskraft. Es bedarf halt ziemlich viel Mut und Energie, um den Optimismus immer wieder aufzubringen.

Abb. 60 - Interview mit Carla:

„Tschernobyl, mein Gott!"

Carla erlebte die Katastrophe von Tschernobyl im Alter von 14 Jahren. Zehn Jahre später hat sie in Holland ein Schauspiel-Studium abgeschlossen.

(a) An welche Umweltgefährdungen denkst Du?
Na Wasser, Seen, Meere, Wälder, auch die Tiere, eigentlich fast alles. Ich denke, daß die Menschen keine Beziehung mehr zur Natur haben, wodurch auch kein Gefühl für die Natur da ist. Die Selbstverständlichkeit, mit der ein Baum umgesägt wird, zeigt mir, daß die Leute einen Baum nicht als Lebewesen sehen, sondern als etwas, was im Weg steht und in zwei Minuten weg sein könnte. Kinder wachsen heute auf Betonspielplätzen auf, ohne zu wissen, was Natur eigentlich bedeutet. Das finde ich ziemlich traurig.

(b) Welche Rolle spielt Umweltschutz in Holland?
Ich denke, daß z.B. die Scheidung von Plastik und Aluminium und solche Sachen in Deutschland besser als in Holland durchgesetzt werden. Man kann in Holland eigentlich ganz gut mit geschlossenen Augen leben.

Und in Deutschland?
In Deutschland wird man schneller zur Verantwortung gerufen, das ist ziemlich anstrengend. Was soll zum Beispiel dieser grüne Punkt auf jeder Scheiß-Verpackung? Das verstehe ich einfach nicht. Ich hoffe, es bringt was, aber ob es wirklich so ist, weiß ich nicht.

(c) Bist Du ein Opfer, eine Retterin oder eine Täterin der Umweltzerstörung?
Ich fühle mich viel zu sehr als Täterin, als daß ich mich als Retterin oder Opfer fühlen könnte.

Möchtest Du das ausführen?
Ich sehe im Spiegel immer zwei Seiten in mir. Einerseits nerven mich die Autoabgase in der Stadt unheimlich, andererseits hab' ich Lust, ein Auto zu kaufen. Ich hab' Lust, ein Auto zu haben, diese Freiheit, ich liebe autofahren, find' ich toll! Ich meine diese Gegensetzlichkeit. Manchmal gehe ich im Wald spazieren und merke, wie gut das tut.

Erinnerst Du Dich noch an Tschernobyl?
Ich erinnere mich an eine Untersuchung, ob unser Obst radioaktiv ist. Das fand ich sehr bedrohend, weil es so nah und so unsichtbar war. Tschernobyl, mein Gott! Es ist einfach doch schon wieder weg, als wäre es nie passiert, obwohl man damals wußte, daß die radioaktive Strahlung bleibt. Und jetzt redet keiner mehr darüber.

Die psychische Verfallszeit einer Katastrophe

Die Verfallszeit von radioaktiven Substanzen beträgt bekanntlich Jahrhunderte bis Jahrtausende (Plutonium hat z.b. eine Halbwertszeit von über 24000 Jahren). Dagegen reicht die psychische Verfallszeit von Tschernobyl nicht einmal über zehn Jahre. Carla trifft den Nagel auf den Kopf, wenn sie im Interview ausspricht, was viele denken: „Tschernobyl, mein Gott, es ist einfach doch schon wieder weg, als wäre es nie passiert".

Tatsächlich läßt sich statistisch nachweisen, daß die Angst vor der Explosion eines Atomkraftwerks, die Ende der 80er Jahre die größte Angst der Befragten war, im Laufe des zehnjährigen Untersuchungszeitraums unter das Niveau von 1985 zurückging - so als hätte es Tschernobyl wirklich nie gegeben.[172]

Kinder der Friedensbewegung als Erwachsene

„Ich war aktiv in der Friedensbewegung, während ich das heute nicht mehr tue und ehrlich gesagt auch nicht mehr daran denke" - mit diesen Worten bilanziert die 26jährige Nadja ihre politische Zeit in den 80er Jahren, obwohl sie auch Mitte der 90er Jahre noch meint: „Es ist ständig Apokalypse eigentlich, wenn man die Welt als Ganzes betrachtet".

Auch das persönliche Bekenntnis von Nadja läßt sich empirisch fundieren: Von den 80% der bundesweit Befragten, die 1985 in der Friedensbewegung aktiv waren, sind 1995 nur noch 10% politisch engagiert gewesen.[173] Die nackten Zahlen gewinnen an Gewicht, wenn man hört, wie aktuelle politische Ereignisse kommentiert werden.

Wahlpflichtbewußtsein trotz Politikverdrossenheit

Bemerkenswerterweise beteiligten sich unter den mit Tschernobyl aufgewachsenen Kindern der Friedensbewegung ausnahmslos alle Befragten an den Wahlen zum Deutschen Bundestag 1994, allerdings wird der Wahlausgang mehrheitlich mit einer Gleichgültigkeit und Verdrossenheit quittiert, so als hätten die heutigen 'Twentysomething' ihr politisches Leben schon gelebt. Eine Teilnehmerin, die früher bei den Grünen engagiert war, gab als Wahlkommentar z.B. nur „ein großes Egal" von sich, eine andere junge Frau berichtet: „Das ist mir wurscht gewesen, ehrlich gesagt hab' ich mich damit nicht beschäftigt, weil es mich nicht mehr großartig interessierte".

Eine nachfolgend vorgestellte Begegnung mit heutigen Schuljugendlichen offenbart, daß der erdrutschartige Rückgang politischer Power in der Studie wahrscheinlich sowohl auf den Zeitgeist als auch auf normale Altersentwicklungen zurückzuführen ist.

---

[172] Sohr, Sven (1997): Ökologisches Gewissen - Eine Patchwork-Studie mit Kindern und Jugendlichen. Chemnitz, S. 615.
[173] ders., S. 607.

Schuljugendliche heute: „Was ist Tschärnobil?"

Anläßlich eines zum zehnten Tschernobyl-Jahrestag am 26. April 1996 von der Schülerschaft selbst initiierten und organisierten Projekttages war ich in einem Berliner Gymnasium eingeladen, um unter dem Titel „Wir sind noch einmal davongekommen? Eine psychologische Zeitreise" zu erfahren, ob die Atomkatastrophe im Bewußtsein heutiger Schuljugendlicher im Alter von etwa 15 Jahren noch Spuren hinterlassen hat.[174]

Obwohl die Anwesenden 1986 noch in den Kindergarten gingen, konnten sie ähnlich wie die älteren Kinder aus der großen Studie teilweise noch sehr konkrete Erinnerungen aus ihrem Unterbewußtsein hervorholen. Ein Schüler schrieb z.B. auf sein Poster: „Was ist Tschärnobil?" - Besonders interessant waren die Reaktionen der Jugendlichen auf den Film „Bleibende Werte"[175], der in einer Langzeitbeobachtung vier Protagonisten, die in einem vergleichbaren Alter wie die Jugendlichen im Klassenraum waren, über zehn Jahre zum Thema interviewte. In der anschließenden Diskussion sympathisierten die Schul- mit den Filmjugendlichen: Auch für sie spielen die frühkindlichen Ängste und Erfahrungen von damals im aktuellen Alltag praktisch keine Rolle mehr.

Von dem Phänomen, daß die Jugendlichen von heute sich in ihrer Verdrängung von den Erwachsenen nicht unterscheiden, konnte ich mich überzeugen, als ich im Jahre 1999 zu einem Gedenkvortrag anläßlich des 13. Jahrestages der Tschernobyl-Katastrophe von einer Anti-Atominitiative in Süddeutschland eingeladen war. Eine junge Mutter kam als einzige Zuhörerin.

Bomben, die vorübergehend Strom produzieren

Erinnern wir uns! Unter der radioaktiven Wolke von Tschernobyl schrumpfte unsere Erde räumlich und zeitlich zusammen. „Tschernobyl ist zum Synonym geworden für menschenverachtendes und verantwortungsloses Handeln von Politikern in Ost und West"[176] - so Hiltrud Schröder, die Vorsitzende der „Kinder von Tschernobyl"-Stiftung. Nicht nur in Tschernobyl, in jedem der über 400 auf der Welt in Betrieb befindlichen Kraftwerke kann sich ein ähnlicher oder schlimmerer Unfall (in Tschernobyl wurden „nur" 3% der dort vorhandenen Radioaktivität freigesetzt!) täglich wiederholen. Es bleibt die Mahnung von Günther Anders, daß Atomkraftwerke nichts anderes als Bomben sind, die vorübergehend Strom produzieren: „Kernkraftwerke sind - wie Tschernobyl nun aufs furchtbarste und endgültig bewiesen hat - Anlagen, die, auch wenn sie nicht, wie Bomben oder Raketen, die den Tod von Tausenden bezwecken, diesen doch in Kauf nehmen".[177]

---

[174] Sohr, Sven & Trenel, Matthias (1997): „Tschernobyl, mein Gott, es ist schon wieder so lange her, als wenn es nie gewesen wäre!" Zur psychischen Verfallszeit einer Katastrophe. Pädagogik und Frieden 1/97, S. 22-28.
[175] Jahn, Helmut (1996): Bleibende Werte. Sender Freies Berlin.
[176] Schröder, Hiltrud (1998): Hilfe für Kinder aus Tschernobyl. In: Jahrbuch Ökologie 1988. München, S. 212.
[177] Anders, Günther (1987): Die Atomkraft ist die Auslöschung der Zukunft. In Psychologie heute (Hrsg.), Wieviel Katastrophe braucht der Mensch? Weinheim, S. 10.

16. Kinder an die Macht

„Die Würde des Menschen ist unantastbar."

Grundgesetz, Artikel 1

Jeder Mensch hat Anspruch auf eine Umwelt, die ein Höchstmaß an Gesundheit ermöglicht - heißt es in der europäischen Charta "Umwelt und Gesundheit".[178] Gemäß der Weltgesundheitsorganisation (WHO) ist Gesundheit der „Zustand vollkommenen körperlichen, seelischen und sozialen Wohlbefindens".[179] Medizinische Studien zu den gesundheitlichen Auswirkungen von Umweltbelastungen weisen auf ein hohes "Morbiditätspotential"[180] der Umweltzerstörung insbesondere für den kindlichen Organismus hin: Unfruchtbarkeit der Eltern, vorgeburtliche Erkrankungen, Allergien, Atemwegserkrankungen, Immunschwäche, zentralnervöse Störungen, Leukämien und Krebs. Kinder reagieren wesentlich empfindlicher auf Schadstoffe als Erwachsene und nehmen aufgrund der Abgaskonzentrationen in Kindernasenhöhe auch größere Schadstoffmengen auf. Die Grenzwerte gelten für etwa 40 Jahre alte und 70 kg schwere, gesunde Männer.

Vergiftete Kindheit

Der Berliner Arzt und Psychoanalytiker Horst Petri spricht in diesem Zusammenhang von einer vergifteten Kindheit und stellt die Frage, ob die heutzutage allgegenwärtige äußere Vergiftung auch zu einer Vergiftung innerer Seelenlandschaften führt. Umweltzerstörung und Innenweltzerstörung sind Petri zufolge bei Kindern nicht zu trennen: "Es ist das Gefühl der Zerstörung der Zukunft, mit dem ein Kind heute aufwächst. Das beginnt damit, daß man nicht mehr ohne schlechtes Gewissen in der Sonne sitzen kann. Es gibt wohl keine schlimmere Form der Entfremdung von der Natur, als zu wissen, daß man sich nicht mehr darin aufhalten kann. Das ist eine grausame Hypothek, die wir Kindern und Jugendlichen hinterlassen. Sie wissen, daß niemand sie vor diesen Gefahren schützen kann, sie fühlen sich mit ihren Ängsten alleingelassen, und nicht nur das, sie erleben, daß die Erwachsenengeneration weitermacht, als sei nichts geschehen".[181] Leben wir in einer Zeit, in der die Zerstörung des Lebens so wie früher die Sexualität tabu ist?

Bisherige Befragungen über Umweltschutz wurden fast nur mit Kindern durchgeführt, die schon schreiben konnten.[182] Altersadäquate Gespräche mit jüngeren Kindern erfordern ein besonderes Einfühlungsvermögen. Die nachfolgenden Portraits zeigen aber, wie spannend und aufschlußreich es ist, sich auf die (Um-)Welt von Kindern einzulassen.

---

[178] Grid, K. (1991): Die Europäische Charta Umwelt und Medizin. Der Kinderarzt 22 (6), S. 1067.
[179] Deutscher Bundestag (1975): Bericht über die Lage der Psychiatrie in der Deutschland, Bonn-Bad Godesberg, S. 66.
[180] Petri, Horst (1992): Umweltzerstörung und die seelische Entwicklung unserer Kinder. Stuttgart.
[181] Petri, Horst (1991): Wir hinterlassen eine grausame Hypothek. Brigitte 3/91, S. 108.
[182] Boehnke, Klaus & Sohr, Sven (1996): Kind und Umwelt. Zur Bedeutung der Umweltzerstörung für die Sozialisation von Kinder. In Jürgen Mansel (Hrsg.), Glückliche Kindheit - schwierige Zeit? Über die veränderten Bedingungen des Aufwachsens. Opladen, S. 217-242.

Abb. 61 - Interview in 'Kita Nord':

„Einfach die Autos zerschlagen, bumm, bumm!"

Die Kinder aus Kita Nord sind zwischen drei und fünf Jahre alt. Eines Tages rief mich ihre Erzieherin an und fragte, ob sie auch mit ihrer Vorschulgruppe an der Befragung teilnehmen könne. Ich sagte sofort zu, ohne zu wissen, was ich die Kinder fragen könnte. Als ich das schöne Haus mit Garten an einem See betrat, warteten 14 Kinder mit großen Augen auf mich. Wie sich herausstellte, hatten die Kinder sehr viel auf ihrem Herzen.

Was würdet Ihr Euch wünschen, wenn ich ein Zauberer wäre?
Ein Kuscheltier.
Einen Puppenwagen.
Ein Polizeiauto.
Jeder Mensch hat ja vor irgendwas Angst. Wovor habt Ihr Angst?
Ich hab' Angst, daß ich beim Bahnsteig 'runterfalle.
Ich hab' Angst vor dem Schwimmen.
Ich hab' Angst vor Riesenbären.
Ich habe gehört, Ihr geht öfters mal in den Wald. Was seht Ihr da?
Müll.
Ein vergammeltes Loch.
Umweltverschmutzung.
Umweltverschmutzung? Was ist das?
Daß die Tiere nicht mehr leben können.
Qualm von Zigaretten, von Autos und von Schornsteinen.
Ich hab' schon 'mal Abgase gerochen.
Warum verschmutzen Menschen die Umwelt?
Weil die verrückt geworden sind.
Weil die zu faul sind.
Kann man was gegen die Umweltverschmutzung machen?
Ja, einfach die Autos zerschlagen, bumm, bumm!
Nein, eine Gasmaske aufsetzen.
Nein, Schnee holen und die Abgase verfrieren lassen.
Wir machen Stöpsel auf die Autos, auf die Abgase.
Warum sollte man denn 'was gegen die Umweltverschmutzung tun?
Weil wir das wissen.
Weil wir Luft zum Luftholen brauchen.
Sprecht Ihr über Müll und so auch mit Euren Eltern?
Nein, ist ja viel zu langweilig.
Was wünscht Ihr Euch für die Zukunft?
Mehr Blumen.
Mehr Bäume.
Eine Palme.

Abb. 62 - Interview in 'Kita Ost':

„Eine runde Kugel und obendrauf ist alles braun"

„Kita Ost" ist nicht der Deckname für eine Kindertagesstätte, sondern für einen Schülerladen, der nur wenige Meter von einer der unfallträchtigsten Straßenecken Berlins entfernt liegt. Der Kontakt zu dieser Kindergruppe ergab sich über den Besuch einer Ausstellung von Greenpeace. An dem nachfolgend in Auszügen dokumentierten Interview nahmen sechs Kinder im Alter von sieben und acht Jahren teil.

Stellt Euch vor, Ihr habt drei Wünsche frei! Was wünscht Ihr Euch?
Daß es keinen Krieg mehr gibt und daß keine Tiere getötet werden.
Also ich würde mich freuen, wenn es nur noch Pferdekutschen geben würde, also keine Autos mehr, weil davon hab' ich die Nase schon lange voll und daß die Regenwälder nicht mehr abgeholzt werden.
Das sind also Eure Wünsche. Und wovor habt Ihr Angst?
Daß der Planet später kaputtgeht und daß die Überschwemmungen nach Berlin kommen. Ich kann ja nicht abhauen!
Daß ich meinen Vater nicht mehr sehen kann.
Daß es Krieg gibt und mein Papa und meine Mama erschossen wird.
Ihr habt eine Greenpeace-Ausstellung besucht. Wer ist Greenpeace?
So eine Art Polizei, die kümmern sich um die Umwelt.
Warum?
Na, wegen der Umweltverschmutzung, wenn Öl ausläuft und so.
Warum wird die Umwelt verschmutzt?
Weil die Menschen immer mehr schreckliche Sachen machen.
Was ist, wenn man nichts gegen die Umweltverschmutzung macht?
Dann geht die Welt kaputt, ganz einfach, sie wird geklaut sozusagen.
Sie bricht in Stücke wie eine Torte. Wenn man die Erde ins Herz pikt, dann ist die Erde tot und es gibt eine Überschwemmung.
Kann man denn etwas dagegen tun?
Ja, wir brauchen ja nicht immer Autos kaufen.
Warum sollte man denn dagegen überhaupt etwas tun?
Wenn man nichts dagegen tut, dann wird die Luft verpestet.
Wenn meine Mutter im Auto raucht, muß ich immer brechen.
Wie stellt Ihr Euch die Welt vor, wenn Ihr mal groß seid?
Eine runde Kugel und obendrauf ist alles braun.
Keine Bäume mehr, alle abgeholzt.
Man kann keinen Waldspaziergang mehr machen.
Alles ist verschmutzt, es gibt keinen Fluß mehr ohne Müll.
Dann gibt es auch keine Menschen mehr.
Die Welt könnte auch schöner aussehen, wenn man das will.
Ich würde gerne eine Demonstration machen.

Abb. 63 - Interview in 'Kita West':

„Wenn ich traurig bin, hol' ich mir bei den Blumen Trost, da denke ich immer, die sprechen mit mir"

Die 16 Kinder aus Kita West sind zwischen sechs und zehn Jahren alt. Die konfessionelle Kindertagesstätte liegt in einer vergleichsweise ruhigen, eher gutsituierten Gegend und bietet den Kindern einen großen Garten mit vielen Spielmöglichkeiten. Der Kontakt zu den Kindern ergab sich auf einem einwöchigen Kinder-Umweltcamp von Greenpeace, an dem die Kinder mit ihren Erzieherinnen und der Autor als Betreuer teilnahm.

Was hättet Ihr für Wünsche, wenn ich ein Zauberer wäre?
Ich wünschte, ich könnte fliegen.
Ich wünsche mir, daß die ganzen Morde und Erpressereien und Gaunereien aufhören sollen.
Ich würde gerne in alte Zeiten versetzt.
Und wovor habt Ihr Angst?
Ich habe Angst vor Feuer.
Ich habe Angst, daß ein Krieg ausbricht.
Ich habe Angst vor einem Erdbeben oder einer Überschwemmung.
Ihr seid auf dem Umweltcamp gewesen. Woran erinnert Ihr Euch?
Daß Du immer mit uns Frühsport gemacht hast.
Daß wir viel gesungen haben.
Daß wir mit dem Förster im Wald waren.
Was habt Ihr alles im Wald gesehen?
Müll.
Müll im Wald? Fallen Euch noch andere Verschmutzungen ein?
Öl im Wasser.
Immer mehr Autos.
Planierraupen, die da durchfahren und Bäume fällen.
Warum machen die das?
Um Geld zu verdienen.
Es gibt ja auch so einen Spruch: Wenn der letzte Baum gefällt, der letzte Fluß vergiftet und dann irgendwie noch weiter, werdet ihr sehen, daß man Geld nicht essen kann.
Die Bäume sind ja ganz wichtig für uns zum Leben.
Manchmal, wenn ich im Wald bin, spreche ich mit den Blumen, dann wachsen sie besser.
Und wenn ich traurig bin, hole ich mir bei den Blumen Trost, da denke ich immer, die sprechen mit mir.
Was könnte denn passieren, wenn man nichts dagegen tut?
Dann könnte es sein, daß wir nicht mehr leben würden.
Eines Tages sieht man nur noch Müll.
Was könnte man denn dagegen tun?
Streiken. Man sollte aufhören damit!

Abb. 64 - Interview in 'Kita Süd':

„Tiere verschmutzen nicht die Umwelt"

Aus Kita Süd konnten 14 Kinder im Alter zwischen acht und zehn Jahren befragt werden. Auch diese Gruppe nahm an dem Greenpeace-Kinder-Umweltcamp teil. Die Kindertagesstätte liegt in der Nähe einer stark frequentierten Straße in einem Industrieviertel. Nach Auskunft der Erzieherin muß der kleine Garten des Horts in Kürze einer Verbreiterung der Straße weichen.

Es ist Fasching: Ihr habt drei Wünsche frei, was wünscht Ihr Euch?
Daß man nicht soviel bezahlen muß.
Daß die nicht soviel bauen.
Daß nicht mehr soviele Autos hier 'rumfahren.
Die meisten Menschen haben vor irgendetwas Angst. Ihr auch?
Nein.
Doch, vor Autos.
Vor gruseligen Filmen.
Erinnert Ihr Euch noch an das Umweltcamp?
Ja, wir waren im Wald und haben uns durch ein Mikroskop viele ganz kleine Tiere angeguckt.
Im Wald sind auch Autoteile und Teppiche, die schmeißen alles hin.
Ich finde es doof, daß manche immer so viel Wald abreißen.
Und daß die Luft so verpestet ist.
Warum ist die Luft verpestet?
Wegen der Autos und so.
Weil die Atomversuche machen und dann zieht ja auch die Wolke hierher.
Wer ist daran schuld?
Die Menschen.
Die Tiere sind ja ganz nett und verschmutzen nicht die Umwelt.
Was passiert denn, wenn man nichts dagegen macht?
Wenn die ganze Umwelt zerstört wird, dann wird die Ozonschicht auch immer dünner und dünner und wenn die Ozonschicht weg ist, dann können wir nichts mehr tun, da werden viele Menschen sterben. Zum Glück bin ich schon tot, wenn es mal passiert.
Was könnte man dagegen machen?
Man sollte aufhören, Wale zu fangen, die tun doch gar nichts.
Es könnten ja auch mehr Batterie-Autos fahren, damit nicht immer die ganzen Abgase in die Umwelt gehen. Die müßten andere Autos bauen, nicht mit Benzin und so Diesel ist voll blöd, finde ich.
Man brauchte ja auch gar keine Autos bauen, nur noch Fahrräder.
Sprecht Ihr auch mit Euren Eltern darüber?
Ja, die sagen dann immer, das ist ja nicht zu fassen!

Ökologisches Gewissen von Kindern lernen

Manchen Erwachsenen mag der Gedanke völlig abwegig erscheinen, daß sie von Kindern etwas lernen können. Für Menschen, die täglich mit Kindern zu tun haben, ist es leicht, diese Tatsache anzuerkennen. In der Studie konnte wissenschaftlich erstmals gezeigt werden, daß selbst Kindergartenkinder über ein ökologisches Gewissen verfügen.

Die Kinder aus 'Kita Nord' offenbaren, daß bereits im Vorschulalter Kinder ihre Umwelt als beeinträchtigt erleben. Es bedarf noch keiner kognitiven Durchdringung der Umweltproblematik, um sich von ihr bedroht zu fühlen. Besonders beeindruckend ist der Vorschlag eines fünfjährigen Jungen, „einfach die Autos (zu) zerschlagen". Lehrt uns nicht die Psychologie, Stressoren möglichst direkt zu bekämpfen?

Die Kinder aus 'Kita Ost' offenbaren insbesondere ein ausgeprägtes Prinzip Angst. Nach ihren Wünschen gefragt werden ausschließlich Negationswünsche (also Wünsche, daß etwas nicht eintritt) genannt, die in apokalyptischen Zukunftsvisionen (ein toter Planet) münden. Die Doppelbödigkeit von Erwachsenen wird entlarft (Beispiel Rauchen).

Die Kinder aus 'Kita West' entwickeln aufbauend auf den positiven Naturerfahrungen durch den Besuch eines Umweltcamps ein großes Umweltbewußtsein, das auch durch die Teilnahme an einer Kinder- Demonstration seinen Ausdruck fand. In dieser Gruppe finden sich empathische Gefühle nicht nur für Tiere, sondern auch für Pflanzen.

Die Kinder aus 'Kita Ost' nehmen die Umweltzerstörung sowohl lokal über eigene Beobachtungen, als auch global medial vermittelt wahr (Atomversuche und Ozonloch). Obwohl die Umweltproblematik teilweise dramatisch erlebt wird, finden sich auch in dieser Gruppe Ideen für eine lebenswerte ökologische Zukunft (Beispiel Verkehr).

Zusammenfassend ist festzuhalten, daß die These von der vergifteten Kindheit sowohl physisch als auch psychisch bestätigt werden kann. Gleichzeitig ist es ein Erfolg umweltpädagogischer Maßnahmen, wenn nicht nur positive Wahrnehmungen gefördert, sondern auch das aktive Eintreten für den Umweltschutz angelegt werden können.

Gesellschaftliche Konsequenzen

Nach Ansicht des amerikanischen Philosophen Gareth Matthews - Autor des Buches „Die Philosophie der Kindheit" - ist unsere Gesellschaft ziemlich kinderfeindlich. Kinder werden im Alltag als Wesen gesehen, die den Erwachsenen in jeder Hinsicht unterlegen sind. Die an Kinder gerichtete Botschaft unserer Kultur lautet: "Du bist (noch) kein vollständiges Mitglied der Gesellschaft".[183] Die Indikatoren sind teilweise ziemlich subtil, z.B. Lichtschalter und Türklinken, die nicht zu ihrer Größe passen.

---

[183] Matthews, Gareth (1995): Die Philosophie der Kindheit. Wenn Kinder weiter denken als Erwachsene. Weinheim, S. 41.

Wissenschaftliche Entwicklungstheorien sprechen Kindern sogar die moralischen Möglichkeiten eines Erwachsenen ab. Doch manchmal denken Kinder weiter als Erwachsene. Matthews kann eine kindliche Überlegenheit nicht nur in philosophischen Fragen, sondern auch in der Kunst und im Umgang mit Tod und Sterben belegen. Er fordert eine neue Perspektive: "Kinder verdienen unseren ganzen Respekt, moralisch und intellektuell. Wir können von ihnen lernen, da sie unser Leben bereichern. Eltern und Lehrern, die sich den Perspektiven von Kindern öffnen und ihrer Art von Sensibilität, wird etwas geschenkt, was dem Erwachsenenleben ansonsten fehlte".[184]

Schöne Worte, doch wie sieht die Realität aus? „Die Wirklichkeit zeigt sich beispielhaft im Gegenüber von 800.000 Autos zu 200.000 Kindern in Hamburg. Für die einen gibt es ein nahezu perfektes Verkehrssystem, für die anderen nicht einmal eine Lobby",[185] bilanziert Walter Bärsch, Ehrenpräsident des Deutschen Kinderschutzbundes. Es käme einer kopernikanischen Wende gleich, wenn sich politische Konsequenzen im Sinne einer Politik für Kinder durchsetzen würde.

Hillary Clinton vergleicht in einem Aufsatz von 1973 (Titel: „Kinder unter dem Gesetz") den Rechtsstatus von Kindern mit dem von Sklaven und Indianern, die früher ebenso abhängig waren und denen es genauso verwehrt wurde, für sich zu sprechen.[186] Auch die sog. Kindergipfel der letzten Jahre können nicht darüber hinwegtäuschen, daß sich Kinder gegen die Zerstörung ihrer Zukunft letztlich nicht wehren können.

Politische Konsequenzen müßten bereits bei der Frage des Wahlrechts ansetzen, der „erdrutschartige Anstieg der politischen Gesprächsfähigkeit"[187] von Kindern muß zu einer demokratischen Herausforderung werden. Die ökologische Kinderrechtsbewegung versucht in diesem Sinne zu wirken, wohlwissend, „daß alle Bereitschaftserklärungen in einer Zeit erfolgen, in der die ökologische Situation elementare Kinderrechte auf körperliche und seelische Gesundheit und Schutz vor lebensbedrohenden Gefahren bereits außer Kraft gesetzt hat."[188]

Die pädagogischen Konsequenzen der Studien münden schließlich im Rat an Familien und Schulen, die Umweltzerstörung nicht aus der Erziehung auszuklammern. Das Vorgaukeln einer heilen Welt wirkt nicht nur desorientierend und entwicklungshemmend, sondern scheint angesichts des täglichen medialen Overkills auch unmöglich zu sein. Wer dagegen Gelegenheit erhält, sich aktiv und mit zunehmenden Alter immer eigenständiger mit makrosozialen Bedrohungen auseinanderzusetzen, hat bessere Chancen für eine gesunde psychische Entwicklung.

---

[184] ders., S. 188.
[185] Frädrich, Jana & Jerger-Bachmann, Ilona (1995): Kinder bestimmen mit. Kinderrechte und Politik. München, S. 55.
[186] dies., S. 13.
[187] Burow, Olaf-Axel (1994): Was wissen wir über „Bedrohungskindheit"? Zukunftserwartungen und Ängste einer Kindheit im Angesicht der Risikogesellschaft. In W. Erdmann-Rückriem, Kindheit und Schule heute. Berlin, S. 252.
[188] Petri, Horst (1998): Ökologische Kinderrechte. Eine neue soziale Bewegung für mehr Demokratie. psychomed 10/3, S. 156.

17. Panik auf der Titanic

„Panik auf der Titanic", „Saure Gurken", „Peperonis", „Motzarella", „Müllbeutel", „Notbremse", „Die toten Dosen", „Green Girls", „Greenangels", „Katastrophenpflaster", „Arche Noah", „S.O.S." und Tausende anderer „Greenteams" im Alter zwischen 10 und 14 Jahren sind im Namen von Greenpeace für die Umwelt engagiert. Von ihnen ist in diesem Kapitel die Rede. Aus wissenschaftlicher Sicht geht es um die in den Sozialwissenschaften bisher eher selten praktizierte Methode der Aktionsforschung.

Die Idee der Aktionsforschung

Als Vater der Aktionsforschung gilt der amerikanische Psychologe Kurt Lewin. Er schrieb 1953 den schlichten Satz: „Eine Forschung, die nichts als Bücher hervorbringt, nützt nichts".[189] Wissenschaft müsse aus ihrem Elfenbeinturm herauskommen, um tiefere Einsichten in die Gesetze zu erhalten, die das soziale Leben regieren. Aktionsforscher versuchen politisches Engagement mit wissenschaftlicher Forschung zu verbinden. Sie suchen intensiven Kontakt zu den „Untersuchten", die zu Mitforschenden werden. Sie selbst nehmen die Rolle eines „reflektierten Mitspielers"[190] ein, was „kommunikative Kompetenzen"[191] voraussetzt. Aktionsforschung ist ein Protest gegen eine weltfern und weltfremd empfundene Wissenschaft. Sie betreibt „Forschung nicht über Menschen, sondern zusammen mit Menschen".[192] In diesem Sinne möchte sie zur Demokratisierung der Wissenschaft beitragen.

Aktionsforschung in Aktion

Als ich an einem schönen Sommertag 1993 die Mensa der Freien Universität Berlin betreten wollte, entdeckte ich an der Eingangstür eine Ausschreibung: „Greenpeace sucht Idealisten!" Wenige Wochen später war ich ehrenamtlicher Betreuer von über 100 Greenteams in Berlin.[193] Zusammen mit ihnen konnte ich in den letzten Jahren viele aufregende Aktionen erleben, zwei davon werden am Ende dieses Kapitels präsentiert.

Ich wurde auch Zeuge der psychischen Abgründe, die sich Kindern auftun, wenn sie sich von den Erwachsenen im Stich gelassen fühlen. Diese Seite bleibt vielen Journalisten, die medienwirksame Vermarktungen bevorzugen, ebenso verborgen wie den Greenpeace-Hauptamtlichen und Wissenschaftlern, die ihre „Schäfchen" persönlich nicht kennen. Nachfolgend werden einige der engagiertesten Greenteams von Berlin porträtiert.

---

[189] Lewin, Kurt (1953): Die Lösung sozialer Konflikte. Bad Nauheim, S. 280.
[190] Habermas, Jürgen (1967): Zur Logik der Sozialwissenschaften. Beiheft 5 zur Philosophischen Rundschau. Tübingen, S. 23.
[191] Habermas, Jürgen (1967): Theorie und Praxis. Neuwied, S. 99.
[192] Galtung, Johan (1977):Methodologie und Ideologie. Frankfurt/Main, S. 328.
[193] vgl. Sohr, Sven (1997): Wind, Wasser und Wellen? Aktionsforschungs-Beobachtungen mit ökopolitisch engagierten Kindern und Jugendlichen. In Rainer Schneider-Wilkes (Hrsg.), Demokratie in Gefahr? Zum Zustand der deutschen Republik. Münster, S. 316-340.

Abb. 65 - Interview mit dem „Umweltschutzclub":

„Können Sie uns sagen, warum Sie autofahren?"

Das Greenteam „Umweltschutzclub" (USC) wird von Lars, Heiko und Tim (alle 12 Jahre alt) vertreten. Während der gemeinsamen Grundschulzeit hatte der Club zeitweilig auch über 80 erwachsene Mitglieder. Spezialität der drei Jungen, die bis heute übrigblieben, ist das Briefeschreiben an prominente Institutionen wie an das Bundesumweltministerium. Nach Auskunft der Jungen werden aber leider nur zwei von zehn Briefen beantwortet.

Wie hat das damals bei Euch angefangen?
Tim: Wir haben Sprüche an Autofahrer und in der U-Bahn verteilt.
Lars: Ja, z.B. 'Können Sie uns sagen, warum Sie autofahren?' oder 'Wollen Sie im Smog ersticken?'. Die meisten waren wütend.
Heiko: Und wir haben Briefe an alle möglichen Leute geschrieben.
Lars: Der BSR (Berliner Stadt-Reinigung) gaben wir ein Ultimatum. Aber es kam nie 'ne Antwort. Man wird verarscht von denen.
Ihr haltet die Umwelt für gefährdet?
Lars: Man kann's ja bald aufgeben. Viele Tiere sind ausgestorben, Regenwald wird abgeholzt, Autos werden am laufenden Band produziert. Wie soll man diese Schäden wiedergutmachen?
Tim: Wenn z.B. das Ozon einmal weg ist, dann ist es weg! Wenn die Ozonschicht weg ist, was machen wir dann?
Heiko: Dann können wir gar nichts mehr machen. Durch's Ozonloch wird die Erde immer wärmer, irgendwann schmilzt das ganze Eis auf den Polen und dann naja...
Welche Gefühle habt Ihr angesichts der Umweltzerstörung?
Tim: Notruf!
Lars: Enttäuschtheit!
Entäuschtheit?
Lars: Ja, wegen denjenigen, die das jetzt veranstalten.
Heiko: Besser gesagt verunstalten.
Wie stellt Ihr Euch die Zukunft vor?
Lars: Es wird keine Wälder mehr geben.
Heiko: Im Museum wird vielleicht mal 'n Baum zu sehen sein.
Tim: Der muß dann künstlich ernährt werden.
Lars: Ich hoffe ja immer, daß es mich noch nicht betrifft, aber es betrifft mich ja leider schon. Ich hab' z.B. Heuschnupfen.
Heiko: Trifft ja jeden.
Lars: Ich würde eine Partei mit dem Namen Greenpeace gründen.
Im Jahr 2000 dürft Ihr wählen. Freut Ihr Euch schon darauf?
Lars: Bis dann ist doch sowieso alles verloren, um an der Zukunft noch was zu ändern. Aber jetzt können wir noch was ändern.

Abb. 66 - Interview mit den „Pinguinen":

„Wir sind die Kleinen von Greenpeace"

Das Greenteam „Pinguine" besteht aus fünf Kindern (Marta, Nina, Lea, Jan und Tom), die ebenfalls alle 12 Jahre alt waren, als sie das erste Mal befragt wurden. Ebenso wie der USC schlossen sich auch die Pinguine während der Grundschulzeit zusammen. Die Pinguine engagieren sich u.a. für den Regenwald und schreiben Gedichte. Von den Mitschülern als „Öko-Fuzzies" verspottet fühlen sie sich als die „Kleinen von Greenpeace".

	Wer seid Ihr?
Marta:	Wir sind die Pinguine. Wir haben auch ein T-Shirt, da steht's!
Tom:	Wir sind die Kleinen von Greenpeace.
	Was sind Eure Ziele?
Tom:	Mein Ziel ist, später mal richtig bei Greenpeace mitzumachen.
	Und was macht Ihr so?
Nina:	Wir haben z.B. einen Regenwald-Tag in der Schule gemacht und dafür auch eine Urkunde von Unicef bekommen.
Marta:	Die aus unserer Klasse nennen uns immer Öko-Fuzzies.
	Wer ist eigentlich für die Umweltzerstörung verantwortlich?
Nina:	Alle Menschen. Da gibt's doch diesen Spruch...
Marta:	...wir haben die Erde nicht von unseren Eltern geerbt, sondern nur von unseren Kindern geliehen.
Tom:	Deswegen ist jetzt unsere Elterngeneration schuld, später wir.
	Ist es denn möglich, gegen die Umweltzerstörung etwas tun?
Tom:	Wenn viele kleine Leute an vielen kleinen Orten viele kleine Dinge tun, dann können sie das Gesicht der Welt verändern.
	Habt Ihr Angst, wenn Ihr an die Umweltzerstörung denkt?
Tom:	Es ist traurig und ärgerlich, wenn man sieht, was passiert.
Jan:	Es ist ärgerlich, daß man selber nicht soviel machen kann.
Marta:	Wenn so ein schöner Tag ist, dann will man sich die Stimmung nicht versauen lassen und sich nicht soviele Gedanken machen.
	Sprecht Ihr über dieses Thema auch mit Euren Eltern?
Nina:	Darüber, daß ich Angst davor habe, mehr mit Gleichaltrigen. Da wird man irgendwie besser verstanden.
Lea:	Wir sehen das irgendwie eher vom Gefühl, was wir denken.
	Wie stellt Ihr Euch die Zukunft vor?
Tom:	Ich denke, irgendwann wird's keine Autos mehr geben.
Lea:	Du hoffst es.
Tom:	Ich denke es.
Nina:	Ich denke, davor muß erst was richtig Schlimmes passieren.
Lea:	Etwas noch Schlimmeres?
Marta:	Vielleicht erst, wenn jeder sein eigenes Flugzeug hat!

Abb. 67 - Interview mit den „Abgasaffen":

„Die meisten Politiker sind Schauspieler"

Das Greenteam „Abgasaffen" vertreten Angie und Nora, die beide 13 Jahre alt waren, als sie direkt nach der Weltklimakonferenz 1995 in Berlin interviewt wurden. Anläßlich dieser Konferenz engagierten sich die Abgasaffen in vielfältig-kreativer Form. z.B. in einem Theaterstück. Im nachfolgenden Interview, das zu einem Selbstgespräch wurde, lassen die Mädchen ihrer Enttäuschung über die politisch Verantwortlichen freien Lauf.

Ihr habt die Klimakonferenz verfolgt?
Nora: Sie hat uns verfolgt!
Angie: Wir sind enttäuscht, weil alle so versagt haben.
Nora: Es gibt soviele idiotische Leute, total egoistisch und bequem, die noch nicht 'mal kapieren, daß man was ändern muß, weil sie denken, sie leben ja nicht mehr lange, die sind so dämlich, das Wirtschaftswachstum ist so viel wichtiger als alles andere.
Angie: Also vor der Konferenz hab' ich noch irgendwie geglaubt, daß die's doch noch hinkriegen, so'n Protokoll zu verabschieden, aber das war echt so enttäuschend und jetzt bin ich total sauer!
Nora: Ich hatte davor auch noch ein bißchen Hoffnung, auch wenn man das natürlich immer denkt, doch dann war ich total sauer, weil das so ein paar Idioten sind, die da oben sitzen, die man noch nicht mal selber wählt, die über die Zukunft von einem selbst entscheiden. Wir können überhaupt nicht bestimmen, was die beschließen, weil wir noch nicht mal wählen dürfen.
Angie: Manchmal denke ich echt, wovon reden die Leute überhaupt, in den Parlamenten und in der Regierung, die reden meistens von Sachen, von denen sie nur so tun, als würden sie etwas verstehen. Ich glaube, die meisten Politiker sind Schauspieler, die so tun, als ob sie über etwas total gut Bescheid wissen.
Nora: Ich komm' mir oft so vor, als ob ich besser Bescheid wüßte als die Politiker, die gar keine Ausbildung zur Umwelt haben.
Angie: Wir müssen radikal aufhören und nicht erst in 20 Jahren, um noch was zu verändern, sonst ist der Zug abgefahren...
Nora: ...ich weiß nicht, man kann die Klimakatastrophe doch kaum noch verhindern, sie kann vielleicht noch verschoben werden, aber im Treibhaus sind wir eigentlich schon, das kommt so auf uns zu. Das ganze Ding kann man nicht mehr verhindern, alle sagen immer, es ist noch offen, das sagt man immer wieder, aber irgendwie ist die Natur doch nicht doof, die Natur bleibt doch nicht unberührt von dem ganzen Scheiß, das geht doch jeden Tag weiter. Also an Gott kann ich dabei nicht glauben.

Abb. 68 - Interview mit den „Öko-Knospen":

„Tschüß, Umwelt!"

Das Greenteam „Ökoknospen" besteht aus Anne und Maria, die beide 14 Jahre alt sind und u.a. Unterschriften gegen Tierversuche und für die Navajo-Indianer sammeln. Als Triebkraft ihres Umweltengagements nennen beide Mädchen ein „schlechtes Gewissen". Gegenstand der Gespräche ist vor allem das intensive Gefühlsleben der Ökoknospen, das in apokalyptischen Zukunftsvisionen seinen Ausdruck findet.

Wer seid Ihr?
Anne: Wir sind die Ökoknospen, wir sind nicht sehr groß, aber wir machen was, z.B. Unterschriftensammeln gegen Tierversuche. Neulich haben wir Lose von Greenpeace verkauft und 200 DM an das Reservat der Havajo-Indianer gespendet.
Wie beurteilt Ihr den Erfolg Eurer Aktionen?
Anne: Manche Leute nehmen uns auf den Arm und machen sich nur lustig darüber. Aber manche Leute finden's auch gut. Einmal sind wir drei Stunden für vier Unterschriften 'rumgelatscht.
Maria: Mich ärgern eigentlich am meisten die Leute, die sagen, alles gut und schön, was ihr macht, aber selbst überhaupt nichts tun.
Manche Menschen meinen, die Umwelt werde hochgespielt?
Anne: Es kann nie genug hochgespielt werden, soviel wie jetzt schon vernichtet ist, kann überhaupt nicht mehr gutgemacht werden. Das Ozonloch wird immer bleiben und wächst nicht wieder zu.
Warum engagiert Ihr Euch eigentlich?
Anne: Ich finde, man hat dann nicht so ein schlechtes Gewissen, als wenn man gar nichts tun und einfach nur zusehen würde.
Maria: Ich tu's auch, um nicht so ein schlechtes Gewissen zu haben.
Habt Ihr Angst vor der Umweltzerstörung?
Maria: Natürlich haben wir Angst!
Anne: Ich hab' Angst davor, daß sich kein Mensch darum schert.
Maria: Ich bin wütend auf die Leute, die sagen, ist ja alles nicht so schlimm und das alles total ignorieren. Manchmal denke ich, es ist schon zu spät, aber ich hab' auch keine Lust aufzugeben.
Anne: Irgendwie etwas spät überlegt, daß man was machen sollte.
Wie stellt Ihr Euch die Zukunft vor?
Maria: Ich stell' mir vor, wie alle mit Gasmasken 'rumlaufen. Alle Atomkraftwerke sind explodiert, das sieht entsprechend aus.
Anne: Ich schätze, die Welt wird nicht mehr lange leben. Wenn wir so weitermachen, können wir's vergessen. Tschüß, Umwelt!
Maria: Ich versuche mich echt abzulenken, es bringt ja nichts, wenn man sich damit fertigmacht, dann geht man ja innerlich kaputt.

Abb. 69 - Interview mit einem „Futurphobiker":

„Ich hätte keine Probleme, in den Tod zu gehen, wenn ich damit die Natur retten könnte"

Das Greenteam „Tanken am Baikalsee" ist das „Ein-Mann-Team" eines vierzehnjährigen Ostberliner Jungen namens Rudi, der sich vor allem mit der Umwelt in den osteuropäischen Ländern nach der „Wende" auseinandersetzt. Greenpeace entdeckte Rudi auf ungewöhnlichem Wege, wie er im Gespräch verrät. Rudi kann als leidenschaftlicher Naturliebhaber bezeichnet werden.

Wie bist eigentlich zu Greenpeace gekommen?
Also ich hab' früher viel geklaut, und als ich das eines Tages meinem Vater erzählt habe, meinte er, daß ich das entweder zurückzahlen oder etwas spenden soll. Und da bin ich auf Greenpeace gekommen.
Du bist ein „Ein-Mann-Team"?
Ja, ich bin kein Gruppenmensch. Zum Nachdenken brauche ich keine anderen Leute. Ich kann auch alleine 'was anstellen.
Was denn zum Beispiel?
Ich interessiere mich für die osteuropäischen Länder nach der Wende und möchte dieses Wissen weitergeben, um Menschen auf diesem Gebiet anzuregen, weil ich finde, daß es zu wenig Beachtung findet.
Du hast auch anläßlich der Weltklimakonferenz demonstriert.
Wie waren Deine Eindrücke von dieser Konferenz?
Ich hab' das wie eine Komödie betrachtet und konnte mich darüber kaputtlachen, daß da mal wieder nichts rausgekomen ist. In der Schule habe ich einen Aufsatz über Futurphobie geschrieben...
...hab' ich noch nie gehört! Ist das Deine eigene Wortschöpfung?
Ja, ich bin überzeugt, daß es mit der Erde sehr bald zu Ende sein wird. Ich weiß, daß es bergab geht und daß es immer weiter bergab gehen wird, weil ich nicht sehe, daß sich was ändert im Denken der Leute.
Und dennoch versucht Du, was dagegen zu tun?
Ja, ich kann sehr gut damit leben, an etwas nicht zu glauben, und trotzdem dafür zu handeln. Ich hätte auch überhaupt keine Probleme, in den Tod zu gehen, wenn ich damit die Natur retten könnte.
Hast Du Angst vor der Umweltzerstörung?
Naja, es tut mir sehr leid um die wirkliche Schönheit der Natur. Wenn irgendwo ein Schmetterling fliegt, freue ich mich darüber.
Was heißt ökologische Verantwortung für Dich?
Der Mensch hat eine sehr große Verantwortung, denn er hat Wissen, meiner Meinung zu viel Wissen. Der Mensch hätte lieber dumm bleiben sollen, dann hätte sowas nie passieren können. Der Mensch hat einfach zuviel Macht. Er muß lernen, mit der Macht umzugehen.

Abb. 70 - Interview mit den „Montagstätern":

„Ihr macht ja hier Basisarbeit am Mob!"

Automobilausstellung (AAA) in Berlin 1996: Dokumentiert wird zuerst ein (mit versticktem Mikrophon) aufgenommenes Gespräch, das Julia (13) mit einem Besucher führte, anschließend erzählt Maike (16) von einer persönlichen Begegnung mit Berlins Bürgermeister. Julia und Maike gehören zum Greenteam „Die Montagstäter".

Mann:	Wie alt bist Du eigentlich?
Julia:	*Dreizehn.*
Mann:	Mit dreizehn hab' ick det alles auch noch so gesehen.
Julia:	*Ich denke nicht, daß ich das anders sehen werde, wenn ich älter bin.*
Mann:	Die ganze Gesellschaft ist so scheiße ausgelegt. Wenn du der einzige Einäugige unter lauter Blinden bist, dann kannst du einfach nichts machen. Ihr müßt Euch an die Industrie wenden. Der Drei-Liter-Motor liegt überall in der Schublade, aber es gibt 'ne schweinische Lobby, die daran unheimlich viel Geld verdient.
Julia:	*Dann müssen sich die Leute dagegen zusammenschließen.*
Mann:	Also der normale proletarische Mensch, der der Propaganda aller Medien ausgesetzt ist, Fernsehen, Zeitung, Bild und BZ, wer soll sich denn da zusammenschließen? Wo lebst Du denn? Welchen Intellekt setzt Du denn voraus? Ihr macht ja hier Basisarbeit am Mob!
Julia:	*Aber wir müssen was ändern, wir können nicht so weiterleben.*

(Zwischenruf: Achtung, der Regierende Bürgermeister kommt!)

Begegnung mit dem Regierenden Bürgermeister von Berlin

Sven:	*Wie verlief Eure Begegnung?*
Maike:	Wir sagten, daß wir von den Greenteams in Berlin sind. Daraufhin meinte er, daß hier ja auch ganz viele Elektro-Autos ausgestellt seien. Es klang so, als wäre das hier die Alternativ-Automesse, als wenn es soviele neue Autos gäbe, die alle so energiesparend sind. Dann haben wir ihm gesagt, daß täglich 30 Bundesbürger durch Autos auf den Straßen sterben, doch er erwiderte nur ungerührt, daß im Mittelalter 50 Menschen täglich allein durch Pferdekutschen umgekommen sind. Am Ende drückten wir ihm noch unser schönes Flugblatt in die Hand, aber ich bin im Zweifel, ob er es wirklich gelesen hat. Dann drängte er sich in einen Mercedes und bekam den Motor nicht an.

Aktionsbeispiel I: Nationale Automobilausstellungen

"Das Auto ist die größte Fehlkonstruktion der Industriegeschichte."

Franz Alt[194]

Prototyp des ökologischen Gewissens ist unser Verhältnis zum Auto. Die Produktion des weltweit größten Klimakillers wächst zur Zeit schneller als die Erdbevölkerung, allein in Deutschland werden pro Sekunde sechs Autos gebaut.[195] Die Tendenz ist weltweit steigend: „Der asiatische Automarkt wird bald so groß sein wie der Europas und Nordamerikas zusammen", prophezeit Fachmann Takahiro Fujimoto.[196] Alle zwei Jahre findet in Berlin der Tanz um das goldene Kalb statt: die 'Allgemeine Auto-Ausstellung' (AAA). Der Deutschen liebstes Kind zieht mehrere hunderttausend (zu 80% männliche) Besucher an. Gefragt, auf was sie am wenigsten verzichten können, nannten die meisten Männer das Auto - vor Sex, Frauen und Kindern.[197]

In den Herbstferien 1994 schlossen sich Berliner Greenteams spontan zusammen, um auf der AAA gegen den Autowahn zu demonstrieren. Einige Beispiele der farbenprächtigen Kinder-Plakate: „Mercedes - der gute Tod auf allen Straßen!", „Siehst Du die Toten im Schnee? Das sind die Fahrer von VW!", „Volvo, Opel und Peugeot, denn sterben mußt Du sowieso!", „BMW - Bayrische Mordwacht", „Mit Vollgas in die Klimakatastrophe!", „Sind die Autos Eure Kinder oder wir?". Die Polizei untersagte den Protest.

Zwei Jahre später unternahmen die Jugendlichen einen neuen Anlauf. Diesmal wurden die Aktionen langfristig vorbereitet: die Vorstellung eines selbstgebastelten Stoffautos (die umweltfreundlichere Variante im Vergleich zum sog. Sparmobil von Greenpeace), die Aufstellung von 30 Kerzen zum Gedenken an die täglichen Toten auf den Straßen in Deutschland und die Verteilung eines Flugblattes mit dem Slogan „Alle Autos Abschaffen!". Schließlich interviewten die Jugendlichen einige Ausstellungsbesucher mit verstecktem Mikrophon ('Methode Wallraff'). Das dokumentierte Gespräch mit Berlins Regierendem Bürgermeister zeigt, wie ernst Politiker die Sorgen von Kindern nehmen.

Dabei war es auch für eingeweihte Betrachter erstaunlich zu sehen, wie die massive Aufklärungsarbeit der Kinder und Jugendlichen manchmal selbst bei der eingefleischten Partei der Autofahrer nicht ohne Wirkung bleibt. Gleichzeitig trägt der Widerstand einiger Kinder gegenüber besonders zynischen Zeitgenossen nicht selten heroische Züge.

---

[194] Alt, Franz (1997): Das ökologische Wirtschaftswunder. Arbeit und Wohlstand für alle. Berlin, S. 33.
[195] Haak, Eva (1995): Kinder haben Vorfahrt. Ein Aktions- und Informationsbuch zum Thema Verkehr. Berlin, S. 12.
[196] Tunali, Odil (1996): Eine Milliarde Autos - und was dann? Worldwatch 2/96, S. 38.
[197] elle 11/96, S. 100.

Aktionsbeispiel II: Internationale Weltklimakonferenz

„Die Erde ist nur noch 1,3 Grad Celsius oder 25 Jahre von der Klimakatastrophe entfernt."

Der Tagesspiegel, 13. 3. 1995, S. 1

Wenige Wochen vor der Weltklimakonferenz im März 1995 in Berlin überraschte ein zur Untersuchung weltweiter Umweltveränderungen eingesetzter Beirat der Bundesregierung mit der eindringlichen Warnung vor einer Klimakatastrophe (siehe oben). Schon vor über 20 Jahren wurden von Umweltschützern globale Klimaveränderungen prognostiziert, damals wurden sie als Panikmacher beschimpft und nicht ernstgenommen. Die mehr als 10.000 Teilnehmer der Berliner Klimakonferenz (unter ihnen auch 3.000 Journalisten) kamen aus 166 Staaten der Erde. Ziel war es, ein verbindliches Protokoll zum Klimaschutz zu beschließen. Doch weil man sich während der gesamten Konferenz nicht über eine gemeinsame Geschäftsordnung hatte einigen können, vertagten sich die Verantwortlichen auf die nächsten Konferenzen (Kyoto, Buenos Aires, Bonn etc.).

Die Greenteam-Jugendlichen hatten den Wunsch, aktiv zu werden und organisierten die Kinder-Demonstration „Wir sind die Zukunft!", die mit einem eigenen Theaterstück vor dem Kongreßzentrum endete. In dem Stück geht es um die Ohnmacht der Kinder und die Allmacht der Politiker - eine Szene: „Ist der Treibhauseffekt gefährlich?", fragt ein Kind. „Wer hat Dir denn den Quatsch erzählt? Davon verstehst Du noch nichts. Kinder sollten sich darum keine Gedanken machen, um die Politik kümmern sich die Erwachsenen!"

Wie sehr sich die Politik kümmert, bekommen die Kinder täglich zu spüren (auf der Autoausstellung 1996 sogar von Angesicht zu Angesicht, vgl. Abbildung 70). Welche Spuren diese Erfahrungen in den jungen Seelen hinterlassen, lassen die Gespräche mit den Greenteams erahnen, die von Gefühlen der Einsamkeit und Verlassenheit, teilweise bis zur Suizidalität geprägt sind.

Selbst von Greenpeace fühlen sich die Kinder manchmal alleingelassen: Anläßlich eines Greenteam-Jubiläumsfestes wurde um Ideen für ein geeignetes Motto gebeten. Die 'Abgasaffen' schlugen den Titel „Wenn Erwachsene versagen, dürfen Kinder nicht verzagen!" vor. Greenpeace entschied sich für den Slogan 'Wind, Wasser, Wellen'. Ein Segelclub hätte keine bessere Wahl treffen können. Kommentar eines Mädchens: „Wollen die uns verarschen?"

Die Aktionsforschungs-Beobachtungen während der Klimakonferenz geben einen vertieften Einblick in die Bemühungen der Jugendlichen, ihren Ängsten vor einer nach wissenschaftlichen Prognosen noch innerhalb ihrer eigenen Lebensspanne eintretenden Klimakatastrophe Ausdruck zu verleihen. Angesichts des Ausgangs der Konferenz ist der allgemeine Frust nur allzu verständlich, wobei die langfristigen Auswirkungen auf das Vertrauen in die Wirksamkeit demokratischer Einflußmöglichkeiten ungewiß bleiben.

18. Jugend-Generation „niX"

Der inflationäre Gebrauch des Wortes 'Patchwork' (engl. Flickwerk) ist ein Produkt der Postmoderne. Heutzutage gibt es Patchwork-Familien,[198] Patchwork-Identitäten,[199] Patchwork-Religiositäten,[200] Patchwork-Methodik (Kap. 12) und neuerdings auch eine „Patchwork-Jugend".[201]

Obwohl es ein Verständnis von Jugend als eigenständiger Phase des menschlichen Lebenslaufs erst seit dem 20. Jahrhundert gibt, wurde mit Etikettierungen ganzer Generationen nicht gespart: So gab es z.b. in den Zwanzigern die Charleston-, in den Dreißigern die Hitler- und in den Vierzigern die Wanderjugend. In den Fünfzigern folgte dann die skeptische, in den Sechzigern die kritische, in den Siebzigern die alternative, in den Achtzigern die apokalyptische und in den Neunzigern die Internet-Generation.

Doch die Jugend von heute und morgen - Technos, Raver, Rapper, Schickies, Punks, Girlies, Grufties, Skinheads, Faschos, Jesus-Freaks, Trend-Sportler, Tierschützer, Computer-Kids, Sprayer, Skater, Junkies, Zombies, Rockabillys, Beauties, Großstadt-Indianer und viele andere mehr (nicht zu vergessen: die „Stinos", die Stinknormalen) - ist den meist schon ziemlich alten Forschern ein Rätsel: die Generation „X", oder vielleicht besser „Generation niX".[202]

„Erschreckend brav" findet der Berliner Politologe Peter Grottian die heutige Jugend.[203] Politisches Desinteresse als einzige Gemeinsamkeit einer ganzen Generation? Ein Prozent der 16 Millionen Deutschen im Alter zwischen 14 und 29 Jahren gehört einer politischen Partei an, ein weiteres Prozent engagiert sich in einer Bürgerinitiative. Über 80% der Jugendlichen in Deutschland sind der Meinung, daß sie von den Politikern betrogen werden. „Sie durchschauen alles, aber sie tun nichts" - so der „Spiegel" über die „Party-Partei" der Gegenwart.[204]

Nachfolgend werden Teenager portraitiert, die sich ökopolitisch in sog. Jugendumweltgruppen engagieren. Es handelt sich um Gruppen in Berlin und Umgebung, die Mitte der 90er Jahre interviewt wurden.

---

[198] Bernstein, Anne (1990): Die Patchwork-Familie. Wenn Väter oder Mütter in neuen Ehen weitere Kinder bekommen. Stuttgart.
[199] Keupp, Heiner (1988): Auf dem Weg zur Patchwork-Identität? Verhaltenstherapie und psychosoziale Praxis 20 (4), 425-438.
[200] Sölle, Dorothee & Stefensky, Fulbert (1995): Wider den Luxus der Hoffnungslosigkeit. Freiburg, S. 87.
[201] Ferchhoff, Wilfried & Neubauer, Georg (1995): Patchwork-Jugend. Eine Einführung in postmoderne Sichtweisen. Opladen.
[202] Heike Kühn (1997): Generation Nix. Frankfurter Rundschau 20.11.97, S. 7.
[203] Grottian, Peter (1997): Erschreckend brav - Jugend ohne Chance und Widerstand. In Rainer Schneider Wilkes (Hrsg.), Demokratie in Gefahr? Zum Zustand der deutschen Republik. Münster, S.342.
[204] Spiegel (1995): Jugend - „Vergeßt alle Systeme". Nr. 33/95, S. 154.

Abb. 71 - Interview mit der Projektwerkstatt Stausberg:

„Die Selbstmordfrage ist echt 'ne existentielle Frage!"

Aus der Projektwerkstatt Strausberg nahmen Harald, Karl und Sören (alle 16 Jahre alt) an der Befragung teil. Die Gruppe, die sich 1990 als erstes Greenteam („Rainbow") in den neuen Bundesländern gründete, engagiert sich auf lokaler Ebene. Das politische Geschehen auf Bundesebene löst Resignation und Suizidgedanken aus. Umso wichtiger ist der soziale Zusammenhalt der Clique, der eine identitätsstiftende Bedeutung hat.

	Wie ist Eure Gruppe entstanden?
Harald:	Wir haben uns 1989 als erstes Greenteam in Ostdeutschland gegründet und nun ist daraus eine Projektwerkstatt geworden.
	Was macht Ihr denn so für Projekte?
Karl:	Wir haben z.B. die Idee gehabt, Papierkörbe in Baumstümpfen zu installieren, die von der Stadtreinigung gesäubert werden, und das mit dem Bürgermeister besprochen und durchgesetzt.
Harald:	Wir haben einen Forderungskatalog im Rathaus abgegeben, der dann auch in der Zeitung war. Heute ist die Innenstadt von Strausberg autofrei, ob das nun unser Verdienst ist oder nicht.
	Warum seid Ihr so engagiert?
Sören:	Ick dachte mir, früher hat man was bei den Pionieren gemacht, wofür man sich einsetzen konnte, guckste 'mal, was da los ist.
Harald:	Ich fühl' mich verantwortlich, weil es irgendwann zuende geht.
	Habt Ihr Angst vor der Umweltzerstörung?
Karl:	Ich glaube, man sollte die Angst eher stärken. Also die Leute koofen sich jetzt z.B. Sonnenfaktor 10 oder so'n Schwachsinn.
Harald:	Die Leute kommen nicht auf die Idee, weniger Auto zu fahren, sondern mehr Sonnencreme zu nehmen. Was für ein Ansatz!
	Wie habt Ihr die Bundestagswahl erlebt?
Harald:	Es hat sich nichts geändert. Der Umweltminister, der meinte, er ist das aus Überzeugung, der ist jetzt Bauminister. Also wir leben auf der Scheiße, die der Töpfer verpfuscht und der Kohl verzapft - die Selbstmordfrage ist echt 'ne existentielle Frage!
Karl:	Der Castor-Transport ist für mich ein Beispiel, daß das Gerede von der vielzitierten Demokratie, die hier angeblich herrschen soll, eigentlich mal wieder völlig baden gegangen ist.
	Was heißt ökologische Verantwortung für Euch?
Karl:	Das ist 'ne Verantwortung anderen Generationen gegenüber. Irgendwie hat das auch was mit Nächstenliebe zu tun.
	Wie stellt Ihr Euch die Zukunft vor?
Sören:	Ein Scheißjefühl, wenn man det so langsam untergehen sieht. Ick hoff' ja immer noch, daß da irgend so'n Retter kommt.

Abb. 72 - Interview mit der BUNDjugend Potsdam:

„Die Politiker sind vollkommen unglaubwürdig"

Von der BUNDjugend Potsdam wurden drei Jugendliche interviewt: Cora (20), Eric (18) und Ron (15). Die Gruppe setzt sich z.B. für die Förderung des öffentlichen Nahverkehrs ein, leidet aber unter Akzeptanzschwierigkeiten in der Bevölkerung. Obwohl die Klimakonferenz Frust auslöste, glaubt die Gruppe an Veränderungen. Bemerkenswert ist die philosophische Argumentation des jüngsten Gruppenmitglieds.

Wie habt Ihr die Klimakonferenz erlebt?

Cora: Richtig verfolgt hab' ich sie eigentlich nicht, weil ich wußte, daß da nichts 'rauskommt, also war ich auch nicht enttäuscht.

Ron: Ich hab' das ziemlich genau jeden Tag in der Zeitung verfolgt und finde, die Politiker sind vollkommen unglaubwürdig.

Eric: Besonders von Deutschland als Gastgeber und Industriestaat, der sich immer in der reinen Umweltweste und als Vorreiter in Umweltfragen zeigt, und es dann nicht schafft, sich konsequent in die Reihe der aktiven Staaten zu stellen, bin ich enttäuscht.

Seid Ihr auch bei der großen Fahraddemo mitgefahren?

Ron: Das war wunderbar, auf der Autobahn nur Radfahrer zu sehen, auch wenn wahrscheinlich viele nur etwas Spaß haben wollten.

Eric: Ich bin der Meinung, daß man allen Teilnehmern dieser Demo zugestehen sollte, daß sie ehrlich für den Umweltschutz waren.

Kann man gegen die Umweltzerstörung noch was tun?

Cora: Retten kann man das nur, wenn sich die vielen kleinen Walzen irgendwann zu einer großen Lawine zusammentun.

Eric: Wenn wir der Meinung wären, daß man nichts mehr machen könnte, dann säßen wir wahrscheinlich nicht hier.

Seid Ihr Opfer, Retter oder Täter der Umweltzerstörung?

Ron: Man ist irgendwie ein Teil von allen drei Dingen, am meisten sind wir aber Täter, allein dadurch, daß wir überhaupt leben.

Eric: Irgendwie muß man sicherlich auch zugeben, also ohne falsche Bescheidenheit, daß man sich manchmal auch als Retter fühlt, in der Schule werde ich ein bißchen in diese Ecke gedrängt.

Was heißt ökologische Verantwortung für Euch?

Cora: Wenn ich eine friedliche Einstellung habe und diese Raffgier ablege, die für mich mit innerem Krieg zu tun hat, dann kann ich weder auf Menschen noch auf einem Frosch 'rumlatschen.

Ron: Ökologische Verantwortung ist Verantwortung für die Zukunft und Verantwortung für die Zukunft heißt, dafür zu sorgen, daß die nachfolgende Generationen genauso oder besser existieren können wie wir jetzt, zu achten, daß die Welt bestehen bleibt.

Abb. 73 - Interview mit der „Grünen Jugend":

„Was will man denn heute noch mit Idealismus?"

Die „Grüne Jugend" ist die Jugendorganisation der Grünen. Aus der Berliner Gruppe nahmen Ilka (16), Katharina (17) und Stefan (18) an der Studie teil. Das ökologische Engagement ist in der Gruppe ein Teil der politischen Bildungsarbeit, wozu auch der Einfluß auf Wahlprogramme gehört.

Womit beschäftigt Ihr Euch?
Katharina: Wir haben z.B. einen Jugendteil für das Wahlprogramm der Grünen ausgearbeitet und das wurde auch angenommen.
Stefan: Wir organisieren Seminare zur ökologischen und politischen Bildung, um erstmal herauszufinden, was Jugendliche wollen.
Ilka: Wichtig finde ich auch unsere Auschwitz-Fahrt einmal im Jahr.
Wie reagiert die Umwelt auf Euer Engagement?
Katharina: Neulich meinte eine gute Freundin zu mir, daß wir doch bitte die Politik aus unserer Freundschaft heraushalten sollten.
Stefan: Ich komm' mir immer wie eine revolutionäre Avantgarde in einer desinterssierten Masse vor.
Ilka: Viele fragen: Was will man denn heute noch mit Idealismus?
Wo liegen für Euch die Ursachen der Umweltzerstörung?
Ilka: Es hat sehr viel mit der Bequemlichkeit der Leute zu tun, daß die Leute es einfach verdrängen und nicht wahrhaben wollen. Viele Leute schimpfen immer nur auf die Politiker. Sie glauben nicht, daß sie viel mehr machen können als nur ein Kreuz.
Stefan: Ich denke mir, daß die Umweltzerstörung solange weitergeht, wie man damit Geld sparen kann. Auch in der Schule wird den Jugendlichen eigentlich keine ernsthafte Bedrohung vermittelt, sondern immer wird nur so 'ne sanfte Tour gefahren.
Habt Ihr Angst vor der Umweltzerstörung?
Stefan: Also wenn im Fernsehen Computersimulationen vorrechnen, wie das Ozonloch gerade wächst und das Klima bald aussehen wird, dann ist das beklemmend. Aber das verzieht sich wieder.
Möchtet Ihr einmal eigene Kinder haben?
Katharina: Ich würde am liebsten zehn Kinder haben, fünf eigene und fünf adoptierte, aber ob die glücklich sein werden, weiß ich nicht. Ich möchte jedenfalls neue KämpferInnen in die Welt setzen.
Stefan: Ja, so stell' ich mir das auch vor, es müssen ja nicht zehn sein, aber meine Kinder sollen ganauso aktiv sein, kleine Rebellen, denen ich meine Vision von Weltverbesserung weitertrage.
Ilka: Vielleicht bringe ich auch ein Kind zur Welt, das sich gar nicht dafür interessiert. Dann muß ich das auch akzeptieren können.

Abb. 74 - Interview mit der Jugendgruppe Greenpeace:

„Ein abgebrannter Urwald ist kein Hammer mehr"

Die Greenpeace-Jugendgruppe Berlin ist mit fünf Jugendlichen im Interview vertreten: Lena (13), Jutta (16), Dagny (16) und Saskia (17) und Martin (18). Auch die jungen Greenpeacer waren von der Klimakonferenz enttäuscht, dennoch dominiert das Prinzip Hoffnung. Die Befragten unterstützen die Öffentlichkeitsarbeit von Greenpeace mit vielfältigen eigenständigen Aktionen.

Worüber arbeitet Ihr gerade?
Saskia: Unser Thema ist der Wald. Wir organisieren gerade eine Art Familientag mit einem „sponsored walk". Es geht darum, daß Menschen eine bestimmte Strecke im Tiergarten laufen und mit einer Greenpeace-Spende gesponsort werden.
Haltet Ihr die Umwelt für gefährdet?
Jutta: Ich denke, daß viele Menschen gar nicht genau sehen wollen, wie schlimm es eigentlich schon steht.
Saskia: Man muß auf jeden Fall sofort etwas tun, um die Zerstörung, die jetzt schon da ist, zu stoppen, um noch was zu retten.
Wie habt Ihr die Klimakonferenz erlebt?
Dagny: Mein Fazit ist, daß die Politiker nicht der Meinung sind, daß man etwas tun sollte, sondern daß man darüber reden sollte.
Kann man denn noch was gegen die Umweltzerstörung tun?
Saskia: Ich frage mich nicht, ob man kann, ich sage mir, man muß!
Dagny: Solange noch irgendwo ein Baum wächst und Menschen leben, kann's ja nicht zu spät sein. Deshalb kann man noch was tun.
Habt Ihr Angst vor der Umweltzerstörung?
Jutta: Nicht so sehr Angst, sondern eher Wut und Trauer.
Saskia: Angst vor der Menschheit an sich, daß sie so handeln kann, Angst, daß der Mensch imstande ist, die Erde zu zerstören.
Lena: Da hilft nur noch verdrängen eigentlich, wenn man den ganzen Sturz von Katastrophen sieht, das würde man nicht aushalten.
Martin: Die Menschen werden überfüttert mit irgendwelchen Action-News, jede Stunde irgendwie 'ne neue Sensation, sowas wie ein abgebrannter Urwald ist einfach kein Hammer mehr.
Wie seht Ihr die Zukunft?
Jutta: Manchmal denke ich, die Zerstörung ist nicht aufzuhalten.
Saskia: Vielleicht bringt die Jahrhundertwende doch noch in manchen Gehirnen einen Umschwung. Auf lange Sicht glaube ich aber, daß der Mensch die Umwelt hundertprozentig zerstören wird.
Lena: Ich denke, die Leute werden irgendwann die Einsicht haben, daß es so nicht weitergeht, irgendwann müssen sie die kriegen.

Abb. 75 - Interview mit der Jugendumweltgruppe Spandau:

**„Irgendwie ist es wahrscheinlich nicht mehr so richtig 'in',
sich im Umweltschutz zu engagieren"**

Von der unabhängigen Jugend-Umwelt-Gruppe-Spandau, konnte Marcus, 19jähriger Gruppengründer, und Frauke, mit 13 Jahren jüngstes Gruppenmitglied, befragt werden, kurz bevor sich die Gruppe auflöste. Die Gründe liegen vor allem in der mangelnden Resonanz auf lokale Aktivitäten und in der Ernüchterung über die globalen Trends.

Wie habt Ihr die Klimakonferenz erlebt?
Frauke: Eigentlich ist nicht viel 'rausgekommen, um nicht zu sagen, gar nichts. Ich hab' mich auch nicht viel darum gekümmert, weil ich dachte, die meisten Politiker sind ja auch schon sehr alt und werden sich nicht darum kümmern. Also warum soll ich mich aufregen, ich kann sowieso nichts dagegen machen.
Marcus: Das war mal wieder sehr viel Geld für nichts irgendwie. Auf den Gängen war überall gähnende Leere und Frau Merkel hat alles als Fortschritt verkauft, aber im Endeffekt bewegen wir uns auf der Stelle und irgendwann steht die Ostsee vor der Tür.
Seid Ihr Opfer, Retter oder Täter der Umweltzerstörung?
Frauke: Ich würde sagen alles, aber Kinder sind eher Opfer, weil sie noch nicht so viel tun können und ihre Stimmen nicht zählen.
Habt Ihr Angst vor der Umweltzerstörung?
Marcus: Seit ich in der Gruppe bin, ist die Angst geringer geworden.
Frauke: Eigentlich eher Wut. Man will eigentlich alles verändern, aber die Leute wollen nicht. Viele Familien besitzen zwei oder drei Autos und fahren ein paar Meter bis zur nächsten Sparkasse. Das macht mich rasend vor Wut - mein Gott, muß das sein?
Wie seht Ihr Eure Zukunft?
Marcus: Da muß ich erst einmal die nächste Bundestagswahl abwarten! Irgendwie ist es wahrscheinlich nicht mehr so richtig „in", sich im Umweltschutz zu engagieren. Wir überaltern auch langsam. Es müßte mal wieder so einen richtigen Schocker wie z.B. Tschernobyl geben, vielleicht wachen die Leute dann auf.
Frauke: Wenn das alles so weiterläuft, wird es irgendwann zu einer Katastrophe führen, deshalb sehe ich die Zukunft eher negativ.
Marcus: Ich versuche, mehr in den Tag hineinzuleben und nicht mehr so viel über die Zukunft nachzudenken, bekommt mir viel besser.
Möchtet Ihr später einmal Kinder haben?
Frauke: Ich werde keine Kinder haben, weil ich Allergikerin bin. Mir würden meine Kinder einfach leid tun, da es noch schlimmer wird, wenn es mit der Umweltzerstörung immer so weitergeht.

Dünne Luft für „Öko-Fuzzies" in Deutschland

Portraitiert wurden fünf ökologisch engagierte Teenager-Gruppen, von denen drei im Rahmen einer größeren Organisation arbeiten (Die Grünen, Greenpeace und der BUND). Die beiden autonomen Gruppen aus Strausberg und Spandau haben es im Vergleich dazu schwerer, sich über einen längeren Zeitraum zu halten. Zeitgeschichtliche Ereignisse wie die Bundestagswahlen und die Klimakonferenz fordern in allen Gruppen das Prinzip Hoffnung heraus. Oft zeichnen sich gerade die jüngsten Gruppenmitglieder durch ein besonders wachsames ökologisches Gewissen aus (so können Lena und Frauke, beide erst 13 Jahre alt, in ihren Gruppen problemlos mithalten). Und der 15jährige Ron aus Potsdam gibt eine Definition ökologischer Verantwortung, die philosophisch mit Hans Jonas konform geht.

Vergleicht man die in diesem Kapitel vorgestellten Jugendlichen, die im Durchschnitt 17 Jahre alt waren, mit den ein paar Jahre jüngeren Greenteamkindern und mit über 20jährigen Umweltschützern (die nicht an persönlichen Portraits interessiert waren), so zeigen sich folgende Tendenzen: Die Greenteams bevorzugen das Prinzip Angst und eine Opfer-Rolle, die Greenteens das Prinzip Hoffnung und eine Retter-Rolle, die Greentwens das Prinzip Verantwortung und eine Täter-Rolle. Das ökologische Verantwortungsbewußtsein bei den über 20jährigen Befragten offenbart sich in Gedanken an die eigenen Nachkommen. Ein junger Mann meinte z.B., daß ihn eines Tages seine Kinder fragen würden: „Was hast Du dagegen getan, daß wir keine Wälder mehr haben?"

Ein 'Krieg' zwischen den Generationen ist nicht auszuschließen. Während die sog. 68er-Generation den größeren Teil ihres Lebens ohne gravierende Einschränkungen gelebt hat, scheint jüngeren Menschen eine ungewisse Zukunft bevorzustehen: „Aufgrund der weitreichenden Irreversibilität der heute im Rahmen des zivilisatorischen Fortschritts produzierten Schäden und Altlasten, muß die heute heranwachsende Generation, die zur Zeit der Risikoproduktion in keiner Weise an den Entscheidungen partizipieren konnte, im Rahmen ihrer weiteren Lebensführung für den Rest ihres noch jungen Lebens mit großer Wahrscheinlichkeit Einschränkungen hinnehmen, die mit der Qualität der Lebensbedingungen in einem engen Zusammenhang stehen. (...) Sie sind die Leidtragenden einer Entwicklung, die zu einem Zeitpunkt vor ihrer Geburt eingeleitet wurde. Sie haben die Konsequenzen zu tragen und müssen sie ausbaden."[205]

Unterscheiden sich ökologisch orientierte Jugendliche eigentlich vom Mainstream ihrer Generation? Tragen Naturfreunde „karierte Hemden, khakifarbene Parka und kernige Wanderstiefel"? Und leben sie wirklich „naturverträglicher als der dekadente Städter, der sich in Body-Studios und Techno-Clubs herumtreibt"?[206] In der Studie konnten äußere Klischees nur in dem Sinne bestätigt werden, daß die meisten jungen Umweltschützer versuchen, etwas gesundheitsbewußter zu leben (sportiv, alkohol- und nikotinfrei). Ökopolitische Persönlichkeiten fallen jedoch vor allem psychisch auf (vgl. nächstes Kapitel).

---

[205] Mansel, Jürgen (1992): Reaktion Jugendlicher auf gesellschaftliche Bedrohung. Weinheim, S.9.
[206] Maxeiner, Dirk & Miersch, Michael (1996): Öko-Optimismus. Düsseldorf, S. 326.

19. Grenzen des Widerstands

Fast alle bisher vorgestellten Personen mit einem ökologischen Gewissen können als Breitensportler bezeichnet werden: Sie engagieren sich im Rahmen ihrer Möglichkeiten für den Umweltschutz, der jeweils nur einen (kleinen) Teil in ihrem Leben ausmacht - Menschen wie Du und ich. Oder sind Sie vielleicht ein ökologischer Leistungssportler?

Politische Persönlichkeiten - eine aussterbende Spezies?

Die Antike ging von der Annahme aus, daß jeder Mensch ein „zoon politikon" sei: ein politisch aktives Mitglied der Gesellschaft. Wer dagegen das politische Zeitgeschehen heutzutage beobachtet, kommt möglicherweise eher zur alternativen Auffassung, daß der Mensch ein unpolitisches Wesen ist. Wer ins allgemeine Lamento über die politische Lustlosigkeit der Jugend von heute einstimmt, sollte nicht vergessen zu fragen, wo und wann eigentlich die „Forever-Thirties" politisch aktiv sind, die von den Jungen mehr Engagement einklagen?[207]

Bereits in den vergleichsweise so politischen 80er Jahren lieferte eine repräsentative Befragung, die vom sozialwissenschaftlichen Institut der Bundeswehr[208] mit 2000 Bundesbürgern durchgeführt wurde, hierzu ernüchternde Antworten: Jeder zweite Befragte lehnte die Forderung nach persönlichem Einsatz auf politischem oder sozialem Gebiet grundsätzlich ab, nur jeder dritte war überhaupt zu Aktivitäten bereit und nur jeder sechste war tatsächlich politisch oder sozial engagiert. In den 90er Jahren sind auch auf der „großen" politischen Bühne charismatische Persönlichkeiten „vom Schlage" eines Willy Brandt oder Franz Josef Strauß in Deutschland selten geworden.

Ökologische Avantgarde

Ausgehend von diesen Überlegungen entstand die Idee, in der vorliegenden Studie nach ökopolitischen Persönlichkeiten zu suchen, um auf diesem Wege eventuell biographische Hinweise für die Entwicklung eines ausgereiften ökologischen Gewissens zu erhalten. So wurden nach Abschluß der offiziellen Erhebung einige Personen noch einmal befragt, die seit über drei Jahren mindestens 20 Stunden/Woche ehrenamtlich ökopolitisch aktiv sind: Portraitiert werden fünf „Hyper-Aktivisten" im Alter zwischen 17 und 70 Jahren. Als methodische Anregung diente eine biographische Studie des amerikanischen Psychologen Howard Gardner,[209] der auf der Suche nach dem Geheimnis der Kreativität besonders kreative Menschen (z.B. Einstein, Freud, Gandhi, Picasso) analysierte. Auffällig dabei war das Einhergehen von gesellschaftlichen „Lichtwirkungen" mit persönlichen Schatten.

---

[207] Farin, Klaus (1996): Mutter Coca Cola statt Vater Marx. Erziehung und Wissenschaft. Zeitschrift für Bildungsgewerkschaft 2/96, S. 2.
[208] Kohr, H.-U.; Reader, H.-G. & Zoll, R. (1982): Soziales und politisches Engagement in der Bevölkerung. In S. Preiser (Hrsg.), Kognitive und emotionale Aspekte des politischen Engagements. Weinheim, S. 16-32.
[209] Gardner, Howard (1996): So genial wie Einstein - Schlüssel zum kreativen Denken. Stuttgart.

Abb. 76 - Interview mit Hyper-Aktivist Harald:

„Die Masse ist nicht bereit, wirklich nachzudenken"

Harald, 17 Jahre alt und einer der aktivsten Umweltschützer aus den neuen Bundesländern, bezeichnet sich von Beruf als Kinderrechtler. Harald ist „jede Minute, jede Sekunde" engagiert, weil er einfach nicht anders könne, als sich Gedanken über die Zukunft zu machen. Die Wiedervereinigung Deutschlands steht am Beginn der politischen Persönlichkeit, die durch die Wende kreativ freigesetzt wurde.

Wo siehst Du die Ursachen der Umweltzerstörung?
Ich finde, daß das zwischenmenschliche Sein nicht mehr funktioniert. Man versucht zwar mit Mühe und Not, untereinander klarzukommen, aber Egoismus und Ausbeutung herrschen vor. Was unter Menschen nicht klappt, kann auch nicht an die Natur weitergegeben werden.

Was heißt ökologische Verantwortung für Dich?
Ob es nun die Sekretärin oder der Aktivist bei Greenpeace oder die Reinemachefrau oder der Schuldirektor ist, jeder ist verantwortlich und hat sich auch verantwortlich zu fühlen für das, was passiert.

Wie stark beschäftigen Dich die Umweltprobleme gefühlsmäßig?
Also ich fühle mich extrem beeinträchtigt und extrem verantwortlich. Ich bin gerade in die elfte Klasse gekommen, reifere Menschen dachte ich mir, aber irgendwie bin ich müde, den Messias zu spielen. Der Schlüssel zur Rettung aus der Selbstzerstörung, die wir seit Jahrhunderten betreiben, wäre eine Selbstanalyse jedes einzelnen.

Glaubst Du an die Wirksamkeit Deines Engagements?
Global gesehen nicht. Wirksam wäre vielleicht ein Rockmusiker. Aber die Masse ist momentan nicht bereit, wirklich nachzudenken.

Warum tust Du dann, was Du tust?
Ich kann einfach nicht anders, als mir darüber 'nen Kopp zu machen und zu versuchen, was zu ändern. Das ist tief in mir drin.

Hat das was mit Deinem Gewissen zu tun?
Es gibt viele Dinge, die mich halt vom Herzen her berühren. Da muß ich einfach was machen. Das kann man schon Gewissen nennen.

Welche Rolle spielt Hoffnung in Deinem Leben?
Wenn ich rational und gefühllos denken würde, wäre Hoffnung was Schönfärberisches, was eh nicht eintritt. Aber ohne Hoffnung können wir uns gleich unter die Erde legen. Also im Prinzip hoffe ich noch.

Kannst Du Dir vorstellen, später einmal eigene Kinder zu haben?
Kinder sind zwar die Hoffnung dieser Welt, aber diese Welt ist für mich so zerstörerisch, daß ich es einfach nicht mitansehen könnte.

Abb. 77 - Interview mit Hyper-Aktivistin Saskia:

„Mein Ziel ist, auf meinem Totenbett sagen zu können, daß ich so viel getan habe, wie mir möglich war"

Saskia, 18 Jahre alt und seit ihrer Kindheit bei Greenpeace engagiert, hat den Umweltschutz zu ihrem Lebensthema gewählt, um sich auf ihrem Totenbett keine Vorwürfe machen zu müssen, nicht alles für die Rettung der Natur versucht zu haben. Sie vertritt die Auffassung, daß die Menschen nur eine Stufe der Evolution sind, und möchte nach ihrem Abitur Ökologie in England studieren.

Hast Du Angst angesichts der Umweltzerstörung?
Man kann es schon Angst nennen, es ist aber keine hilflose Angst, sondern eher Ärger und die Kraft, mehr zu tun, keine Angst, die mich irgendwie blockiert oder entmutigt.
Fühlst Du Dich eher als Opfer, Retterin oder Täterin der Umweltzerstörung?
Generell kann ich nichts ausschließen. Opfer bin ich zum Beispiel, weil es nicht voll in meiner Macht steht, die französischen Atombombentests zu revidieren. Täterin bin ich, weil ich in dieser Gesellschaft lebe. Insgesamt würde ich mich verstärkt zu den Rettern zählen, weil ich versuche, möglichst wenig anzurichten und möglichst viele Leute davon zu überzeugen, die Umwelt weniger zu zerstören.
Welche Rolle spielt Hoffnung für Dich?
Jeder hofft sowohl auf die großen Erfolge als auch auf jeden kleinen Schritt. Aber Hoffnung hilft nichts, wenn man nicht auch aktiv was dafür tut. Nur Hoffen wäre nichts, was mir gefallen würde, weil ich mich nicht auf andere Leute verlassen möchte.
Wieviel Zeit bist Du eigentlich mit Deinem Engagement beschäftigt?
Also ich würde die 20 Stunden-Woche wohl weit überschreiten. In den letzten Ferien war ich täglich über zehn Stunden hier im Büro.
Warum bist Du so engagiert, was bewegt Dich?
Für mich ist die Umwelt das wichtigste Thema, mich zu engagieren, einfach der Zukunft wegen. Mein Ziel ist es, auf meinem Totenbett sagen zu können, daß ich soviel getan habe, wie mir möglich war.
Was ist für Dich der Sinn des Lebens?
Ich glaube an die Natur an sich. Ich glaube, man sollte sich nicht so verhalten, als wenn man auf der höchsten Stufe wäre, sondern sein Leben auf einer der vielen Stufen leben, ohne rücksichtslos zu sein.
Wie stellst Du Dir Dein Leben in 20 Jahren vor?
Nach meinem Studium will ich gerne für Greenpeace weiterarbeiten.
Kannst Du Dir Dein Leben überhaupt ohne Greenpeace vorstellen?
Nicht ohne mich zu engagieren! Es muß nicht unbedingt Greenpeace sein, aber trotz aller Widrigkeiten gefällt mir die Organisation gut.

Abb. 78 - Interview mit Hyper-Aktivistin Katharina:

„Warum mach' ich mir nicht ein schönes Leben?"

Katharina, 19 Jahre alt und jüngste Bezirksabgeordnete Berlins, tritt den „Gang durch die Institutionen" an. Im Vergleich zur Mehrheit ihrer Altersgenossen hat Katharina ein ausgesprochen konservatives Politikverständnis: Sie will die Möglichkeiten unseres parlamentarisch-demokratischen Systems nutzen, um die Welt verändern. Manchmal fragt sich Katharina jedoch, warum sie sich kein schöneres Leben macht.

Erinnerst Du Dich an den Anfang Deines politisches Engagements?
Das entscheidene Erlebnis war für mich eine Gedenkstättenfahrt nach Auschwitz. Da entwickelte ich die Motivation, mich einzumischen, daß sowas nie wieder geschieht. Außerdem haben meine Eltern mich früher immer im Kinderwagen auf irgendwelchen Frieden-Demos mitgeschleppt. Aber wenn ich sie heute zu einer Demo überreden will, sagen sie immer „Nein, jetzt mach' Du das mal!"
Warum engagierst Du Dich?
Ich denke, daß ich damit was verändern kann. Also weltverbessern klingt vielleicht blöd und naiv, aber in kleinen Schritten kann man schon was erreichen. Einmal kann man, wie Freunde von mir, den außerparlamentarischen Weg wählen und gegen alles sein, oder, was in meinen Augen etwas konstruktiver ist, sich erstmal im System zurecht-zufinden und ins Parlament zu gehen.
Glaubst Du an die Wirksamkeit Deines Engagements?
Ja, auf jeden Fall, sonst könnte ich ja gleich alles hinwerfen. Aber es ist schon deprimierend, wenn man kein direktes Erfolgserlebnis hat. Die Wirkungen meiner Arbeit kann ich morgen nicht sofort sehen.
Welche Gefühle hast Du angesichts der Umweltzerstörung?
Vor allem Hilflosigkeit, weil vieles schon soweit fortgeschritten ist, wo ich dann denke, was will man da überhaupt noch machen?
Kennst Du auch Gefühle von 'Burnout' bei Deinen Aktivitäten?
Klar, davor habe ich auch Angst. Manchmal denke ich, was bringt das überhaupt? Warum mach' ich mir nicht ein schönes Leben? Wieso liege ich jetzt nicht irgendwo in der Sonne? Alle anderen sind doch auch glücklich und machen ihren Führerschein und gehen jeden Tag in die Disco. Aber dann sage ich mir, ja, mein Leben hat irgendwie 'nen Sinn, ich hab' in meiner Jugend nicht nur 'rumgefault.
Was ist der Sinn des Lebens für Dich?
Einen Abdruck zu hinterlassen. Ich kann mir vorstellen, daß mich die politische Arbeit noch mein ganzes weiteres Leben begleiten wird. Und ich habe so einen Traum von 'ner heilen ökologischen Welt mit Kompostklo, Solardach und vegetarischem Essen in einem Ökodorf.

Abb. 79 - Interview mit Hyper-Aktivist Mark:

„Früh aufstehen und abends spät ins Bett gehen"

Mark, 20 Jahre und langjähriger Umweltaktivist bei der BUNDjugend, wurde für sein publizistisches Engagement vom Umweltbundesamt mit dem Umweltjournalistenpreis ausgezeichnet. Vor kurzem erlitt Mark aber einen Burnout: Wegen völliger Erschöpfung landete er in einer Klinik (zusammen mit anderen „Ökos"!). Doch auch nach der Kur möchte Mark seine ökologische Berufspläne nicht aufgeben.

Gibt es ein Schlüsselerlebnis Deines ökopolitischen Engagements?
Ich hatte eine Religionslehrerin, die ziemlich engagiert war, jedoch nicht im Umweltbereich. Bei ihr ging es auch nicht so sehr um Gott, sondern da haben wir wirklich Sachen fürs Leben gelernt und vor allem, Dinge auch selbst in die Hand zu nehmen.
Du hast gerade eine Art 'Burnout' hinter Dir. Wie kam es dazu?
Das hat damit zu tun, daß ich zuviel gemacht hab', daß ich vor allem im letzten Jahr oberviel gemacht hab' und so zum Beispiel Ausspannen oder soziale Kontakte vernachlässigt habe.
Was hast Du denn so gemacht?
Zum Schluß fast nur noch Organisation, Organisation, Organisation.
Wie sah Dein Tagesablauf aus?
Früh aufstehen und abends spät ins Bett gehen.
Hast Du Dir wenigstens am Wochenende mal 'ne Pause gegönnt?
Manchmal schon, aber das war dann eher Erschöpfung.
Während der Schulzeit war ja noch der Vormittag reserviert, oder?
Ich hab' viel geschwänzt, das letzte Semester war ich weniger als die Hälfte der Zeit in der Schule.
Und trotzdem hast Du ein gutes Abitur?
Ja, recht gut, dafür, daß ich kaum da war.
Hast Du viel nachgedacht während Deiner Kur in der Klinik?
Auf jeden Fall. Ich war ja auch nicht allein, ich hab' da noch zwei andere Umweltaktivisten getroffen (lacht)...
(lacht auch)...ist ja interessant, wen man da so trifft...
...ja, also da waren auch viele Krankenschwestern und lauter andere helfende Berufe, das war echt so hyperkrass!
Möchtest Du Deine Umweltarbeit zum Beruf machen?
Ja, vielleicht in Form von Umweltjournalismus oder Zukunftsforschung. Allerdings hab' ich ziemliche Gewissensbisse, dafür Geld zu nehmen.
Ist es denn verwerflich, die eigenen Fähigkeiten auszuschöpfen?
Ich finde einfach, das zerstört die Ehrenamtlichkeit.

Abb. 80 - Interview mit Hyper-Aktivist Fritz:

„Ich weiß nicht wohin mit meiner Ladung"

Fritz ist schließlich mit seinen 70 Jahren der älteste Greenpeacer Deutschlands, der noch mit dem Schlauchboot unterwegs ist (obwohl er nach seinem vierten Herzschrittmacher zu 70% als behindert gilt!). Das ökologische Gewissen von Fritz ist vor allem religiös begründet: Er fühlt sich dazu verpflichtet, Gottes Schöpfung zu verteidigen. Dabei schreckt Fritz auch vor gewalt(tät)igen Aktionen nicht zurück.

Warum engagierst Du Dich für die Umwelt?
Das muß ich einfach, weil es mir um Gottes Schöpfung geht und ich als praktizierender Christ die Aufgabe habe, sie zu verteidigen. Ich lebe nach der Maxime „Verantwortlich? Im Zweifelsfall immer Du selbst!" Übrigens hasse ich das Wort 'Umwelt', weil ich mich dann als Mittelpunkt der Welt setze. Umwelt ist für mich nicht nur ein Baum, sondern auch der Umgang miteinander, Politik im weitesten Sinne.

Was heißt für Dich, altersradikal zu leben?
Als ich zum ersten Mal bei einer Aktion war, da kam es mir recht abenteuerlich vor, als es hieß, daß wir uns für zehn Stunden anketten. Ich kann nicht auf Türme klettern, weil ich nicht schwindelfrei bin, dazu würden mir wahrscheinlich auch die Kräfte fehlen. Ich meine aber, man darf sich nicht auf so pille-palle-Aktionen beschränken, daß man sich da irgendwo vor ein Tor stellt und Flugzettel verteilt. Man muß Druck ausüben. Greenpeace ist doch eigentlich eine Pressure-Group, und dies scheint mir zu schwinden. Ich halte es da eher mit Watson, einem Gründungsmitglied von Greenpeace, der mit seinem Schiff Walfänger rammt.

Du bist nicht der Meinung, daß Umweltschutz gewaltfrei sein sollte?
Um Gottes willen! Gewalt ist absolut relativ. Vor 30 Jahren wäre sicher das Eindringen in ein abgezäuntes Gelände eines Werkes für mich noch Gewalt gewesen, heute sehe ich da keine Gewalt mehr. Selbstverständlich steige ich in ein Werk ein, um dort eine Aktion durchzuführen. Das sind für mich legitime Mittel. Früher hing ich noch dem Irrglauben an, daß das, was der Staat macht, Recht sei. Aber Recht und Gesetz sind verschiedene Schuhe.

Hast Du eigentlich auch manchmal Gefühle von 'Burnout'?
Also beim Burnout ist man ja hinterher leer, das ist bei mir nicht der Fall, eher umgekehrt, ich weiß nicht, wohin mit meiner Ladung.

Kannst Du Dir das erklären?
Ich muß einfach! Vielleicht spielt das Alter insofern eine größere Rolle, als daß es mich zu größerer Eile zwingt und dadurch auch die Treibladung immer größer wird. Aber einen Burnout sehe ich noch nicht kommen bei mir, denn es kommt immer noch Treibladung nach.

Ökologisches Gewissen von Hyper-Aktivisten

Von den 600 in der vorliegenden Untersuchung befragten Personen erfüllten in Deutschland nur fünf Aktivisten die Kriterien für „Hyper-Aktivismus": Intensives (20 Stunden/Woche) ehrenamtliches ökologisches Engagement über einen längeren Zeitraum (drei Jahre). Es sind Menschen, die es sich leisten können, weil sie entweder noch nicht (Harald und Saskia gehen noch zur Schule, Katharina und Mark studieren) oder nicht mehr (Fritz ist Rentner) im Arbeitsleben stehen. Alle Hyper-Aktivisten sind mehr oder weniger schon ihr halbes Leben lang praktisch rund um die Uhr ökopolitisch engagiert.

Tatsächlich zeigen die Hyper-Aktivisten ein außergewöhnliches ökologisches Gewissen: Alle Befragten artikulieren ein ausgeprägtes Verantwortungsbewußtsein und bewältigen die emotionale Balance, zum einen zwischen aktivierender und lähmender Angst, zum anderen zwischen Hoffnung und Hoffnungslosigkeit, erfolgreich. Es regiert das Prinzip Trotz. Die Kraft des Gewissens wird immer wieder bejaht und findet auch wiederholt seinen sprachlichen Ausdruck im Hinweis auf das ökologische Handeln-"Müssen". Die Befunde decken sich gut mit den Gruppengesprächen. So beantwortete Saskia bereits ein Jahr vor dem Einzelinterview die Frage nach Möglichkeiten des ökologischen Handelns mit den Worten: „Man kann nicht nur, man muß!" Auch die Identitäten als Opfer, Retter und Täter als Teil der eigenen Persönlichkeit werden von allen Befragten angenommen.

Vorbilder von Petra Kelly bis Mahatma Gandhi

Alle Hyper-Aktivisten nennen Vorbilder für ihre Arbeit - Menschen, die mit unterschiedlichen Domänen politische Außenseiter sind oder waren: Harald erwähnt den Aktionskünstler Ben Wargin. Saskia spricht von Mahatma Gandhi. Katharina denkt an Rudi Dutschke und Petra Kelly. Mark nennt Robert Jungk. Fritz erzählt schließlich vom biblischen Paulus und von Albert Schweitzer. Gleichzeitig stehen alle Befragten ihren Vorbildern mit einer skeptischen Distanz gegenüber. Vorbilder wollen nicht kopiert werden, sondern dienen als Inspiration zur eigenen Entwicklung. Einen Sinn und Lebensenergien schöpfen Hyper-Aktivisten aus persönlichen Zukunftsvisionen (Fritz aus Gott).

Eine Weltformel für ökopolitisches Engagement?

Wie wird man ein Hyper-Aktivist? Hinsichtlich einiger grundlegender Einstellungen und Werthaltungen sind die Befragten erstaunlich homogen. Sie bevorzugen internale (des eigenen Glückes Schmied sein) Überzeugungen und lehnen externale (Rad im Getriebe sein) bzw. fatalistische (Spielball des Schicksals sein) Handlungsorientierungen vehement ab. Darüber hinaus verfügen sie - im Gegensatz zu den meisten „normalen" Aktivisten - über ein sehr positives Selbstkonzept eigener politischer Fähigkeiten. Anders ausgedrückt: Hyper-Aktivisten glauben nicht nur, daß der einzelne etwas tun kann, sondern daß sie selbst in der Lage sind, ökopolitisch erfolgreich zu agieren. Schließlich tendieren die Hyper-Aktivisten zu individualistischen Wertehaltungen (z.B. Leistungsbereitschaft), ohne sich dabei besonders egoistisch zu verhalten (eine typische Politiker-Eigenschaft, der Machtinstinkt, ist bei den Befragten ausgesprochen unterentwickelt).

Die verzweifelte Sehnsucht der Menschen nach Vollkommenheit

Es gibt noch eine entscheidende Voraussetzung für ökopolitisches Engagement, die in der Persönlichkeit der Befragten verborgen liegt. Hierbei handelt es sich um ein klassisches Konzept, das in der Moderne immer mehr Beachtung findet: Die Vorstellung eines androgynen Menschen (grch. „andro" für männlich und „gyne" für weiblich), die auf Platon zurückgeht und die uralte Sehnsucht der Menschen nach Vollkommenheit widerspiegelt. Nach Platon muß das männliche und das weibliche Wesen erst die verlorengeglaubte Hälfte wiederfinden, um zum ganzheitlichen Menschen zu werden.

Im Sinne des Androgynie-Modells weisen viele Frauenforscherinnen darauf hin, daß sich Männlichkeit und Weiblichkeit nicht gegenseitig ausschließen müssen. Ob Androgynie auch Ausdruck einer größeren moralischen Reife ist, wie z.b. Jeanne Block[210] meint, sei dahingestellt. Tatsache ist allerdings: Alle Hyper-Aktivisten vereinigen das (typisch männliche) Selbstbewußtsein mit der (typisch weiblichen) Sensibilität miteinander.

Nach den bisherigen Ausführungen könnte man meinen, es sei ein lohnenswertes Ziel, sich zu einem Hyper-Aktivisten zu entwickeln. Ein Blick auf die seelische Gesundheit der Befragten zeigt jedoch ein ambivalentes Bild: Schriftlich offenbaren die Hyper-Aktivisten ausnahmslos ein überaus positives psychisches Befinden. Sie sind tendenziell weniger hilf- und hoffnungslos als der Durchschnitt der Befragten. Ferner erleben sie auffällig mehr Glücksgefühle im Alltag als andere Menschen.

Doch wie die Portraits offenbaren, gibt es auch Schattenseiten des Öko-Engagements: die Grenzen des individuellen Widerstands. Mit Ausnahme von Fritz (der nicht mehr viel zu verlieren hat!) berichten alle jugendlichen Hyper-Aktivisten von latenten Burnout-Bedenken, die sie zu verdrängen versuchen. Daß diese Sorgen auch objektiv begründet sind, zeigt das Beispiel von Mark, der einen halbjährigen Klinikaufenthalt hinter sich hat. Angesichts seiner relativ festgelegten Lebensentwürfe sind Zweifel angebracht, ob es ihm auch langfristig gelingt, der Burnout-Gefahr zu entkommen. So sind die sozialen Kosten des Engagements des Helfers sehr hoch, wenn er „unabhängig von Lob und Tadel seine Pflicht tut und nur seinem Gewissen folgt",[211] ohne auf das eigene Privatleben zu achten. Mark meinte z.B., außer der Umweltgruppe keine Freunde zu haben.

Müßte man aus therapeutischer Perspektive Hyper-Aktivisten von ihrem extremen Engagement abraten, sind sie groteskerweise für die Gesellschaft ein Glücksfall, da sie stellvertretend für viele handeln und sich selbstlos für eine ökologisch lebenswerte Zukunft einsetzen. Wäre unser Gemeinwesen in der Lage, die anstehenden Probleme ernsthaft anzugehen, kämen Hyper-Aktivisten nicht in „Versuchung"! Bleibt zu hoffen, daß sie sich bei ihrem Einsatz für das Kollektiv genügend Narzißmus erhalten, um nicht selbst zugrundezugehen.

---

[210] Block, Jeanne (1973): Conceptions of sex role. Some cross-cultural and longitudinal perspectives. American Psychologist 28, 512-528.

[211] Schmidbauer, Wolfgang (1992): Hilflose Helfer. Über die seelische Problematik der helfenden Berufe. Hamburg, S. 10.

20. Gewissen ohne Grenzen

"Edel sei der Deutsche, hilfreich und allzeit bestürzt, daß sie nicht so ist, wie sie sein sollte: friedlich, solidarisch und FCKW-frei. Soll an deutschen Wesen wieder einmal die Welt genesen?"

Hendryk Broder[212]

Wenn man bedenkt, was die Deutschen im 20. Jahrhundert alles angerichtet haben, so ist die Eingangsfrage nur allzu berechtigt. Auch der Soziologe Ulrich Beck warnt vor der Gefahr einer deutschen „Wiederüberlegenheit", diesmal in Umweltfragen, die als ökologisch motivierte „Wiedergutmachung" daherkommt.[213] Aber sind die Deutschen überhaupt Umweltmeister?

In diesem Kapitel geht es darum, einmal über den eigenen Tellerrand hinauszuschauen und ökologisches Gewissen im Kontext einer kulturvergleichenden Perspektive zu betrachten. So kommen Umweltschützer aus aller Welt zu Wort, die in zwölf Ländern in Europa, in Amerika, Afrika, Asien und Australien befragt werden konnten. Die beispielhaften Ausflüge auf die einzelnen Kontinente werden mit repäsentativen Daten aus einer „Welt-Umfrage" verglichen, die von nationalen Umweltministerien unterstützt und seit 1997 in 24 Ländern durchgeführt wird, in denen 60% der Weltbevölkerung leben.[214] Am Ende des Kapitels werden ökologische Persönlichkeiten aus fünf Kontinenten vorgestellt.

„Wir müssen einsehen, daß heutzutage keine einzige Kultur, keine einzige Religion, keine einzige Ideologie die Rettung der Welt vollziehen kann. Wir brauchen uns gegenseitig in einer solchen Polarität, in der jede Stimme notwendig ist. Keine einzige Kultur hat alles gesagt oder gedacht, was gesagt oder gedacht werden kann." Diese Sätze des Religionswissenschaftlers Raimon Panikkar, der aus Indien kommt, in Europa studiert hat und in Amerika lehrt, erinnern an die Notwendigkeit eines „ökologischen Weltethos", wie es der Schweizer Theologe Hans Küng fordert.[215]

Der Frankfurter Theologe Hans Kessler hat in einem interkulturellen Forschungsprojekt diesen interkulturellen Dialog zu praktizieren versucht, in dem er Repräsentanten der Religionen und Kulturen miteinander verbindet - ausgehend von der Annahme, daß es in allen kulturell-religiösen Traditionen Weisheiten gibt, die in einer Bejahung und Bewahrung der natürlichen Lebensgrundlagen münden. Diese Dimension führt zu einem Gewissen ohne Grenzen.

---

[212] Broder, Hendryk (1995): Im Chor der Gutmenschen. Spiegel 39/95, S. 34.
[213] Beck, Ulrich (1996): Weltrisikogesellschaft, Weltöffentlichkeit und globale Subpolitik. Ökologische Fragen im Bezugsrahmen fabrizierter Unsicherheiten. In Andreas Dieckmann & Carlo Jaeger, Umweltsoziologie, Opladen, S. 119-147.
[214] Wille, Joachim (1997): Der Weltbürger will kein Ökomuffel sein. Mehrheit gibt dem Umweltschutz Vorrang vor ungebremstem Wirtschaftswachstum. Frankfurter Rundschau. 12.5.97, S. 5.
[215] In Hans Kessler (Hrsg.), Ökologisches Weltethos im Dialog der Kulturen und Religionen, Darmstadt, S. 4.

Ökologisches Gewissen in Europa

Im europäischen Raum wurden in der vorliegenden Studie außer zahlreichen Stichproben aus Deutschland auch junge Umweltschützer aus der Ukraine befragt. Es handelt sich dabei um Jugendliche aus Kiew, die sich im Projekt Greenteam bei Greenpeace engagieren. Kiew ist mit vier Millionen Einwohnern etwa so groß wie Berlin. Noch immer leiden die Menschen, die in der Region leben, unter den Folgen von Tschernobyl sowie der Angst, daß sich eine ähnliche Katastrophe jederzeit wiederholen könnte. 81% der Jugendlichen gehen davon aus, von der Umweltzerstörung „in den nächsten Jahren und Jahrzehnten" überrollt zu werden. 57% der Befragten vertreten die Ansicht, daß die heutigen Probleme „einen uneinholbaren Vorsprung vor den Lösungen" haben - so viele wie in keiner anderen internationalen Vergleichsstichprobe.

In der repräsentativen Weltumfrage stimmen dagegen nur 23% der Erwachsenen in der Ukraine der Forderung „Dem Umweltschutz sollte Vorrang eingeräumt werden, auch auf die Gefahr hin, daß dadurch das Wirtschaftswachstum verlangsamt wird" zu - so wenige wie in keinem anderen Land in Europa. In Deutschland können sich immerhin 71% der Erwachsenen diese Ansicht leisten. Dennoch ist in Osteuropa auch in der Erwachsenenbevölkerung die Angst vor der Umweltzerstörung größer als in Westeuropa: Während sich z.B. in Polen 41% der Befragten „sehr große" Sorgen um die Umwelt machen, sind es in Deutschland nur 27%, in der Schweiz 15% und in den Niederlanden 9%. Nach der Umfrage sind die Europäer die ökologisch sorglosesten Menschen auf der ganzen Welt.

Das Umweltbewußtsein in Westeuropa ist zwar in den letzten Jahren gestiegen, zu einem freiwilligen Verzicht sind aber nur wenige bereit. Dabei wäre nach Auffassung von Hans Kessler freiwillige Selbstbeschränkung „das Jesuanische und eigentlich Christliche", was die Kultur des Abendlandes auszeichnen müßte.[216] Die vorliegenden Daten zeigen, daß ökologisches Gewissen in Europa trotz großer Umweltprobleme nicht selbstverständlich ist.

Ökologisches Gewissen in Amerika

Aus Amerika wurden vier Stichproben befragt: zwei ökologisch nicht engagierte Gruppen aus Nordamerika (USA und Kanada) und zwei jugendliche Umweltgruppen aus Südamerika (Brasilien und Chile). Die brasilianischen Jugendlichen leben in Parana und engagieren sich für den Erhalt der Mangrovenwälder im Süden des Landes, aus Chile nahm die Umweltorganisation Codeff mit Sitz in Santiago teil, die sich für den Schutz von Flora und Fauna einsetzt. In allen befragten Gruppen blickt die Mehrheit der Menschen ökologisch hoffnungsvoll in die Zukunft, obwohl sich die meisten Befragten der Bedrohungen durchaus bewußt sind.

---

[216] ders., S. 12.

Selbst die ökologisch so geschmähten US-Amerikaner schneiden in der repräsentativen Welt-Umfrage ehrenwert ab: 69% der Befragten in den USA plädieren dafür, dem Umweltschutz Vorrang zu geben, auch wenn dadurch das Wirtschaftswachstum verlangsamt werde (in Kanada sogar 73%). Sorgen um die gesundheitlichen Folgen der Umweltzerstörung für nachfolgende Generationen machen sich 60% der Amerikaner (zum Vergleich: nur 44% der Deutschen!) und „sehr große" Sorgen wegen der gegenwärtigen Umweltprobleme immerhin 37% der Befragten in den USA (in Deutschland 27%). Das Prinzip Angst ist vor allem in Südamerika verbreitet: In Chile sind 63% der Menschen sehr besorgt über die Umwelt - mehr als irgendwo sonst.

In Amerika sind globale Nord-Süd-Unterschiede besonders auffällig. Während viele Nordamerikaner einen verschwenderischen Lebensstil kultivieren, müssen die meisten Menschen in Südamerika bescheiden leben. Manche Menschen wählen diesen alternativen Lebensstil auch freiwillig: So praktizieren die 4000 Meter hoch lebenden Bewohner der Anden z.B. eine ökologische Ethik, die darauf beruht, daß Mutter Erde („Pachamama") dem Leben der andinen Völker Sinn stiftet. Allerdings weist der Theologe Edwin Claros-Arispe aus Bolivien darauf hin, daß traditionelle kulturelle Werte durch die machtvolle Entwicklung und Ideologie der Moderne immer stärker bedroht sind.[217]

Ökologisches Gewissen in Afrika

Aus Afrika nahmen an der Befragung eine Umweltgruppe aus Mali und eine ökologisch nicht engagierte Gruppe aus Madagaskar teil. Mit einem jährlichen Bruttosozialprodukt von 200 Dollar pro Kopf gehören Mali und Madagaskar zu den ärmsten Ländern der Erde. Die jugendlichen Befragten aus Mali kommen aus Sevare/Bamako und gehören der Bewegung „Les amis de la nature" (Freunde der Natur) an. Die Gruppe beschäftigt sich z.B. mit Baumpflanzaktionen und Straßensäuberungen sowie mit Theaterstücken zu ökologischen Themen. Ökologisches Hauptproblem von Mali ist das Fortschreiten der Sahara. Obwohl die Mehrheit der Befragten in beiden Ländern davon ausgeht, von der Umweltzerstörung in den nächsten Jahren und Jahrzehnten überrollt zu werden, ist die Grundhaltung der Menschen eher hoffnungsvoll.

Die große afrikanische Umweltbewegung „Green Belt Movement" wurde von einer Ärztin aus Kenia gegründet: Wangari Muta Maathai. Für ihr ökologisches Engagement zur Wiederaufforstung Kenias wurde sie mit dem 'Alternativen Nobelpreis' ausgezeichnet. Muta Maathai, die auch Mitglied des 'Club of Rome' ist, bezeichnet es als alles übergreifendes Ziel ihrer von Frauen getragenen Bewegung, „das öffentliche Bewußtsein dafür zu wecken, was die Umwelt ausmacht und warum sie geschützt werden muß".[218]

---

[217] Claros-Arispe, Edwin (1996): Beitrag zu einem ökologischen Ethos aus Sicht der Aymara und Quechua. In Hans Kessler (Hrsg.), Ökologisches Weltethos im Dialog der Kulturen und Religionen, Darmstadt, S. 200-215.
[218] Maathai, Wangari (1996): Afrikanische Frauen in der Umweltbewegung. In Hans Kessler (Hrsg.), Ökologisches Weltethos im Dialog der Kulturen und Religionen, Darmstadt, S. 79-87.

In Afrika gibt es viele lokale und regionale Initiativen, die uns für eine naturverträgliche Lebensweise sensibilisieren können. Afrikanische Experten sehen Lösungsmöglichkeiten ihrer Umweltprobleme vor allem in der Rückbesinnung auf eigene Traditionen und in einer kritischen Distanz zur der sich immer stärker ausbreitenden kapitalistischen Kultur, welche die Sprache der Natur verlernt habe.

Langfristig wird auch der Norden bzw. Westen aus seiner verengten, eindimensional-instrumentell auf den Menschen und seine kurzsichtigen Zwecke verengten Rationalität herausfinden müssen. Während Millionen von Afrikanern unter menschenunwürdigen Armutsbedingungen leben, verbraucht eine reiche Minderheit in den Industrieländern den Löwenanteil der Weltressourcen.

Ökologisches Gewissen in Asien

In Asien wurden drei ökonomisch sehr unterschiedliche Nationen befragt (in Klammern das jährliche Bruttosozialprodukt pro Kopf): Indien (300 $), Thailand (3.000 $) und Taiwan (über 10.000 $). Die indische Stichprobe kommt von der Umweltorganisation „Youth for Action" aus Hyderabad, einer Millionenstadt mit vielen sozialen und ökologischen Problemen in einem Regenwaldgebiet. In Bangkok engagiert sich die thailändische Jugendumweltgruppe „Makhampom" in Form von Theaterstücken, die sich zum Beispiel mit Verkehrsproblemen, der Regenwaldabholzung und Kinderprostitution auseinandersetzen. Bei den Befragten aus Taiwan handelt es sich um Studierende aus Hualien. Die asiatischen Stichproben zeichnen sich insgesamt durch eine ökologisch hoffnungsvolle Haltung aus, obwohl Umweltängste überall anzutreffen sind.

Auch in der repräsentativen Welt-Umfrage wurden drei ökonomisch unterschiedliche Länder ausgewählt: Indien, Südkorea und Japan. Sehr große Sorgen um die gegenwärtige Umweltsituation machen sich 55% der Befragten in Indien, aber nur 27% in Japan. Die Sorge um die Gesundheit zukünftiger Generationen liegt in den befragten asiatischen Ländern im Durchschnitt wesentlich höher als anderswo (in Asien durchschnittlich 75%). Unterschiede innerhalb Asiens in Abhängigkeit der ökonomischen Potenz gibt es allerdings bei der Einschätzung der These, dem Umweltschutz auch dann Vorrang einräumen zu müssen, wenn dadurch das Wirtschaftswachstum gefährdet sei. Dies bejahen zwar 70% der Japaner und 63% der Koreaner, jedoch nur 50% der Inder.

Besonders brisant ist die Situation in Taiwan, das binnen kürzester Zeit ein beispielloses Wirtschaftswunder erlebt hat. In den letzten Jahrzehnten führte vor allem der rapide Wachstum von Kraftwerken und die unbegrenzte Zunahme von Autos zu einer ökologischen Krise in Taiwan. Nach dem taiwanesischen Theologen Timothy Yong-Xiang Liau wird die Natur trotz ihrer Achtung im Konfuzianismus, im Taoismus und in den Volksreligionen „als unerschöpflich angesehen und ohne jedes Gespür ausgebeutet."[219]

---

[219] Yong-Xiang Liau, Timothy (1996): Die Bioregion Taiwan und eine heutige chinesische Theologie der Erde. In Hans Kessler (Hrsg.), Ökologisches Weltethos im Dialog der Kulturen und Religionen, Darmstadt, S. 164-182.

Ökologisches Gewissen in Australien

Der australische Kontinent war schließlich in der vorliegenden Studie mit einer Stichprobe aus Neuseeland vertreten, die sich zum einen aus einer Gruppe von Greenpeace-Aktivisten in Howick/Auckland, zum anderen aus einer Gruppe der „Green Party" zusammensetzt, die auf einem Parteitag befragt werden konnte. Während es sich bei der Greenpeace-Gruppe vor allem um Jugendliche handelt, reicht die Altersspanne der parteipolitischen Ökologen von 14 bis 73 Jahren. Auffälligstes Ergebnis der Befragung in Neuseeland ist der Befund, daß ein Drittel der Umweltschützer die Auffassung vertritt, daß „sowieso alles zu spät" sei und die Menschheit vor einer „großen Umweltkatastrophe" stehe. Der Anteil ökologisch hoffnungsloser Menschen ist in Australien höher als in allen anderen internationalen Vergleichsstichproben - mit Ausnahme von Deutschland.

Auch in einem industriell fortgeschrittenen Land wie Australien gibt es noch eine „erdgesinnte Spiritualität" der Ureinwohner, die Eugene Stockton, Studentenpfarrer aus Sydney, wie folgt beschreibt: „Was die Spiritualität der Aborigines nicht nur den Australiern, sondern meiner Meinung nach der ganzen Welt anzubieten hat, ist eine Form der Askese, welche aufmerksam auf die Umwelt sowohl in der Gesellschaft als auch in der Natur achtet. Gerade so, wie die Aborigines, die in Einklang mit ihrer Umwelt sind, von der Landschaft ein Gesetz der Harmonie untereinander und mit der Natur ablesen, so können sie uns wiederum lehren, von der Umwelt den möglichen Weg abzulesen, in Einklang mit ihr und uns selbst zu leben."[220]

Eine australische Ureinwohnerin drückt es so aus: „Immer mehr weiße Australier begreifen, daß wir ein besonderes, achtungsvolles Verhältnis zur Natur leben. Wir Ureinwohner haben auf unsere Weise von unseren ersten Tagen an gelernt zuzuhören. Mein Volk hat keine Angst vor Stille. Es ist vollkommen zuhause in ihr. Es hat viele Jahrtausende mit der Stille der Natur gelebt. Wir versuchen nicht, Dinge zu beschleunigen. Wir lassen alles seinen natürlichen Gang gehen. Wir hetzen nicht. Das unterscheidet uns zutiefst von der weißen Kultur."[221]

Ökologische Persönlichkeiten aus allen Kontinenten

Abschließend werden fünf ausgewählte Umweltschützerinnen und -schützer porträtiert: Eine Europäerin, ein Südamerikaner, ein Afrikaner, ein Asiate und eine Australierin. Sie offenbaren ihr auf den Prinzipien der Angst, Hoffnung und Verantwortung basierendes ökologisches Gewissen.

---

[220] Stockton, Eugene (1996): Eine erd-gesinnte Spiritualität im heutigen Australien. In Hans Kessler (Hrsg.), Ökologisches Weltethos im Dialog der Kulturen und Religionen, Darmstadt, S. 184.

[221] Ungunmerr, Miriam Rose (1996): Die Spiritualität der australischen Ureinwohner. In Hans Kessler (Hrsg.), Ökologisches Weltethos im Dialog der Kulturen und Religionen, Darmstadt, S. 196-199.

Abb. 81 - Interview mit Marina aus der Ukraine:

„Tschernobyl ist auch heute noch das gefährlichste von allen Atomkraftwerken"

Marina (37) kommt aus Kiew und ist Leiterin des Kinder- und Jugendprojekts von Greenpeace in der Ukraine.

Was ist Deine Aufgabe bei Greenpeace?
Ich arbeite als Erzieherin und organisiere ökologische Projekte für Kinder. Ich versuche die Kinder im Geiste der gegenseitigen Liebe und in einer Liebe gegenüber allen Formen des Lebens zu erziehen und sie zu involvieren, den Planeten zu bewahren. Ich hoffe, daß die Menschen der neuen Generation begreifen, daß sie nur ein kleiner Teil eines großen Ökosystems sind und daß jeder davon abhängig ist.

Welches sind die größten Umweltprobleme in der Ukraine?
In der Ukraine geht die größte Gefahr von sechs Atomkraftwerken aus. Alle sind in einem besorgniserregenden Zustand. Tschernobyl ist auch heute noch das gefährlichste von allen Atomkraftwerken. Es liegt einzig und allein in der Hand der Regierung, es abzuschalten. Auch über zehn Jahre nach der Katastrophe sind die Auswirkungen immer noch stark zu spüren - auch in Kiew, das 200 Kilometer von Tschernobyl entfernt liegt. Daneben haben wir noch eine Vielzahl anderer Umweltprobleme.

Fühlst Du Dich als Opfer, Retter oder Täter der Umweltzerstörung?
Ich fühle mich als Opfer, Retter und Täter in gleicher Weise.

Welche Hoffnungen hast Du, die Umweltzerstörung zu stoppen?
Das Wichtigste ist eine ökologische Erziehung hin zu einem aktiven Umweltschutz sowie ein ökologisches Bewußtsein jedes Einzelnen. Ich habe zwei Hoffnungen: Zum einen, daß die Industrienationen freiwillig anfangen, die Natur zu bewahren, zum anderen, daß die Zahl der besorgten Menschen auf der ganzen Welt wachsen wird.

Welche Auswirkungen hat die Umweltzerstörung für Kinder?
Nach meinen Beobachtungen versuchen die Kinder vor den Gefahren zu entfliehen, hinein in die Welt des Fernsehens und der Computer. Schließlich habe ich selbst auch eine Tochter.

Welche Erwartungen hast Du an die Zukunft?
Ich glaube, überall auf der Welt müssen sich Menschen über die ökologischen Probleme einig werden. Wenn sich Menschen aus allen Kontinenten miteinander verbinden, können wir die Erde noch retten.

Abb. 82 - Interview mit Jorge aus Brasilien:

„Die Hoffnung ist die letzte, die stirbt"

Jorge (29) ist ein in Bremen lebender Ökopsychologe aus Brasilien.

Was sind die größten Umweltprobleme in Brasilien?
Für mich als Brasilianer sind zwei Dinge besonders schlimm: Zum einen werden südlich von Rio, im einzigen erdbebengefährdeten Gebiet Brasiliens, seit 23 Jahren Atomkraftwerke von Siemens gebaut. Zum anderen verwandeln sich im Amazonas-Gebiet immer mehr abgeholzte Flächen in eine sandige Wüste, in der nichts mehr wächst. Daraus wird für mich deutlich, daß unsere Erde in Gefahr ist und ein totaler Kollaps droht.

Das hört sich ja ziemlich hoffnungslos an!
Ich glaube, die größten „ökologischen" Katastrophen in meinem Heimatland sind Armut, Mangel an Bildung, eine bedrohte Ethik, fehlende Perspektiven und erschwerte politische Betätigungsmöglichkeiten. Aber es gibt in Brasilien ein Sprichwort: Die Hoffnung ist die letzte, die stirbt.

Kann man etwas gegen die Umweltzerstörung tun?
Ich denke, daß es möglich ist, etwas gegen die Umweltzerstörung zu machen. Wir sollten immer wieder mehr Menschen ermutigen, in Umweltorganisationen mitzuarbeiten. Ich spreche z.B. über die Ergebnisse meiner ökologischen Diplomarbeit mit allen Freunden und Menschen, mit denen ich in Kontakt trete. Und ich frage sie, wie sie mit der ökologischen Bedrohung fertigwerden. Auf diese Weise versuche ich, Menschen mit der Realität zu konfrontieren.

Du beschäftigst Dich auch wissenschaftlich mit der Umweltfrage?
Ja, eine Studie aus dem Jahre 1997, bei der über 2000 Brasilianer aller Altersklassen und Schichten befragt wurden, macht mir Mut, daß sich auch in Brasilien etwas bewegt. Danach meinen z.B. 95% der Brasilianer, daß Umweltbildung ein schulisches Pflichtfach sein sollte. Für die große Mehrheit der Brasilianer ist die Natur heilig.

Was denkst Du über die Zukunft?
Vor uns liegt eine unkontrollierbare Entwicklung und so eine unberechenbare Zukunft, deren Akteure wir selber sind. Ich denke, daß wir in Zukunft mit einer viel stärker zerstörten Umwelt leben müssen. Dagegen werden die meisten Bürger der Erde ankämpfen.

Hast Du Angst vor der Zukunft?
Manchmal habe ich auch Angst, daß die Natur in Zukunft nicht mehr leben kann. Ich wünsche, daß die Hoffnung der Brasilianer auf eine bessere Welt nicht stirbt.

Abb. 83 - Interview mit Rui aus Mosambik:

„Respekt vor den Toten und der ganzen Natur"

Rui (34), Lebensmittelchemiker aus Mosambik, ist Vater zweier Töchter und lebt seit einigen Jahren in Berlin.

Du bist schon Dein ganzes Leben politisch engagiert, oder?
Meine politischen Aktivitäten in Mosambik und in Deutschland habe ich immer aus dem Bauch heraus gemacht. Wenn ich dachte, daß jemand gebraucht wird, fühlte ich mich immer angesprochen.

Ist Umweltschutz in Mosambik überhaupt ein Thema?
Über Umweltschutz in Mosambik zu reden war lange Zeit absurd. Die Menschen beschäftigen sich mit Umweltschutz aber unbewußt. Die afrikanische Gesellschaft war schon immer mit Natur verbunden. Auch heute gibt es noch Gebiete, die von der Natur total abhängig sind. Regnet es, ist der Bauer froh, regnet es nicht, ist er traurig.

Wo siehst Du die Ursachen der Umweltzerstörung?
Früher gab es eine Wechselwirkung zwischen Mensch und Natur, die Natur wurde respektiert. Mit der Industrialisierung begann die Phase des Geldes, das heute zwischen Mensch und Natur steht. Das Geld macht die Natur kaputt. Afrika leidet darunter, daß man nicht mehr an die Natur, sondern an das Geld denkt. Das Geld schmeckt gut und spricht alle Sprachen.

Wie schätzt Du diese Entwicklung zukünftig ein?
Diese Entwicklung macht mir Angst. Die Zivilisation wird die Natur in Afrika in absehbarer Zeit zerstören. Klaus Töpfer hat einmal gesagt, es wäre eine Katastrophe für die Umwelt, wenn sich alle Länder der Welt so entwickeln würden wie Deutschland. Die Umweltzerstörung ist ein Problem der Zivilisation. Als ich nach Deutschland kam, kannte ich z.B. noch keine Büchsen. Seife ist hier dreimal verpackt, zuhause überhaupt nicht. So habe ich angefangen nachzudenken und mich gefragt, ob wir so primitiv sind.

Gibt es in Afrika noch eine Ehrfurcht vor der Natur?
Die Philosophie der Menschen gegenüber der Natur ist sehr kompliziert. Für den Stamm, aus dem ich komme und in den ich eines Tages wieder zurückkehren werde, ist ein Friedhof was Besonderes. Auf dem Friedhof sind Bäume und Tiere etwas Heiliges. Da gibt es z.B. noch alle möglichen Bäume, es ist wie ein schöner Park. Hier herrscht Frieden und Respekt vor den Toten und der ganzen Natur.

Vielleicht müßte man die ganze Welt zu einem Friedhof erklären?
(lacht) Ja, das wäre nicht schlecht!

Abb. 84- Interview mit Rao aus Indien:

„Ohne Gewissen gäbe es kein Gefühl"

Rao (44) ist Psychologe an der Universität Hyderabad in Indien. Er versucht, ökologische Fragen in die Wissenschaft zu integrieren.

Hältst Du die Umwelt für gefährdet?
Ja, ich sehe vor allem die Gefahren der Zerstörung und Auslöschung vieler Pflanzen- und Tierarten, der Verschlechterung der Gesundheit des Planeten, der Luft, des Wassers, des Bodens und des Klimas. Alles zusammen macht die Erde zu einem ekelhaften Ort zum Leben. In meinem Land leiden die Menschen unter der Verschmutzung der Luft, des Wassers und des Bodens, u.a. durch den expandierenden Gebrauch von Pestiziden und anderen Chemikalien. Die industrielle Verschmutzung ist ausufernd und führt zur Zerstörung der Natur.

Glaubst Du, daß man etwas gegen die Umweltzerstörung tun kann?
Ja, wenn genügend gleichgesinnte Menschen zusammenkommen. Wir müssen uns fragen, warum die Menschen früher in größerer Harmonie mit ihrer Umwelt lebten, um die Exzesse des Wettbewerbs und des Individualismus fürs gemeinsame Wohlergehen aufzugeben. Die traditionellen Lebensweisen zeichneten sich durch eine größere Vorsorge aus. Sie könnten uns helfen, mehr Weisheit zu entfalten.

Kannst Du Dein Forschungsinteresse näher beschreiben?
Ich beschäftige mich mit dem Bewußtsein, mit den Auffassungen und Befürchtungen von Menschen angesichts der Umweltproblematik. Indirekt handeln die Menschen so, wie sie denken.

Welche Rolle spielen dabei Angst, Hoffnung und Verantwortung?
Sicherlich ist die Situation beängstigend. Aber es ist nicht hilfreich, zu ängstlich zu sein. Hoffnung ist sehr wichtig, um zu handeln. Besonders wichtig ist Verantwortung, um mehr zu tun, als wir tun.

Und das Gewissen?
Ohne Gewissen gäbe es kein Gefühl. Ich fühle, wie mein Gewissen mich führt. Aus diesem Gefühl entsteht Liebe und Verbundenheit. Unsere Verantwortung liegt in der Bewußtwerdung des Gewissens.

Welche Erwartungen hast Du an die Zukunft?
Die Zukunft scheint gleichzeitig hoffnungsvoll und düster zu sein, so wie die Dinge heute stehen. Doch vielleicht erkennen die Menschen den gegenwärtigen Wahnsinn. Dann hätten wir mehr Hoffnung.

Abb. 85 - Interview mit Sophie aus Australien:

„Lächelt und rettet die Erde!"

Sophie (22) ist in einer Regenwaldgruppe in Australien engagiert.

Warum engagierst Du Dich für die Umwelt?
Ich glaube, daß die Menschen ihren inneren Frieden wiedergewinnen können, wenn sie sich der natürlichen Welt wieder annähern. Mitgefühl und Liebe sind die Motivation, sich positiv für die Umwelt einsetzen zu können. Ich liebe leidenschaftlich mein Leben und das Leben auf dieser Erde.

Welche Rolle spielt Hoffnung bei Deinem Engagement?
Ich denke, es ist die Negativität, die die Zerstörung von und in der industriellen Welt vorantreibt. Wenn wir Veränderung wollen, wenn wir diesen Planeten wirklich retten wollen, müssen wir positiv denken. Nur durch positives Denken kann man etwas erreichen.

Think pink?
Die vielleicht wichtigste Aufgabe eines Umweltaktivisten ist es, andere Leute zu mobilisieren, für diese Welt etwas zu tun. Wenn ein Umweltaktivist zeigt, daß er ein glückliches und erfülltes Leben lebt, ist er ein begehrenswertes Beispiel für die anderen. Depressiv kann man niemanden für sich gewinnen. Niemand will sich einer Gruppe unglücklicher Menschen anschließen, egal wie sehr sie Recht haben mit ihrer Meinung. Umweltaktivisten werden ständig mit deprimierenden Tatsachen konfrontiert. Aber ihr zusätzliches Wissen sollte sie umsomehr bestärken, mit ihrer Arbeit weiterzumachen. Sie müssen einen Weg finden, dieses Wissen in kreative Energie umzuleiten. Ihr Glaube an die Erde wird ihnen die Kraft dafür geben. Es geht um Liebe und Respekt, es geht ums Überleben.

Ist die Umwelt überhaupt noch zu retten?
Umweltaktivisten müssen sich ständig vor Augen halten, was Minderheiten in der Geschichte erreicht haben, in der jüngeren Geschichte Frauen, Schwule und Schwarze zum Beispiel. Die Umweltbewegung ist in kurzer Zeit schon so weit gekommen.

Du bist wirklich ein positiv denkender Mensch!
Negative Gedanken sind wie zusammenbrauende Sturmwolken, die in einem heftigen Sturm kumulieren und deren Regen sämtliche positive Gedanken wegschwemmt. Positivität wird erschaffen. Positivität wird gute Energien schaffen, die Menschen anzieht, gemeinsam für die Humanität auf dieser Welt zu arbeiten. Also lächelt und rettet die Erde!

So laßt uns denn ein Apfelbäumchen pflanzen...

„...It's the end of the world and I feel fine" - dieser bekannte Song der amerikanischen Kult-Band 'REM' beschreibt eine Geisteshaltung, die vor allem in Deutschland anzutreffen ist und als 'Apfelbäumchen-Mentalität' bezeichnet werden könnte. Warum?

Das herausragende Ergebnis der internationalen Befragung besteht darin, daß sich zwar auf der ganzen Erde Menschen um den Zustand der Umwelt große Sorgen machen, jedoch in keinem anderen Land der Welt ökologische Hoffnungslosigkeit so verbreitet ist wie in Deutschland. Grundsätzlich scheint in ärmeren Ländern eine optimistische Haltung vorzuherrschen, obwohl die objektive Situation meist schlechter aussieht. Die deutsche Schizophrenie wird besonders deutlich, wenn man bedenkt, daß die meisten Menschen hierzulande angeben, bei guter psychischer Gesundheit zu sein - trotz der katastrophalen Zukunftserwartung. Vielleicht liegt der „Nation der Dichter und Denker" das positive Denken nicht. Die Melancholie fühlt sich in der Atmosphäre des „Hotel Abgrund" immer noch wohler als bei der Konkurrenz des „Hilton Hybris".[222]

Auf der Weltklimakonferenz 1995 in Berlin ergab sich im Rahmen eines alternativen „Jugend- und Künstlergipfels" die Gelegenheit, über diese Befunde mit einem internationalen Publikum zu diskutieren. Wie wird die in Deutschland ausgeprägte ökologische Hoffnungslosigkeit von ausländischen Aktivisten interpretiert? Eine Teilnehmerin vertrat die Ansicht, daß die Verbindung von Aktivismus und Pessimismus tatsächlich ein deutsches Phänomen sei. In südlichen Regionen der Erde sei ökologisches Engagement immer mit Hoffnung verbunden, anderenfalls würde der übliche Fatalismus überwiegen.

Trotz der akuten ökonomischen und sozialen Probleme ist der Schutz der ökologischen Lebensgrundlagen ein latentes Sorgenthema überall auf der Welt. Für die Mehrheit der Menschen in den Industrie- und Entwicklungsländern müßte der Umweltschutz Vorrang vor einem ungebremsten Wirtschaftswachstum haben. Gleichzeitig wird das Umweltengagement von Politik und Wirtschaft in fast allen Ländern mit den Noten 'schlecht bis sehr schlecht' beurteilt. Doug Miller, der Präsident der 'Weltumfrage', zeigt sich von diesem Ergebnis überrascht: Die Verantwortlichen in Politik und Wirtschaft, die sich überwiegend auf ökonomische Fragen konzentrieren, müßten sich im Interesse eigener Akzeptanz fragen, ob sie die Interessen der Bürgerinnen und Bürger vertreten.

Die zurückgelegte Reise um den blauen Planeten zu den Kindern von Tschernobyl, den Theologen in Taiwan, den afrikanischen Frauen, den Andenbewohnern oder den Aborigines in Australien zeigt, daß ökologisches Gewissen tief in der menschlichen Natur verwurzelt und grenzenlos ist. Wahrscheinlich brauchen wir weniger ein uniformiertes Weltethos als vielmehr „die vielen kulturell-religiösen Traditionen mit ihrer Weisheit der Erde (Ökosophie), ihrem öko-sozialen Ethos und ihrer besorgten Liebe zur Erde (Ökophilie), die sich ergänzen",[223] wenn die Zukunft noch eine Zukunft haben soll.

---

[222] Horstmann, Ulrich (1985): Melancholie. Plädoyer für ein angeschwärztes Gefühl. Psychologie heute 12/95, S. 46.

[223] Kessler, Hans (1996): Ökologisches Weltethos im Dialog der Kulturen und Religionen, S. 20.

21. Warten auf Winnetou?

„Ob wir die Erde genug lieben, daß wir sie nicht so ausnutzen, daß sie sich nicht mehr erholen kann, wird bestimmen, ob uns die Erde weiter erhält."

Ulrich Schaffer[224]

In diesem Kapitel geht es um eine Zusammenfassung der „Zukunftsstudie von unten".

Gewissenlose Wissenschaften in der Krise

Kapitel 8, 9 und 10 dienten zur Einführung: „Ökologisches Gewissen" wurde in die Bestandteile „Ökologische Krise" und „Gewissen" zerlegt, um die Frage zu beantworten, warum die gegenwärtige Gesellschaft ihre natürlichen Lebensgrundlagen zerstört. Im Ergebnis einer interdisziplinären Befragung mit Beiträgen aus der Biologie, Ökonomie, Soziologie, Pädagogik, Psychologie, Philosophie und Theologie bezüglich der Diagnose und Prognose herrschte Einigkeit: Die Menschheit ist dabei, ihre natürlichen Lebensgrundlagen auf der Erde zu zerstören. Die Ursachen der Umweltzerstörung wurden als zwei Seiten einer Medaille beschrieben: Dabei bedingen sich das Anspruchs- und das Bevölkerungswachstum heutzutage gegenseitig. Die Umweltzerstörung beruht bisher vor allem auf dem Wachstumswahn und dem 'american way of life' der reichen Länder. Schließlich wurde nach der jahrtausendealten Idee des Gewissens in den Wissenschaften gefragt - die Antworten fielen ernüchternd aus.

Zu Beginn des 21. Jahrhunderts geht von der großen Mehrheit der Wissenschaften, die die heutigen Probleme mitzuverantworten haben, sowohl hinsichtlich der ökologischen Krise als auch bezüglich der Frage des Gewissens ein bedrückendes Schweigen aus, als existierte weder das eine noch das andere. Die bisherige Umweltforschung kommt der wachsenden Nachfrage nach Handlungsorientierungen nicht nach, und die Humanwissenschaften haben sich aus der Gewissensforschung faktisch zurückgezogen.

Dabei besitzt die Wissenschaft heute eine Autorität, wie sie früher die Religion hatte, sie ist selber zu einer Art Religion geworden. Die Natur-, Geistes- und Sozialwissenschaften nehmen sich in ihrer „organisierten Unverantwortlichkeit"[225] nicht viel. Was denken z.B. Menschen, die sich um eine ökologische Haushaltsführung bemühen, wenn sie hören, daß Klaus Hasselmann, Direktor des Hamburger Max-Planck-Instituts für Meteorologie, vor der Klimakonferenz in Kyoto 1997 erklärte: „Theoretisch können wir uns mit dem Energiesparen noch Jahrzehnte Zeit lassen"?[226] Ein Jahr später erhielt Hasselmann den mit einer Million Mark dotierten Preis der „Deutschen Bundesstiftung Umwelt".

---

[224] Schaffer, Ulrich (1990): Aufmerksam für das Neue. Stuttgart, S. 57.
[225] Beck, Ulrich (1988): Gegengifte - Die organisierte Unverantwortlichkeit. Frankfurt/Main.
[226] Der Spiegel (1997): Der Weltuntergang fällt aus. 51/97, S. 177.

Die Naturwissenschaften setzen auf die Erlösungsreligion der Technik wie auf die Quadratur eines Kreises. Was tun die Geistes- und Sozialwissenschaften? Zur aktuellen Diskussion ein Beispiel aus eigener Erfahrung: Auf einer ökosoziologischen Fachtagung wurde die Frage gestellt, ob der ökologische Krisenbegriff nicht zu weit gehe und man nicht lieber etwas neutraler von einem „Problem" sprechen solle. So scheinen viele Wissenschaftler heutzutage unter Wahrnehmungsschwierigkeiten zu leiden, wird doch schon seit Jahrzehnten euphemistisch von einer Krise (grch. Entscheidung) gesprochen. Wer dagegen von einer Katastrophe (grch. Zerstörung) spricht, hat in den modernen Wissenschaften stets das Gefühl, im falschen Film zu sitzen. Dabei „stehen wir nicht vor der universalen Katastrophe, wie manche verharmlosen, wir stecken längst darin", wie der Historiker Christian von Ditfurth bemerkt.[227]

Die Beispiele in Kapitel 9 zeigen, daß es auch Wissenschaftler gibt, die sich mit der ökologischen Krise ernsthaft beschäftigen. Doch leider es ist eine verschwindend geringe Minderheit. Notwendig wäre ein Super-Paradigmenwechsel, wie ihn die Wissenschaftsgeschichte noch nie erlebt hat. Wissenschaftliche Revolutionen sind traditionell immer dann zu erwarten, wenn die Normalwissenschaft in eine Krise gerät. Ein neues (hier also ökologisches) Paradigma pflegt sich nach Ansicht des amerikanischen Wissenschaftssoziologen Thomas Kuhn nicht durch Einsicht durchzusetzen, sondern dadurch, daß die Gegner irgendwann aussterben. So lange kann die Erde jedoch nicht warten.

Gewissenlose Gesellschaft vor der Katastrophe

Die Politik bleibt sogar noch hinter der Wissenschaft zurück, obwohl heute der Treibhauseffekt als Tatsache ebenso akzeptiert wird wie das Forschungsergebnis, daß das Ozonloch eindeutig vom Menschen verursacht wurde (von wem auch sonst?): Über ein Jahrzehnt nach Beendigung des 'Kalten Krieges' wird in Deutschland für das Ressort 'Verteidigung' immer noch über 40mal mehr ausgegeben als für 'Umwelt, Naturschutz und Reaktorsicherheit'. Im Bundeshalt des Jahres 2000 gehört die Ökologie zur Portokasse, für sie wird weniger als ein Vierhundertstel des Gesamthaushalts veranschlagt. Dieses eklatante Mißverhältnis hat sich übrigens nach dem Regierungswechsel von 1998 noch verstärkt, obwohl eine „grüne" Partei an der Macht ist.[228]

Ein Beispiel aus dem Jahr 1998 zeigt, daß selbst die Wirtschaft manchmal weiterdenkt als die Politik: In einem Land, in dem die Zahl der Millionäre mit der Zahl der Arbeitslosen steigt, wird darüber spekuliert, wie teuer Autofahren in zehn Jahren sein könnte (die Tätigkeit als solche steht nicht zur Diskussion). Rainer Laufs, Chef der Deutschen Shell-AG, findet einen Benzinpreis von 5 Mark „okay",[229] Bundeskanzler Gerhard Schröder dagegen für „absoluten Quatsch"[230] und Altkanzler Helmut Kohl hielt es für eine „Frechheit und Unverschämtheit", die Freiheit des Autofahrens zu hinterfragen.[231]

---

[227] von Ditfurth, Christian (1995): Wachstumswahn. Wie wir uns selbst vernichten. Göttingen.
[228] Frankfurter Rundschau (1999): Eichels Haushalt für 2000., 27.11.99, S. 4.
[229] Die Woche (1998): Fünf Mark kann okay sein. 2.1.98, S. 20.
[230] Frankfurter Rundschau (1997): Schröder nennt grüne Benzinpläne „Quatsch". 1.11.97, S. 6.
[231] Frankfurter Rundschau (1997): IAA-Eröffnung. 12.9.97, S. 1.

Auch die Bevölkerung ist im Umweltschutz oft weiter als die Politik, die sie für dumm verkauft. Doch wir müssen uns fragen, ob wir nicht nur für einen Macht-, sondern auch für einen Politikwechsel, nicht nur für einen Wechsel, sondern auch für einen Wandel bereit sind. Manche Menschen praktizieren einen ökologischen Ablaßhandel, indem sie sich ein grünes Gewissen kaufen. Aber reicht es aus, Greenpeace zu spenden und die Grünen zu wählen? Umweltschützer sind schließlich keine besseren Menschen: Thilo Bode z.B. fliegt beruflich jeden Tag von Hamburg nach Amsterdam und fährt privat einen Diesel. Wasser predigen und Wein trinken - ein Blick hinter die Kulissen offenbart immer öfter den Verrat an der eigenen Sache.

Greenpeace ist nicht in der Lage, ihren engagiertesten Mitgliedern eine langfristige Perspektive zu bieten. Hunderte hochsensibilisierter Greenteams lösen sich enttäuscht wieder auf, wenn die Kinder ins Jugendalter kommen, weil Greenpeace die Jugendlichen offenbar nicht gebrauchen kann. Fünfzehnjährigen wird empfohlen, sich Erwachsenengruppen anzuschließen, weil - wie ein Kollege mir berichtete - „so Junge doch noch kein Sachwissen haben". Muß man eigentlich ein Experte sein, um bei Greenpeace mitmachen zu dürfen? Oder ist es nicht viel wichtiger, Enthusiasmus und Ernstfallbewußtsein einzubringen? Nach der vorliegenden Studie bringen Jugendliche jedenfalls alle nur denkbaren Voraussetzungen mit, um ökopolitisch erfolgreich zu sein.

Auch die Grünen haben sich seit ihren Gründertagen in Richtung „Professionalität" verändert. Ökologie ist nur noch ein Thema unter vielen. In Zeiten der ökonomischen Krise gilt es, das umweltpolitisch Erreichte zu verteidigen. Ein persönliches Beispiel illustriert den ökologischen Ausverkauf: Die neugegründete grüne „Heinrich Böll-Stiftung" unterstützte zwar die vorliegende Studie mit einem Stipendium, wollte aber von den Ergebnissen nichts wissen. Unter vielen sog. Fachbeiräten der neuen Stiftung gibt es praktisch keine einzige Abteilung zum Thema Ökologie, stattdessen aber Zweigniederlassungen in Kambodscha und Pakistan. Der deutsche Steuerzahler freut sich, wie gut sein Geld angelegt ist.

Schließlich geht der Geist der Gesellschaft auch von ganz oben aus: Gibt es etwas „dringlicheres als den Schutz der Natur in ihrer Rechtlosigkeit? Haben wir eine größere Aufgabe, als die Schöpfung zu bewahren und damit die Nachwelt zu schützen?" fragte der frühere Bundespräsident Richard von Weizsäcker anläßlich einer Rede zur Deutschen Einheit.[232] Sein Nachfolger Roman Herzog erwähnte dagegen die ökologische Krise in der wichtigsten „Berliner Rede" seiner Amtszeit mit keinem Wort, obwohl er über die zahlreichen Visionen und Herausforderungen des 21. Jahrhunderts sprach.

Angesichts der zahlreichen ökologischen Wendehälse, die sich um die Umwelt heute keinen Kopf mehr machen, ist es fast ein Wunder, daß das vorliegende Buch überhaupt erscheinen konnte. Etwa hundert Verlage sagten ab, eine Lektorin begründete: „Es ist in den vergangenen Jahren alles Wissenswerte, was zur Gewissensbildung in Sachen Ökologie nötig ist, gesagt, geschrieben und publiziert worden". Unglaublich, aber wahr?

---

[232] Giebeler, Karl u.a. (1996): Aufstand für eine lebenswerte Zukunft. München, S. 63.

Ökologisches Gewissen in Theorie und Praxis

„Ökologische Krise" + „Gewissen" = „Ökologisches Gewissen": Kapitel 11 und 12 dienten der Ausarbeitung einer alternativen Antwort auf die Umweltkrise auf Basis traditioneller Gewissenserforschung. Die Idee eines ökologischen Gewissens entwickelte sich als Reaktion auf einen Mangel: Das in den Sozialwissenschaften vorherrschende Konzept des Umweltbewußtseins erwies sich bei der Vorhersage von umweltbewußtem Verhalten als mangelhaft. Die Berliner Pädagogin Katrin Wiedrich hat in diesem Sinne darauf hin-gewiesen, daß es zwischen „Umweltbewußtsein haben" und „umweltbewußt sein" einen kleinen, aber feinen Unterschied gibt.[233]

Auf der Grundlage der philosophischen Prinzipien der Angst (nach Günther Anders), der Hoffnung (Ernst Bloch) und Verantwortung (Hans Jonas) wurde ökologisches Gewissen als Sensibilität für den Schutz (der Würde) der Natur definiert und mit der „Ehrfurcht vor dem Leben" nach der Ethik von Albert Schweitzer verglichen. Die Überprüfung des vorgestellten Modells an einer 600 Personen umfassenden Stichprobe aus aller Welt führte zu dem Ergebnis, daß zwischen ökologischem Gewissen und ökopolitischem Engagement (in Form der Mitarbeit in einer Umweltgruppe) ein statistisch sehr auffälliger Zusammenhang besteht (die Irrtumswahrscheinlichkeit lag bei einem Promille). Mit anderen Worten: Wenn Menschen Angst vor der Umweltzerstörung erleben, die Hoffnung auf eine Rettung der Umwelt noch nicht ganz aufgegeben haben und verantwortungsbewußt denken, wächst die Chance, daß sie sich ökologisch verhalten.

Besonders bemerkenswert ist der Befund, daß auch eine ökologische Hoffnungslosigkeit - in Maßen - Umweltaktivitäten fördern kann, eher als blinde Zuversicht und absoluter Fatalismus. Das lebendige Bild der Öko-Aktivisten offenbart ein „Prinzip Trotz" (nach Robert Jungk), das zumindest bei den deutschen Befragten sehr wirksam ist. Eine junge Frau drückt das Prinzip so aus: „Trotz der ziemlich hoffnungslosen Weltsituation möchte ich einen Funken Hoffnung behalten und die Spannung und Konflikte, in die ich immer wieder gerate, aushalten können und trotzdem das Leben lebenswert finden!"[234]

Im Gegensatz zu einem bloßen Umweltbewußtsein hat ökologisches Gewissen eine ethische Potenz, die eine Aufforderung zum Handeln unabhängig von der Brisanz realer Gefahrensituationen beinhaltet. Diese ethische Dimension hat ihren Ursprung in der Einbeziehung von Emotionen. Nicht nur Angst und Hoffnung, auch viele andere Gefühle sind im Spiel, wenn Menschen die ökologische Frage nicht nur interessant finden, sondern sich wirklich dafür interessieren. Ein wichtiger Antrieb und Auslöser von Moral ist Mitleid, das insbesondere bei Kindern eine große Rolle spielt. Nicht der Intellekt allein, erst ein wachsames Gewissen fördert moralisches Handeln.

---

[233] Wiedrich, Katrin (1996): Umweltbewußtsein haben oder umweltbewußt sein. Handlungsrelevante Auslöser und begünstigende soziale Erfahrungen für die Entwicklung von Umweltbewußtsein bei Kindern.Berlin.

[234] Sohr, Sven (1993): „So laßt uns denn ein Apfelbäumchen pflanzen" Seelische Gesundheit junger Menschen im Zeichen globaler Katastrophen. Berlin, S. 80.

Fisch braucht Fahrrad

„Fisch sucht Fahrrad" lautet das Motto vieler Single-Partys. Männer und Frauen hoffen darauf, daß zu jedem Topf auch ein Deckel paßt. Auf der Suche nach den Voraussetzungen, mit denen ökologisches Gewissen im Individuum verankert und zu kollektiven Wertnormen transformiert werden kann, wurde in den Kapiteln 13, 14 und 19 das Umweltgewissen von einigen „normalen" jungen Männern und Frauen sowie von extrem engagierten Hyper-Aktivisten untersucht. Überraschend eindeutig offenbarte sich ökologisches Gewissen als eine Frage des Geschlechts: Während Frauen ein ausgeprägteres ökologisches Gewissen artikulieren, zeigen Männer ein positiveres politisches Selbstkonzept. Bezüglich des tatsächlichen Engagements lassen sich allerdings keine auffälligen Unterschiede nachweisen.

Das sehen die schwedischen Soziologinnen Anna-Lisa Linden und Annika Carlsson anders, die 1997 eine Studie veröffentlicht haben, nach der Frauen auch umweltbewußter leben - und zwar um genau 54 Prozent! Als Maßstab legten sie die jährliche Kilometerzahl zugrunde, die schwedische Männer und Frauen zurücklegen. Beispielsweise fliegen Männer etwa doppelt so viel wie Frauen. Während es den meisten Männern beim Autokauf vor allem um die Hubraumgröße geht, achten Frauen auf einen sparsamen Verbrauch. Die Forscherinnen ziehen den Schluß, daß der Lebensstil der Frau insgesamt umweltfreundlicher ist als der des Umweltsünders Mann.[235]

Die schwedischen Ergebnisse stehen nicht im Widerspruch zur vorliegenden Studie. Vielleicht leben Frauen im Durchschnitt wirklich umweltbewußter als Männer. Im Mittelpunkt der vorliegenden Untersuchung stand jedoch ökopolitisches Engagement. Hier sind die Erkenntnisse der vertiefenden Befragung von den besonders aktiven Männern und Frauen aufschlußreich: Sie verkörpern nämlich das typisch männliche Selbstbewußtsein und die typisch weibliche Sensibilität gemeinsam. Wer ökopolitisch erfolgreich sein möchte, muß männliche wie weibliche Anteile ausgeglichen entwickeln.

In diesem Sinne sind Hyper-Aktive androgyne Persönlichkeiten. Die französische Philosophin Elisabeth Badinter vertritt die These, daß androgynen Menschen die Zukunft gehöre. Sie sieht in der allgemeinen Emanzipation der letzten Jahrzehnte in vielen Ländern eine entsprechende Tendenz, die zusammen mit den Fortschritten der modernen Medizin zu einer Revolution führen könne, nach der auch eine männliche Schwangerschaft in Zukunft nicht auszuschließen ist. Die Philosophin hält dies für eine „Wahnsinnsidee".[236] Dies sei nicht das Ende des Menschen, sondern der Beginn eines neuen Menschen. Von diesem neuen Menschen sind wir psychisch noch weit entfernt. Insgesamt halten sich viele Menschen heute zwar für umweltbewußt. Das heißt aber noch lange nicht, daß ihr ökologisches Gewissen besonders fortgeschritten ist.

---

[235] Frankfurter Rundschau (1997): Umweltsünder Mann. 2.9.97, S. 8.
[236] Badinter, Elisabeth (1987): Ich bin Du. Die neue Beziehung zwischen Mann und Frau oder die androgyne Revolution. München, S. 269.

Die Ursache der Defizite liegen in der weit verbreiteten Abspaltung von Gefühlen wie z.B. der Angst. Dieser Verdrängungsprozeß führt zu einer moralischen Abstumpfung in vielen Bereichen der Gesellschaft (Wissenschaft, Wirtschaft, Politik u.a.), in der Frauen eher männlicher als Männer weiblicher zu werden scheinen. Therapeutisch nötig wäre eine „Erziehung der Gefühle".[237] Vielleicht müßten wir wirklich wieder weinen lernen - insbesondere Männer, wie der „alte Fritz" im Interview meinte. Sollten aufgrund des biologischen Geschlechtsunterschieds, der sich aus der bis heute exklusiven Gebärfähigkeit der Frau ergibt, Väter in Zukunft zum Erziehungsurlaub verpflichtet werden? Ein intensiver Kontakt mit Kindern ist für die Ausbildung des ökologischen Gewissens sehr hilfreich.

Tschernobyl ist überall

Kapitel 15 und 20 erinnern an den atomaren GAU von Tschernobyl aus unterschiedlichen Perspektiven: Wird in Kapitel 15 nach psychischen Auswirkungen der Katastrophe bei jungen Erwachsenen gefragt, die mit diesem Stressor in ihrer Kindheit konfrontiert wurden, ist Tschernobyl in Kapitel 20 nur ein Beispiel unter vielen, wo und warum Menschen auf der ganzen Welt ökologisch engagiert sind. Gemeinsam ist beiden Kapiteln die Bewußtwerdung der globalen Grenzenlosigkeit des ökologischen Gewissens in Raum und Zeit.

Die Langzeitbeobachtungen über den Umgang mit Tschernobyl in Deutschland offenbaren Verdängung und Verdrossenheit. Nach dem Ende des sog. Kalten Krieges ging gleichzeitig für viele Engagierte der Auslöser verloren, der noch Anfang der Achtziger Jahre zu einem massenhaften friedenspolitischen Protest geführt hatte. Aufgrund der Problemverschiebung weg von der Atomkriegsbedrohung durch die „Supermächte" hin zur Umweltzerstörung, für die mehr oder weniger alle Menschen verantwortlich zu machen sind, ist das Feindbild nun im eigenen Spiegel zu suchen - offenbar ein wichtiger Grund für den allgemeinen Rückgang des politischen Engagements.

Wir Deutschen sind auch keineswegs „Umweltmeister", sondern gehören objektiv zu den größten Zerstörern. Umweltbewußtsein entwickelt sich heute auf der ganzen Welt, wie qualitativ (mit beispielhaften Portraits aus allen Kontinenten) und quantitativ (anhand einer repräsentativen Weltumfrage) gezeigt werden konnte. Typisch deutsch ist die Tendenz zu ökologischer Hoffnungslosigkeit, zu der etwa jeder dritte der befragten Aktivisten in Deutschland neigt, sie mündet meist nicht in psychischen Abgründen, sondern in „Apfelbäumchen"-Mentalitäten. Von anderen Kulturen könnten wir lernen, daß die Art und Weise, mit der wir uns welchen Problemen auch immer nähern, einen Einfluß auf Ausstrahlung und auf Erfolg haben. In vielen Ländern ist ein Minimum an Nichtmisere die Voraussetzung für Engagement. Für viele Menschen in anderen Ländern ist es ein großes Glück, aktiv sein zu können, so daß das „Prinzip Hoffnung" besonders bedeutsam ist. Nicht alle Menschen können sich ökologische Hoffnungslosigkeit leisten.

---

[237] Sohr, Sven (1995): Quo vadis, homo promethicus? Hans Jonas und Günther Anders über den Menschen im technologischen Zeitalter. Berlin.

Für die Ökologie ist die Globalisierung eigentlich eine große Chance, weil Umweltprobleme grundsätzlich nur global gelöst werden können. Tschernobyl hat in wenigen Tagen mehr Grenzen aufgelöst als die europäische Gemeinschaft jemals abschaffen wird. Doch wieviele Katastrophen braucht der Mensch zum Umdenken?

Der nächste GAU, wo auch immer, ist nur eine Frage der Zeit. Nach einer Studie der Internationalen Atomenergie-Agentur liegt das Risiko einer neuen Tschernobyl-Katastrophe innerhalb der nächsten fünf Jahre bei 25 Prozent.[238] Während in Deutschland der Wald durch Statistik saniert wird,[239] geht die Regenwaldzerstörung in aller Welt ungebremst weiter. Zwei Drittel aller Wälder sind bereits heute schon für immer verloren. Jedes Jahr wird weltweit Wald auf einer Fläche zerstört, die so groß ist wie das vereinte Deutschland. Auch die Ozonlöcher, die zufällig entdeckt wurden und lange Zeit als Meßfehler galten, wachsen weiter. Wie wenig globales ökologisches Gewissen bei den politisch Verantwortlichen vorhanden ist, wird deutlich, wenn man bedenkt, daß der international beschlossene Ausstieg aus der FCKW-Produktion Ausnahmeregelungen für Entwicklungsländer wie China und Indien bis Mitte des 21. Jahrhunderts enthält.[240]

Auch die Auto-Industrie kennt keine Grenzen des Wachstums. Wenn in Deutschland einige Familien bereits einen Zweit-, Dritt- oder Viertwagen haben, müssen neue Märkte erschlossen werden, z.B. in Asien, wo die meisten Menschen leben, oder in Afrika, wo es auf dem riesigen Kontinent „erst" soviele Autos gibt wie in Rheinland-Pfalz. Noch deutlicher offenbaren sich die globalen Ungleichgewichte beim Flugverkehr, der bisher nur Eliten vorbehalten ist: 94 Prozent aller Erdbewohner haben noch nie ein Flugzeug von innen gesehen, und selbst im reichen Deutschland sind 44 Prozent der Bevölkerung noch nie geflogen.[241]

Ökologisches Gewissen lebenslänglich

Die Kapitel 16, 17 und 18 waren der Zukunft gewidmet: Kindern und Jugendlichen, die sich um die Zukunft ihrer Zukunft sorgen. Wissenschaftlich wurde eine endosoziologische Perspektive gewählt: Den theoretischen Außenansichten der wissenschaftlichen Experten aus Kapitel 9 wurden empirische Innenansichten der jugendlichen Laien-Experten gegenübergestellt. Beobachtungen aus erster Hand unterstützten den Wechsel von der Vogel- zur Froschperspektive.

Tatsächlich konnte ökologisches Gewissen auch bei den jüngsten Zeitgenossen gefunden werden. Selbst Kindergartenkinder, denen eine Befragung zu diesem Thema bisher vorenthalten blieb, setzen sich heutzutage schon mit den ökologischen Gefahren auseinander. Auch wenn eine vollständige kognitive Durchdringung des Themas in diesem Alter noch nicht möglich ist, kann eine intensive emotionale Beschäftigung stattfinden. Besonders hervorzuheben ist dabei die ethische Komponente bei Kindern.

---

[238] von Uexküll, Jakob (1994): Welt und Umwelt. In Berliner Lektionen, S. 68.
[239] Der Spiegel (1997): Wald - gesund durch Statistik. 43/97, S. 16.
[240] Haranberg, Bodo (Hrsg.): Lexikon der Gegenwart - Aktuell '97, S. 151.
[241] Greenpeace-Magazin 1/97, S. 17.

Ökologisches Gewissen als Ehrfurcht vor dem Leben zeigt sich gegenüber Pflanzen und Tieren, bald nach Schuleintritt zerbrechen sich manche Kinder sogar schon um das Leben ihrer eigenen Kinder in der Zukunft den Kopf. Das ausgeprägteste ökologische Gewissen findet sich in der späten Kindheit im Alter zwischen 12 und 15 Jahren. In dieser Altersklasse erreichen alle drei Prinzipien des ökologischen Gewissens ihren Höhepunkt. Zu den Besonderheiten in diesem Lebensabschnitt zählen eine Gleichsetzung der globalen mit der persönlichen Zukunft, die Zuspitzung des Wortes Verantwortung durch den Begriff der Schuld und extreme emotionale Erlebnisse, die bis zur Suizidbereitschaft gehen können. Beispielhaft für die starken Gefühle der Ohnmacht und Einsamkeit ist der Kommentar eines 12jährigen Mädchens: „Also ich könnte jetzt hier an der Bushaltestelle ewig stehenbleiben und die anderen würden trotzdem jeden Tag zur Arbeit gehen."

Im Jugend- und Erwachsenenalter mag vielleicht die ökologische Intelligenz zunehmen, die Sensibilität geht aber sehr häufig zurück. Die meisten Greenteams lösen sich auf, ohne sichtbare Spuren zu hinterlassen. Die Jugend der Generation „niX" erkennt, daß sie nicht viel zu erwarten und zu verlieren hat. Die Welt wird vor allem „krass" und „megacool" (eiskalt) erlebt. Ökologisch engagierte Jugendliche nennen die Beschwichtigungsversuche der Erwachsenen, die ihnen weismachen wollen, daß die Zukunft vielleicht doch nicht so schlimm wie allerorten vorhergesagt werden wird, manchmal „Anti-Panikmache". Im Erwachsenenalter scheint der Alltagsstreß so im Vordergrund zu stehen, daß ökologische Zweifel an der Zukunft nur ganz selten aus dem Unterbewußtsein auftauchen. Erst im Alter mögen die Aussichten des ökologischen Gewissens wieder größer sein, wie es in der Studie der „alte Fritz" praktisch vorlebt, der noch als 70jähriger Rentner in Greenpeace-Schlauchbooten sitzt (in diesem Zusammenhang sei auch auf die wachsende Zahl von Seniorengruppen in Umweltschutzorganisationen hingewiesen).

Ökologisches Gewissen ist eine lebenslange Entwicklungsaufgabe, deren Bewältigung von den jüngsten und ältesten gelernt werden kann. Offenbar ist ökologische Weisheit am Anfang und zum Ende des Lebens am empfänglichsten. Menschen in der Lebensmitte fällt es dagegen schwerer, sich auf das Wesentliche zu konzentrieren und den vielen faulen Kompromissen des Alltags zu widerstehen. Die Beispiele des Rauchens und Autofahrens zeigen, daß es nur eine Altersfrage ist, bis wir - ökologisch entwachsen - „erwachsen" sind.

Vergleicht man die jugendlichen mit den wissenschaftlichen Öko-Experten, so fällt auf, daß die Unterschiede eher sprachlicher Natur sind. Viele wissenschaftliche Erkenntnisse sind der Jugend nicht fremd. Wenn die 13jährige Angie auf die Frage nach den Ursachen der Umweltzerstörung mit den Worten „Ich glaube, das liegt daran, daß wir immer mehr, also noch mehr mehr als mehr haben wollen" antwortet, ist es etwas anderes, als wenn Philosophen im unendlichen Progreß der menschlichen Begierden den Hauptgrund der ökologischen Krise sehen? Auf die entscheidene Warum-Frage geben auch Fünfjährige schon erkenntnistheoretisch beachtliche Antworten: „Weil die verrückt geworden sind". Umweltschutz im Kindergarten wird praktiziert, „weil wir das wissen". Wissen und Handeln sind für Kinder im Vergleich zu Älteren eine selbstverständliche Einheit.

Neuere neuropsychologische Befunde liefern ein interessantes Erklärungangebot für das ausgeprägte ökologische Gewissen in der späteren Kindheit. Danach hat das menschliche Gehirn erst im Alter von etwa zwölf Jahren alle Eigenschaften des vollen Reifestadiums. Während sich die Neuronen bis zu diesem Alter stetig vermehren, erlebt das Gehirn an der Schwelle zur Pubertät einen Prozeß der Ausdünnung: Millionen von Nervenzellen sterben wieder ab, andere Nerven fügen sich zu lebenslangen Mustern zusammen.[242]

Biologische und soziale Veränderungen liegen eng beieinander: Die Konfrontation mit „kritischen" Lebensereignissen in der Jugend (z.b. erste Liebe und Berufswahl) lassen den kindlich-ökologischen Idealismus später oft endgültig verblassen. So faßt Albert Schweitzer die Ergebnisse zum ökologischen Gewissen sehr treffend zusammen: „Im Jugendidealismus erschaut der Mensch die Wahrheit. In ihm besitzt er einen Reichtum, den er gegen nichts eintauschen soll. Es gilt nur, das weiche Eisen des Jugendidealismus zum Stahl des unverlierbaren Lebensidealismus zu härten. Wenn die Menschen das wären, was sie mit vierzehn Jahren sind, wie ganz anders wäre die Welt."[243]

Zukunft ohne Zukunft?

Ziel der Aktionsforschung war es, alltägliche Lebenswelten von Kindern mit der Welt herrschender Politiker zusammenzubringen. Dabei zeigte sich, wie weit diese Welten auseinanderliegen und welche gesellschaftlichen Gefahren dieser Diskrepanz innewohnen, wenn die demokratische Luft dünner wird. Warum werden Wissenschaftler und Politiker fast nie nach ihren Gefühlen gefragt? Warum entdecken viele Menschen ihr ökologisches Gewissen erst nach der Pensionierung? Warum interessiert sich die Öffentlichkeit so wenig für die Zukunftsvorstellungen der kommenden Generation?

Über die Wirkungen der Umwelt- bzw. Zukunftszerstörung auf die Ausbildung von No-Future-Mentalitäten muß sich niemand wundern. Die Ignoranz der „Schwarz-rot-gelbgrünen Koalition" gegenüber der Zukunft zeigt ein Blick ins Parlament Ende der 90er-Jahre: In Deutschland waren weniger als 10% aller Volksvertreter jünger als 40 Jahre alt, unter 30 Jahre sind sogar weniger als 1%. Die beiden „großen" Volksparteien werden jeweils nur von einem einzigen Menschen der fast 30 Millionen Deutschen unter 30 Jahren repräsentiert.[244]

Noch wichtiger ist jedoch die Frage: Wer wählt die Ausgewählten? Kann man überhaupt von einer Demokratie reden, wenn einem Großteil der Bevölkerung das Wahlrecht versagt wird? Hat nicht jeder Mensch eine Stimme, wenn er auf die Welt kommt? Nach einer repräsentativen Forsa-Umfrage sind in Deutschland 91% der Erwachsenen der Ansicht, daß Politiker nicht genügend auf Kinder und Jugendliche hören. Aber die Frage, ob Menschen ab 14 Jahren ein Wahlrecht erhalten sollten, beantworten 93% mit „Nein".[245]

---

[242] Daniel Goleman (1997): Kreativität entdecken. München, S. 65.
[243] Steffan, Harald (1996): Schweitzer. Hamburg, S. 38.
[244] Der Spiegel (1997): Aufbruch der Küken. 52/97, S. 40.
[245] Frädrich, Jana & Jerger-Bachmann, Ilona (1995): Kinder bestimmen mit. München, S. 37.

Abb. 86 - Die wichtigsten Erkenntnisse auf einen Blick

1. **Ökologische Krise** als Gegenstand von Wissenschaft: Die ökologische Krise kann nur interdisziplinär angegangen werden. Technische Lösungsstrategien allein reichen nicht aus, vielmehr ist ein radikaler Bewußtseinswandel der Menschheit erforderlich.

2. Ökologisches Gewissen in der **Theorie**: Ökologisches Gewissen kann als Sensibilität für den Schutz (der Würde) der Natur definiert und mit den philosophischen Prinzipien der Angst, Hoffnung und Verantwortung erfolgreich operationalisiert werden.

3. Ökologisches Gewissen in der **Praxis**: Es gibt signifikante Zusammenhänge zwischen einem ökologischen Gewissen und politischen Umweltengagement. Auffällig ist auch die häufige Verwendung des Wortes „Gewissen" im Kontext ökologischen Handelns.

4. Ökologie und **Engagement**: Auswertungen zur Vorhersage von politischem ökologischen Engagement belegen, daß eine nicht verdrängende Haltung gegenüber der Umweltzerstörung die beste Voraussetzung für ökologische Aktivitäten bildet.

5. Ökologie und **Geschlecht**: Auswertungen zur Frage von Geschlechtsunterschieden offenbaren ein stärker ausgeprägtes Gewissen bei den weiblichen Befragten. Dagegen weisen die männlichen Befragten ein positiveres politisches Selbstkonzept auf.

6. Ökologie und **Entwicklung**: Auswertungen zur individuellen Entwicklung von Personen über einen Zeitraum von zehn Jahren zeigen einen rapiden Rückgang des politischen Interesses in den 90er-Jahren im Vergleich zu den 80er-Jahren.

7. Ökologie und **Zeitgeschichte**: Zeitgeschichtliche Ereignisse wie die Atomkatastrophe von Tschernobyl, deren objektive Auswirkungen weit in die Zukunft reichen, haben im subjektiven Erleben von Personen eine schnelle psychische „Verfallszeit".

8. Ökologie und **Lebensalter**: Bereits im Vorschulalter können sich Kinder durch die Umweltzerstörung in ihrem Lebensgefühl beeinträchtigt fühlen. Besondere Chancen hat ein ökologisches Gewissen in der Übergangsphase von der Kindheit zur Jugend.

9. Ökologie und **Biographie**: Extremes ökopolitisches Engagement ist auffällig häufig bei androgynischen Persönlichkeiten anzutreffen, die persönlichen Kosten des selbstlosen Dienstes für die Gesellschaft bestehen in einer latenten Burnout-Gefährdung.

10. Ökologie und **Kultur**: Auf allen Kontinenten der Erde gibt es ökologisch besorgte Menschen, die sich für den Schutz der Umwelt einsetzen, aber nirgendwo auf der Welt ist eine ökologische Hoffnungslosigkeit so verbreitet wie in Deutschland.

III. Die Zukunft der Zukunft

22. Quo vadis, Prometheus?

„Man, Jemand und Jedermann wußten, daß eine wichtige Arbeit zu erledigen war. Man hätte sie geschafft, und Jedermann glaubte, Jemand würde sie tun. Doch am Ende tat sie Niemand."[246]

„Die Ausbeutung und Zerstörung der Natur hat wahrlich gigantische Ausmaße angenommen. Und immer noch scheinen die Menschen das hinzunehmen, jeder in dem Glauben, er könne ja nichts daran ändern!"[247] - Wohin gehen wir? Wohin gehst Du, Mensch? Sind wir alle nur Marionetten wie in dem Witz über die beiden Planeten, die sich im Weltall treffen, wo der eine fragt „Na, wie geht's?", worauf der andere antwortet „Nicht so toll, ich habe gerade Homo Sapiens", worauf der erste ihn tröstet mit den Worten „keine Bange, das geht vorbei"?[248] Im letzten Kapitel geht es um die Zukunft der Zukunft. Grundlage des Kapitels ist der Versuch, die beiden vorgestellten Zukunftsstudien zunächst noch einmal kurz Revue passieren zu lassen.

Retroperspektive I

Kapitel 1 *(„Delphi-Studie GAIA 2000")* führte in die „Zukunftsstudie von oben" ein. Es handelte sich um eine sog. Delphi-Werkstatt, methodisch als eine Synthese der „Delphi-Methode" und der Methode „Zukunftswerkstatt" konzipiert. Bei dieser schriftlichen Zukunftsbefragung wurden 200 ausgewählte ökologische Expertinnen und Experten unserer Gesellschaft angeschrieben, die aus den Bereichen der Wirtschaft, Recht, Wissenschaft, Politik, Religion, Erziehung, Medien, Medizin, „NGOs", Jugend sowie der Psychologie stammten und von denen 50 Personen geantwortet haben. Inhaltlich ging es im Gegensatz zu anderen großangelegten nationalen Delphi-Befragungen nicht nur um technische, sondern auch um soziale Zukünfte. Aus soziodemographischer Sicht war der im Vergleich zu anderen Zukunftsbefragungen relativ hohe Frauenanteil beachtlich.

In **Kapitel 2** *(„Ökologische Megatrends")* wurden die Antworten der ökologischen Expertinnen und Experten auf die Frage den Megatrends der Gesellschaft vorgestellt. In der Einschätzung, daß die ökologische Krise sich zum wichtigsten Megatrend der Zukunft entwickeln wird, waren sich nicht nur die ökologischen Fachleute einig, sondern auch eine umfangreiche Vergleichsstichprobe von Expertinnen und Experten, die vom Bundesforschungsministerium befragt wurden („Delphi '98") und sich über viele Wissenschaftsbereiche erstreckten.

In **Kapitel 3** *(„Experten und Emotionen")* ging es um die Frage, ob sich die ökologischen Fachleute auch gefühlsmäßig mit der ökologischen Krise auseinandersetzen, also um eine Frage, denen sich wissenschaftliche Expertinnen und Experten in der Regel nicht

---

[246] Aus: Rettungsaktion Planet Erde. Kinder der Welt zum Umweltgipfel von Rio. Mannheim 1994, S.86
[247] Wolf Maahn in dem Song „Tschernobyl" auf der Platte „WAAhnsinns-Festival 1986".
[248] Daniel Call (1999): Gitti dreht sich. Visionen 2000, Stuttgart, S.47.

stellen müssen. Tatsächlich offenbarten die Befragten, daß sie sich angesichts der globalen Umweltzerstörung große Sorgen machen, ein Drittel der Fachleute erwies sich sogar als ökologisch hoffnungslos. Hinsichtlich der Artikulation der Emotionen traten gravierende Geschlechtsunterschiede zu Tage: Während die weiblichen Befragten über einen breiten Gefühlsreichtum berichteten (u.a. Wut, Angst, Verzweiflung, Entsetzen, Traurigkeit, Ohnmacht, Hilf- und Hoffnungslosigkeit), waren die emotionen Reaktionen der männlichen Befragten eher bescheiden. Im Vergleich zu den Frauen zeigte sich bei den Männern häufiger ein Handlungsdruck, aber auch Tendenzen zu Gleichgültig- bzw. Emotionslosigkeit.

In **Kapitel 4** *("Kritik an der Gegenwart")* wurden zehn „ökologische Zeugnisse" präsentiert, die sich die Befragten selbst bzw. gegenseitig ausstellten. Qualitativ konnten kritische Anmerkungen hinsichtlich der jeweiligen ökologischen Arbeit an die verschiedenen Gesellschaftsbereiche artikuliert werden. Quantitativ hatten die Befragten die Gelegenheit, eine Bewertung mit Hilfe von Schulnoten vorzunehmen. Insgesamt wurde die ökologische Leistung der bundesrepublikanischen Gesellschaft mit der Note 3.8 bewertet. Dabei erhielten sechs Gruppen die Durchschnittsnote 4. Positive Abweichungen verzeichneten lediglich die Gruppen „Jugend" (Note 3) und die „NGO's" (Note 2), negativ aus dem Rahmen fielen die Gruppen „Politik" und „Wirtschaft", denen jeweils die Durchschnittsnote „mangelhaft" ausgestellt wurde. Unsere Gesellschaft kann in diesem Sinne als „stark versetzungsgefährdet" für die Zukunft bezeichnet werden.

In **Kapitel 5** *("Visionen für die Zukunft")* wurden als Antwort auf die Mangelanalyse zehn „ökologische Wunschzettel" formuliert, welche die Erwartungen, Wünsche und Visionen enthielten, die die ökologischen Expertinnen und Experten für die Zukunft haben. Trotz der schonungslosen Gegenwartskritik waren die Fachleute in der Lage, alternative Zukünfte zu träumen, die alle Bereiche der Gesellschaft miteinbeziehen. Die Visionen gehen in Richtung Nachhaltigkeit (Wirtschaft), Umweltrecht (Recht), Zukunftsforschung (Wissenschaft), Unabhängigkeit (Politik), Verantwortung (Religion), Umweltbildung (Pädagogik), Positivität (Medien), Ganzheitlichkeit (Medizin), Vernetzung (Umweltgruppen) und Engagement (Jugend).

Nach ihren konkreten „Ökotopien" gefragt, offenbarten die Expertinnen und Experten große Erwartungen an technische Problemlösungen (z.B. Methoden zur Rekultivierung von Ökosystemen in ehemaligen tropischen Regenwäldern), darüber hinaus gingen die Befragten zwar auch von einer ganzen Reihe von sozialen Veränderungen aus (u.a. Umwelt wird zum Primat der Politik, Einführung eines Ökosozialproduktes als neues Wohlstandsmaß, Einsetzung eines ökologischen „Rats der Weisen" mit weitreichenden Konsequenzen), die jedoch erst in der dritten Dekade des Jahrhunderts erwartet werden.

In **Kapitel 6** *("Gestern - heute - morgen")* gab es einen Überblick, wie die befragten Fachleute das 20. Jahrhundert ökologisch bilanzieren und welche Hoffnungen sie für ein „21. Jahrhundert der Umwelt" haben, ferner konnten einige persönliche Statements zu bestimmten ökologischen Fragen abgegeben werden. Während das 20. Jahrhundert aus ökologischer Perspektive überwiegend negativ kommentiert wurde (hierbei gab den

Befragten insbesondere die atomare Entwicklung zu Bedenken), richteten sich die Hoffnungen für das 21. Jahrhundert vor allem auf den ökologischen Willen und das Zusammenwirken von Bevölkerung, Politik und Wirtschaft. Nach Einschätzung der ökologischen Expertinnen und Experten krankt die gegenwärtige Umweltpolitik an halbherzig durchgeführten Reformen und mangelnder Ernsthaftigkeit bei der Verwirklichung von Zielen.

Kapitel 7 *(„GAIA-Zusammenfassung")* bilanzierte die Zukunftsstudie von oben in Form von zehn Thesen. Methodisch erwies sich die Delphi-Werkstatt im Sinne innovativer Zukunftsforschung als inspirierendes Unterfangen. Die Resonanz der Studie wurde differenziert bewertet, einige gesellschaftliche Gruppen erwiesen sich als überdurchschnittlich interessiert (Erziehung, Wirtschaft, Wissenschaft, Medizin und Jugend), andere als eher desinteressiert (Religion, Recht, Medien, Politik und Umweltgruppen). Die Ergebnisse der Studie mündeten in der Erkenntnis, daß wir die ökologischen Krise nur bewältigen können, wenn wir die Grenzen des Wachstums erkennen und die Grenzen unserer Wahrnehmung überschreiten.

Retrospektive II

Kapitel 8 *(„Warum?")* war der Auftakt der „Zukunftsstudie von unten". Ausgehend von der Frage, warum wir heutzutage wider besseres Wissen unsere natürlichen Lebensgrundlagen zerstören, wurden Zukunfts-Aktivisten, -Optimisten, -Pessimisten und -Realisten vorgestellt. Zur letztgenannten Gruppe gehören wissenschaftliche Forschungsinstitute, die eine Selbstzerstörung der Menschheit im 21. Jahrhundert mit einer Wahrscheinlichkeit von über 90% voraussagen, wenn es zu keiner durchgreifenden Umsteuerung kommt. Nach einer repräsentativen Umfrage halten auch 90% der Jugendlichen das Szenario einer Klimakatastrophe im Jahr 2030 für realistisch und wahrscheinlich. Ziel der zweiten Zukunftsstudie war es, sowohl eine Vogel-, als auch eine Froschperspektive einzunehmen, um die Erkenntnisse der Wissenschaft den Innenansichten von Kindern und Jugendlichen gegenüberzustellen.

In **Kapitel 9** *(„Wissenschaften in der Krise")* wurden umweltwissenschaftliche Vertreter aus sieben Disziplinen (Biologie, Wirtschaft, Soziologie, Pädagogik, Psychologie, Philosophie und Theologie) hinsichtlich ihrer Einschätzungen zur ökologischen Krise befragt. Bei der Frage nach der Entwicklung der Umweltzerstörung offenbarte sich eine disziplinübergreifende Katastrophenprognose. Die Ursachen der Umweltkrise wurden in Abhängigkeit der jeweiligen Fachrichtung differenziert diagnostiziert und als Kombination von Anspruchs- und Bevölkerungswachstum zusammengefaßt. Auf der Suche nach Auswegen aus der ökologischen Krise kristallisierte sich die Erkenntnis heraus, daß technisch-naturwissenschaftliche Herangehensweisen durch sozialwissenschaftliche Interventionen ergänzt werden müssen, die nach dem „subjektiven Faktor" der Umweltzerstörung fragen, der sich im Zusammenspiel von Individuum und Gesellschaft zeigt. Plädiert wurde für eine Reminiszenz bzw. Renaissance des (ökologischen) Gewissens.

Kapitel 10 *("Wissenschaften ohne Gewissen")* befaßte sich mit der Frage, ob und inwiefern die Idee des Gewissens in verschiedenen Wissenschaften eine Rolle spielt. Dabei stellte sich heraus, daß die Frage des Gewissens in vielen Disziplinen ein zentraler Gegenstand war, mit dem sich prominente Fachvertreter auseinandergesetzt haben, vor allem in der Philosophie (Sokrates) und Theologie (Luther), aber auch in der Psychologie (Freud), Pädagogik (Rousseau) sowie in den Politik und Rechtswissenschaften. Obwohl es bis heute keine einheitliche Definition des Gewissens gibt, ist die anthropologische Grundidee seit Jahrtausenden in der Menschheitsgeschichte verankert. In den letzten Jahrzehnten geht jedoch die wissenschaftliche Beschäftigung mit dem Thema zurück. In diesem Buch wurde das Gewissen als nicht lokalisierbare, individuelle und kollektive Instanz mit einer besonderen Sensibilität für ethisch-moralische Fragen verstanden, auf die auch und gerade im technologischen Zeitalter nicht verzichtet werden kann.

Kapitel 11 *("Umweltgewissen in der Theorie")* war der modernen Interpretation des Gewissens angesichts der ökologischen Menschheitskrise gewidmet, bei der es nicht nur um die Würde des Menschen, sondern auch um die Würde der Natur geht. Ausgehend von einer kritischen Auseinandersetzung mit der Umweltbewußtseinsforschung, die emotionale und ethische Defizite aufweist, wurde ein heuristisches Modell des ökologischen Gewissens postuliert, das auf den philosophischen Prinzipien der Angst (Anders), Hoffnung (Bloch) und Verantwortung (Jonas) basiert. Ökologisches Gewissen als potentielles Element eines notwendigen Bewußtseinswandels wurde als Sensibilität für die Achtung der Natur definiert und in einem ethischen Sinne als Ehrfurcht vor dem Leben (Schweitzer) charakterisiert.

Kapitel 12 *("Umweltgewissen in der Praxis")* stellte die Wege vor, mit denen das ökologische Gewissen in der Praxis erfaßt wurde. Forschungsphilosophisch handelte es sich um eine multimethodische Vorgehensweise, bei der insgesamt 20 „Patchwork"-Stichproben im Rahmen einer Berliner, bundes- und weltweiten Befragung untersucht wurden. Bei den Befragten handelte es sich um 600 mehr oder weniger umweltaktive, meist jugendliche Personen aus allen Kontinenten im Alter von 3 bis 87 Jahren. Zur Illustration der „Messung" des ökologischen Gewissens wurde am Ende des Kapitels ein sog. „ÖQ"-Test zur Selbsterkenntnis vorgestellt, außerdem konnten bereits erste Auswertungsergebnisse präsentiert werden. Kapitel 12 diente als Grundlage für die vertiefenden Analysen ausgewählter Personengruppen in den folgenden Kapiteln.

In **Kapitel 13** *("Männliches Gewissen")* ging es um die Frage, ob Jungen und Männer einen spezifischen Zugang zum Thema haben. Porträtiert wurden fünf ausgewählte junge Männer im Alter zwischen 19 und 27 Jahren. Die Auswertung qualitativer und quantitativer Daten führte zur Zusammenstellung folgender drei Grundtendenzen des männliches Umweltgewissens: Im Vergleich zu Frauen neigen Männer eher dazu, die ökologische Krise zu rationalisieren, zu globalisieren und zu internalisieren.

In **Kapitel 14** *("Weibliches Gewissen")* ging es um typisch weibliche Zugangsweisen zur Umweltthematik. Zur Illustration wurden fünf ausgewählte Frauen im Alter zwischen 21 und 27 Jahren vorgestellt. Die Auswertung der qualitativen und quantitativen Daten ergab drei Grundzüge eines weiblichen Gewissens: Im Vergleich zu Männern neigen Frauen eher dazu, Umweltprobleme zu emotionalisieren, zu lokalisieren und zu externalisieren.

In **Kapitel 15** *(„Tschernobyl in Germany")* wurde die Frage gestellt, welche Bedeutung die Atomkatastrophe von Tschernobyl für die Ausbildung eines ökologischen Gewissens bei Kindern und Jugendlichen hatte. Vorgestellt wurden sechs junge Frauen, die Tschernobyl in ihrer späten Kindheit erlebt haben. Es zeigte sich, daß die psychische Verfallszeit dieser Katastrophe, die zum Zeitpunkt ihres Eintritts im Jahre 1986 massive Ängste auslöste, wesentlich geringer als ihre physikalische Halbwertszeit ist. Phänomene der Verdrängung und Verdrossenheit lassen sich bei vielen ehemaligen Kindern der Friedensbewegung belegen, die heute erwachsen sind.

In **Kapitel 16** *(„Kinder an die Macht")* ging es um das psychische Erleben von Kindern angesichts der Umweltzerstörung. Anhand von vier Gruppeninterviews mit Kindern aus Kindertagesstätten im Alter von 3 bis 10 Jahren wurde der These einer „vergifteten Kindheit" des Psychoanytikers Horst Petri nachgegangen. Es zeigte sich, daß bereits im Vorschulalter Ansätze eines ökologischen Gewissens nachgewiesen werden können. Ökologisches Gewissen umfaßt bei Kindern meist auch das intensive Mitleid mit Tieren, eine Dimension, die im Erwachsenenalter leider oft verloren geht.

In **Kapitel 17** *(„Panik auf der Titanic")* standen junge Menschen im Mittelpunkt, die sich in Form von sog. Greenteams bei Greenpeace engagieren. Die Untersuchungen erstreckten sich hierbei nicht nur auf Fragebogen und Interviews, sondern auch auf Aktionsforschungen, bei denen die Greenteams auf ihren Aktionen begleitet wurden, z.B. auf nationalen Autoausstellungen und der internationalen Weltklimakonferenz. Dabei offenbarten sich extreme Ausprägungsmöglichkeiten eines ökologischen Gewissens in der Übergangsphase von der Kindheit zum Jugendalter.

In **Kapitel 18** *(„Jugend-Generation niX")* wurden Teenager porträtiert, die sich in Jugendumweltgruppen engagieren, z.B. beim BUND, bei Greenpeace oder bei den Grünen. Die Interviews illustrierten das intensive Ringen vieler Jugendlicher, in einer entwicklungspsychologisch ohnehin schon schwierigen Phase eine ökologische Identität in einer Gesellschaft zu finden, die sich für Umweltfragen nicht allzusehr interessiert. Dabei tauchten teilweise auch suizidale Tendenzen auf, insbesondere bei einigen Jugendlichen aus den neuen Bundesländern.

In **Kapitel 19** *(„Grenzen des Widerstands")* richtete sich das Interesse auf Menschen, die als ökopolitische Persönlichkeiten bezeichnet wurden, weil sie sich in extensiver Weise der ökologischen Frage widmen bzw. einen großen Teil ihres Privatlebens damit verbringen. Vorgestellt wurden vier Jugendliche zwischen 17 und 20 Jahren sowie ein Rentner im Alter von 70 Jahren. Dabei stellte sich heraus, daß diese sog. Hyper-Aktivisten einige überraschende gemeinsame Merkmale verbindet: Das Gefühl des Handeln-Müssens, ganzheitliche ökologische Rollenidentitäten, persönliche Vorbilder und Visionen, internale Kontrollüberzeugungen, ein positives politisches Selbstkonzept, androgyne Tendenzen sowie eine latente Burnout-Gefährdung.

In **Kapitel 20** *(„Gewissen ohne Grenzen")* konnte schließlich gezeigt werden, daß ein ausgeprägtes ökologisches Gewissen keineswegs ein Phänomen ist, das nur in Deutschland anzutreffen ist. Anhand eigener quantitativer und qualitativer Befragungen über alle Kontinente, einer repräsentativen Weltumfrage und einiger ethisch-philosophischer Reflexionen wurde deutlich, daß sich überall auf der Welt Menschen Gedanken über den Umgang mit der Natur machen. Als deutsche Besonderheit erwies sich allerdings die nirgendwo so stark ausgeprägte ökologische Hoffnungslosigkeit, die einhergehend mit allgemeinem psychischen Wohlbefinden auch als „Apfelbäumchen"-Mentalität (mit teilweise schizophrenen Tendenzen) bezeichnet werden kann.

Kapitel 21 *(„Warten auf Winnetou?")* faßte die Ergebnisse der „Zukunftsstudie von unten" in Form von zehn zentralen Erkenntnissen zusammen. Sie geben Aufschluß über die ökologische Krise als Gegenstand der Wissenschaften, über ökologisches Gewissen in Theorie und Praxis bzw. über Zusammenhänge zwischen Ökologie und Engagement, Geschlecht, Lebensalter, Zeitgeschichte, Entwicklung, Biographie und Kultur. Interpretatorisch wurde auf die große Diskrepanz hingewiesen, die zwischen dem ökologischen Gewissen vieler Kinder und Jugendlicher auf der einen Seite, und der weitverbreiteten gesellschaftlichen Ignoranz der ökologischen Krise auf der anderen Seite besteht. Mehr Mitbestimmungsmöglichkeiten der jungen Generation werden von der großen Mehrheit der Erwachsenenbevölkerung noch immer abgelehnt.

Zukunftsstudien im Vergleich

Gibt es Gemeinsamkeiten der beiden Zukunftsstudien „von oben" und „von unten", die Aufschluß über die Zukunft der Zukunft geben? Obwohl die beiden Studien unabhängig voneinander durchgeführt und nicht als Vergleichs-Untersuchungen konzipiert wurden, lassen sich einige bemerkenswerte Parallelen beobachten. Insgesamt ergänzen sich beide Studien und liefern zusammen ein aufschlußreiches Bild über die Zukunft der Erde aus der Perspektive von Kindern, Jugendlichen und anderen (klassischen) Expertinnen und Experten.

Zunächst jedoch ist es wichtig, sich die Unterschiede der Studien noch einmal in Erinnerung zu rufen. Während an der zweiten Untersuchung 600 meist jugendliche und „ehrenamtlich" aktive Umweltschützer aus aller Welt teilnahmen (Durchschnittsalter: 22 Jahre), setzte sich die GAIA-Stichprobe aus 50 erwachsenen ökologischen Expertinnen und Experten zusammen, die aus allen Teilen unserer Gesellschaft kamen (das Durchschnittsalter betrug 41 Jahre). Die GAIA-Befragung fand ausschließlich schriftlich und anonym statt, während für die zweite Studie auch über 100 Interviews geführt wurden, außerdem konnten die Befragten teilweise sogar auf ihren Aktionen begleitet werden.

Trotz der grundsätzlichen Unterschiede konnten in beiden Untersuchungen Frosch- und Vogelperspektiven integriert werden. So wurden in der zweiten Untersuchung auch wissenschaftliche Expertisen schriftlich ausgewertet (vgl. Kap. 9), während bei der Befragung der ökologischen Fachleute über die Meinung des klassischen Expertentums hinaus auch die Einschätzungen von Jugendlichen oder Umweltgruppen interessierte.

Dennoch standen in der zweiten Studie überwiegend die Visionen von Kindern und Jugendlichen im Mittelpunkt, während es sich bei allen GAIA-Fachleuten um Erwachsene handelt, von denen die Mehrheit beruflich ihren Lebensunterhalt mit der Umweltthematik bestreitet. Traditionell würde man die Jugendlichen wahrscheinlich nicht als Experten bezeichnen (eher als Laien oder bestenfalls als Alltagsexperten), während es sich bei der GAIA-Stichprobe zweifellos um eine Elite handelt (nicht nur wegen ihrer prominenten Mitglieder, zu der Präsidenten und Nobelpreisträger gehörten).

Inhaltliche Vergleiche bieten sich hinsichtlich allgemeiner Zukunftseinschätzungen, der Ausprägungen von Ängsten und Hoffnungen sowie insbesondere dem Phänomen von Geschlechtsunterschieden an, wie nachfolgend kurz illustriert werden soll.

Hinsichtlich der *rationalen* Einschätzung der Umweltzerstörung gibt es große Übereinstimmungen in beiden Studien. In der zweiten Studie kamen sowohl die verschiedenen wissenschaftlichen Disziplinen als auch viele Kinder und Jugendliche zu katastrophalen Zukunftsprognosen, wonach die Aussichten der Menschheit, das nächste Jahrhundert zu überleben, als nicht besonders rosig eingeschätzt werden können. Viele Jugendliche erwarten z.B. die Klimakatastrophe noch im Laufe ihrer eigenen Lebenszeit. In dieselbe Richtung gehen die ökologischen Prognosen der GAIA-Expertinnen und Experten. So rechnen die Umweltfachleute in ihrer überwiegenden Mehrheit mit wachsenden Umweltproblemen, die die Gesundheit der meisten Menschen beeinträchtigen werden, mit weltweiten Verknappungen fossiler Brennstoffe, welche Rationierungen des privaten Energieverbrauchs erzwingen werden, und mit der Entvölkerung großer Gebiete der Erde aufgrund der globalen Klimaentwicklung. Die Eintrittswahrscheinlichkeiten aller drei Prognosen (zwischen 2018 und 2031) liegen in einer Zeitspanne, die ein heute junger Mensch bei normaler Lebenserwartung erleben wird.

Hinsichtlich der *emotionalen* Einschätzung der Umweltzerstörung gibt es ebenfalls viele Gemeinsamkeiten, selbst wenn in der Intensität des Erlebens Unterschiede bestehen. Auch die GAIA-Expertinnen und Experten artikulierten große Sorgen, die sich viele Jugendliche angesichts der ökologischen Entwicklung machen. Allerdings gab es unter den GAIA-Fachleuten niemand, der so dramatisch massive Ängste (bis hin zu suizidalen Tendenzen) zum Ausdruck brachte wie manch ein Teenager, stattdessen stellten einige GAIA-Befragten auch ihre Gleichgültigkeit zur Schau. Nicht nur beim „Prinzip Angst", auch beim „Prinzip Hoffnung" lassen sich gewisse Differenzen aufzeigen. So tendiert zwar immerhin ein Drittel der GAIA-Befragten zu ökologischer Hoffnungslosigkeit, doch finden wir bei den Jugendlichen in bestimmten Altersklassen sogar ökologisch hoffnungslose Mehrheiten, insbesondere bei den Greenteams. Lediglich beim „Prinzip Verantwortung" kann den erwachsenen GAIA-Fachleuten im Durchschnitt ein ausgeprägteres ökologisches Gewissen im Vergleich zu den jugendlichen Expertinnen und Experten aus der ersten Studie bescheinigt werden: So tendieren unter den GAIA-

Fachleuten die Hälfte der Befragten für eine ganzheitliche Rollenidentität (Opfer, Täter und Retter), während dieses Bewußtsein in der Jugend-Studie eher die Ausnahme war (z.B. bei den Hyper-Aktiven).

Eine dritte Vergleichsdimension der beiden Studien verdient besondere Beachtung: Die auffälligen *Geschlechtsunterschiede* hinsichtlich des ökologischen Gewissens. Zur Illustration des unterschiedlichen Umgangs mit der ökologischen Krise wurden in der zweiten Studie typische Ausführungen von Frauen und Männern gegenübergestellt (Kap. 13/14). Hier zeigte sich vor allem die männliche Tendenz zur Rationalisierung und die weibliche Tendenz zur Emotionalisierung der ökologischen Probleme. In der GAIA-Studie offenbarten sich Geschlechtsunterschiede just bei der Frage nach dem emotionalen Umgang mit der Umweltzerstörung in dem Sinne, daß die weiblichen Experten über ein wesentlich breiteres Gefühlsspektrum verfügten als ihre männlichen Kollegen. Ob diese Differenzen eine generelle Frage des Geschlechts oder eher eine Frage der Geschlechtsrolle sind, sei dahingestellt. Sicherlich sind gesellschaftliche Faktoren (z.B. Erziehung) zu berücksichtigen. Doch angesichts der Deutlichkeit der Befunde sollten biologische Determinanten nicht unterschätzt werden, insbesondere die größere Nähe von Frauen zu Kindern.

Der pathologische Prometheus

Nach der kleinen Gegenüberstellung der beiden Untersuchungen soll es abschließend darum gehen, in Synthese der beiden Studien einige interpretatorische Vertiefungen zu versuchen, um der Frage nach der Zukunft der Zukunft noch weiter nachzugehen und vielleicht auch hilfreiche Antworten zu ihrer Bewältigung zu finden. Als Ausgangspunkt sei an dieser Stelle an den antiken Mythos des Prometheus erinnert, der als Metapher des modernen Menschen hilfreich ist. Wer war Prometheus? Im antiken Mythos symbolisiert er einen Titanen, einen Halbgott, der sich gegen die Götter einige Freiheiten herausnimmt, wofür sie ihn strafen.[249] Das Bild des Prometheus ist bei den beiden Philosophen Hans Jonas und Günther Anders, die mit ihren Prinzipien der Hoffung und Angst die beiden emotionalen Komponenten des ökologischen Gewissensmodells liefern, von herausragender Bedeutung.

Wie in Kapitel 11 angedeutet beginnt Jonas sein „Prinzip Verantwortung" mit dem Bild des „entgültig entfesselten Prometheus", dem die Wissenschaft nie gekannte Kräfte und die Wirtschaft den rastlosen Antrieb gibt. An anderer Stelle spricht Jonas von der „prometheischen Vermessenheit".[250] Prometheus ist bei Jonas etwas höchst Bedenkliches, er symbolisiert eine möglicherweise bis zur Selbstzerstörung des Menschen losgelassene Technik und den fast unvermeidlichen, schicksalhaften Mißbrauch von Freiheit infolge der Versuchung durch technische Macht.

---

[249] vgl. Carstensen, Richard (1954): Griechische Sagen. Reutlingen, S.10-12.
[250] vgl. Jonas, Hans (1979): Prinzip Verantwortung. Frankfurt/Main, S.257.

Auch Anders benutzt das Bild des Prometheus in vielfacher Variation, um uns einen Spiegel vorzuhalten. Er bezeichnet unsere Differenz zwischen Machen und Vorstellen, zwischen Tun und Fühlen, zwischen Wissen und Gewissen, zwischen technischem Gerät und menschlichem Leib als „prometheisches Gefälle". Das schlechte Gewissen angesichts seiner Antiquiertheit erzeugt nach Anders beim Menschen eine „prometheische Scham", die den früher verbreiteten „prometheischen Stolz" und auch den „prometheischen Trotz" abgelöst hat. Der „Prometheus von heute" ist das genaue Gegenteil des Titanen, der Menschen und Dinge nach seinem Bilde formte. Seine „prometheische Freiheit" bzw. „prometheische Omnipotenz" ist höchst ambivalent. Er ist technisch ent- und gefesselt zugleich.[251]

Der moderne prometheische Mensch droht seiner Hybris des Machens zum Opfer zu fallen, sowohl der langsam aber sicher heraufziehenden ökologischen Krise, als auch der angehäuften atomtechnischen Vernichtungsenergie. Der Prometheus-Mythos ist eine alteuropäische Warnung vor einer zu weit gehenden Naturbeherrschung durch den Menschen. Die Kritik menschlicher Hybris ist angesichts der sich zunehmend verstärkenden ökologischen Krise aktueller denn je. Die Mythen der Antike lehren Ehrfurcht und Zurückhaltung. Die Ambivalenz der menschlichen Wahrnehmung seiner Technik als Segen und Fluch zugleich kommt übrigens auch sehr treffend in der „Antigone" des Sophokles zum Ausdruck, wo es heißt: „"Ungeheuer ist viel, aber nichts ist ungeheurer als der Mensch.""[252]

Abschied von der Natur?

Ein aktuelles und prototypisches Beispiel für die moderne hybride Geisteshaltung liefert ein Buch von Ben-Alexander Behnke, das den „Abschied von der Natur" proklamiert. Dort wird die Natur als „Auslaufmodell" bezeichnet, denn: „Es ist höchste Zeit, sich von der Natur zu verabschieden (...). Unsere neue Lebensgrundlage, unsere neue Heimat ist die Technik. Die Natur stirbt - es lebe die Technik!"[253] Behnke, der für ein sog. technophiles Bewußtsein bzw. einen Hominismus - gemäß dem Grundsatz des Protagoras: Der Mensch ist das Maß aller Dinge - plädiert, warnt vor sentimentalen Gefühlen gegenüber der Natur, die unsere Entwicklung nicht behindern dürfen: „Wir Menschen sind keine Kinder mehr, denen die Eltern, denen die Mutter Natur etwas vorschreiben kann. Und auch kein himmlischer Gott-Vater oder eine Erd-Göttin dürfen uns etwas gebieten oder verbieten. Wir sind erwachsen, wir sind mündig, wir bestimmen selbst die Gesetze, wir sind das Gesetz, wir sind die Menschheit."[254]

Philosophisch gesehen wurde die Autorität der Natur schon viel früher abgeschafft. In seinem Buch „Technics and civilization" hat Lewis Mumford dargestellt, wie uns die

---

[251] vgl. Sohr, Sven (1995): Quo vadis, homo prometheus? Hans Jonas und Günther Anders über den Menschen im technologischen Zeitalter. Berlin, S.64.
[252] vgl. Jonas, Hans (1979): Prinzip Verantwortung. Frankfurt/Main, S.17.
[253] Behnke, Ben-Alexander (1997): Abschied von der Natur. Die Zukunft des Lebens ist Technik. Düsseldorf, S.11.
[254] Ders., S.139

Uhr, beginnend im 14. Jahrhundert, zunächst zu pünktlichen Zeit-Messern, dann zu Zeit-Sparern und heute schließlich zu Dienern der Zeit gemacht hat. Im Zuge dieser Entwicklung haben wir nach dem amerikanischen Medienexperten Neil Postman gelernt, der Sonne und den Jahreszeiten unseren Respekt zu entziehen, denn in einer Welt, die aus Sekunden und Minuten besteht, sei die Autorität der Natur abgeschafft: „Die Uhr löst die Zeit aus unserem Erlebniszusammenhang heraus und nährt damit den Glauben an eine unabhängige Welt mathematisch meßbarer Sequenzen. Die Gliederung der Zeit in eine Abfolge von Momenten ist, wie sich herausstellt, nicht gott- oder naturgegeben. Der Mensch selbst hat sie hervorgebracht, indem er sich mittels einer von ihm geschaffenen Maschine mit sich selbst unterhält."[255]

Wir leben in einer anthropomorphen Welt, wie Bill Mc Kibben bereits 1990 erkannte, als er das „Ende der Natur" proklamierte: „Wir haben die Atmosphäre und damit auch das Wetter verändert. Indem wir das Wetter verändern, machen wir jeden Fleck auf der Erde zu etwas Künstlichem, zu Menschenwerk. Wir haben die Natur ihrer Eigenständigkeit beraubt, und das hat verhängnisvolle Folgen für ihr Wesen (...). Wir leben in einer postnatürlichen Welt".[256]

Die menschliche Hybris scheint keine Grenzen zu kennen. In unserem Größenwahn schicken wir Raketen mit Götternamen ins Weltall und arbeiten mit Hilfe der Gen-Technik verbissen an der Möglichkeit, Menschen zu klonen. Der Chicagoer Physiker kündigte in diesem Zusammenhang an, eine Reproduktionsklinik zu eröffnen. Dies sei „der erste ernsthafte Schritt, wie Gott zu werden".[257]

Denn wir tun nicht, was wir wissen

Wie denaturiert sind wir eigentlich? Die neuen Herren der Schöpfung scheinen nicht nur zu vergessen, daß sie selbst ein Teil der Natur sind, sondern auch, daß wir alle nach wie vor total abhängig von der Natur sind. Die vorangegangenen Ausführungen dienten der Vergegenwärtigung unserer geistigen Verfassung, auf deren Grundlage politisches Handeln erst verständlich wird. Ethisch wissen wir nicht, was wir tun, politisch tun wir nicht, was wir wissen.

In vielen Büchern und politischen Reden wird darauf hingewiesen, daß sich seit dem „Zukunftsschock"[258] zu Beginn der 70er-Jahre, als sich die Menschheit erstmals ihrer Wachstumsgrenzen bewußt wurde, viel verändert hätte. Doch wenn sich aufgrund dieses Schocks überhaupt irgend etwas verändert hat, dann weniger die ökologische als eher die atomare Entwicklung, wenn auch nur vorübergehend. Psychologisch interessant dabei ist, wie Lee Butler, der ehemalige Oberbefehlshaber der US-Atomstreitmacht über die Risiken atomarer Rüstung und den Wahnsinn des atomaren Gleichgewichts heute spricht:

---

[255] Postman, Neil (1985): Wir amüsieren uns zu Tode. Urteilsbildung im Zeitalter der Unterhaltungsindustrie. Frankfurt/Main, S.21
[256] Mc Kibben, Bill (1990): Das Ende der Natur. Düsseldorf, S. 69
[257] Frankfurter Rundschau (1998): US-Wissenschaftler will bald Menschen klonen, 8.1.98, S.1
[258] Toffler, Alvin (1972): Der Zukunftsschock. Stuttgart.

„Wir handelten wie ein Betrunkener beim russischen Roulette".[259] Handeln wir heute ökologisch gesehen nicht auch wie Betrunkene?

Auch Jahrzehnte nach diesem Zukunftsschock sind die globalen ökologischen Trends „völlig ungebrochen".[260] Um dies zu begreifen muß man keine wissenschaftlichen Analysen verstehen, ein Blick auf die hinteren Seiten der Tageszeitungen genügt. Jeweils drei Beispiele aus den letzten beiden Jahren des alten Jahrhunderts zur Illustration (in Klammern mit Datums- und Seitenangabe aus der „Frankfurter Rundschau"): „Wissenschaftler messen Wärmerekord - Temperaturen lagen auf der Erde noch niemals höher als im vorherigen Jahr" (10.1.98, S.24), „US-Studie: 40 Prozent aller Todesfälle durch verschmutzte Umwelt" (2.10.98, S.32), „Zwei von drei Bäumen krank. EU-Kommission legt Waldschadensbericht vor" (6.10.98, S.28), „Pestizide im Regen über Europa - Schweizer Studie: Belastung ist weit höher als erlaubt" (7.4.99, S.24), „WHO-Studie: Mehr Tote durch Abgase als durch Unfälle" (16.6.99, S.30), „Greenpeace tadelt Firmenchefs - Versprochene Umwelt-Verantwortung nicht übernommen" (18.8.99, S.28). Der letztgenannte Artikel enthält die Prognose, daß bei einer Fortsetzung des Abholzungstempos der Regenwald im Amazonasgebiet in 18 Jahren vollständig zerstört sein werde. Katastrophen diesen Kalibers sind heute zum „Normalzustand"[261] geworden.

Eine siebente und letzte Meldung, die sogar den Weg auf die Titelseiten fand, rundete das 20. Jahrhundert ab. Im September 1999 legten die Vereinten Nationen einen von 30 Institutionen und 800 Experten erstellten „Millenniums-Bericht („GEO 2000") vor, der zu ähnlichen Ergebnissen wie „GAIA 2000" kommt. Nach Aussage von Klaus Töpfer, Direktor der UNO-Umweltbehörde „Unep", sei in einer Reihe von Umweltbereichen bereits heute ein „echter Notstand" eingetreten (z.B. haben 20% der Weltbevölkerung keinen Zugang zu sauberem Trinkwasser), in allen ökologischen Feldern stünden die „Signale auf Rot".[262]

Kinder der Katastrophe

Angesichts der globalen ökologischen Entwicklungen kann man „die Dringlichkeit zur Umkehrung der jetzigen Trends der Umweltzerstörung wohl kaum übertreiben".[263] Wer in diesem Sinne pessimistisch in die Zukunft schaut, scheint noch viel zu optimistisch zu sein, wie der tschechische Schriftsteller Ota Filip polemisch bemerkt: „Das einzige, was in dieser globalisierten Welt am Ende des 20. und am Anfang des 21. Jahrhunderts richtig funktioniert, ist die globalisierte Katastrophe".[264] Als seinen einzigen Trost bezeichnet Filip, daß er keine Enkelkinder habe.

---

[259] Der Spiegel (1998): „Wir handelten wie Betrunkene", 32/98, S.138
[260] von Weizsäcker, Ernst Ulrich (1999): Das Jahrhundert der Umwelt. Frankfurt/Main, S.18
[261] von Ditfurth, Jutta (1992): Katastrophen - der Normalzustand? Max 1/92, S.150
[262] Der Tagesspiegel (1999): „Kaum noch Zeit zur Rettung des Klimas", 16.9.99, S.1
[263] Worldwatch Institute Report (1999): Zur Lage der Welt 1999. Frankfurt/Main, S.46.
[264] Landeszentrale für politische Bildung Baden Württemberg (1999): Visionen 2000. Stuttgart, S.19.

Trotz des allgemeinen Wissens, daß die ökologische Frage „die zentrale Frage des nächsten Jahrhunderts"[265] sein wird (ganz egal, ob wir wollen oder nicht), verhält sich die gegenwärtige gegenüber der zukünftigen Generation absolut ignorant: „Eines der beeindruckendsten Phänomene der Gegenwart, das spätere Generationen nicht mehr verstehen werden, ist die Gleichgültigkeit, mit der wir Heutigen die sich häufenden und schriller werdenden Meldungen über 'Natur'-Katastrophen zur Kenntnis nehmen. Es kann fast kein Zweifel mehr bestehen, daß die heute aufwachsenden Kinder einen Planeten vorfinden werden, dessen Öko-Systeme irreversibel, unkorrigierbar, gestört und zerstört sind, selbst wenn dann das Steuer um 180 Grad herumgerissen würde".[266]

Wir leben in der Spannung zwischen Ursache und Wirkung: Die Öko-Systeme reagieren auf die (Zer-)Störungen mit einer zeitlichen Verzögerung, wie Ozonloch und Treibhauseffekt zeigen. Deshalb hätten wir uns eigentlich schon vorgestern mit der morgigen Katastrophe beschäftigen müssen. Doch obwohl der Kollaps vorgrammiert scheint und Quantensprünge zu seiner Verhinderung notwendig wären, ist eine „ökologische Zeitenwende"[267] nicht in Sicht - ganz im Gegenteil: „Öko ist out"[268] - es ist chic geworden, dies öffentlich zu proklamieren. In Talkshows steht das Thema „Die Umwelt ist mir scheißegal"[269] auf der Tagesordnung. Für die Quoten der Medien ist es besser, unseren Weltzustand zu verklären, als darüber aufzuklären. Der Schein ersetzt das Sein und das Design bestimmt das Bewußtsein.

Vielleicht ist die Umwälzung in den Köpfen auch ein biologisches Problem, eine Frage des Alters. Rock-Poet Herbert Grönemeyer erhält mit seinem Plädoyer „Kinder an die Macht!" heute wissenschaftlichen Beistand: Impulse für die ganze Gesellschaft und eine Veränderung der politischen Landschaft erwartet der Jugendforscher Klaus Hurrelmann, wenn sich unsere Gesellschaft eines Tages dazu entschließen könnte, das Wahlalter zu senken: „Würden Kinder und Jugendliche sich in die Wahlauseinandersetzungen einschalten können, bekämen die Themen Umweltschutz, Kriegsvermeidung, Förderung der Entwicklungsländer, Gesundheitsförderung, Armutsvermeidung usw. ein weitaus größeres Gewicht".[270]

Nach Auffassung des 17jährigen Berliners Benjamin Kiesewetter - einem Greenteam-Jugendlichen, der eine Verfassungsbeschwerde wegen Vorenthaltung des Wahlrechts eingelegt hat - sind viele Probleme unserer Gesellschaft darauf zurückzuführen, „daß alle Erwachsenen 18 Jahre lang Kinder mit Ohnmachtsgefühlen waren, die erlebt haben, daß Demokratie für sie nicht gilt".[271]

---

[265] Lafontaine, Oskar (1999): Das Herz schlägt links. München, S.154
[266] Frankfurter Rundschau (1999): Die Katastrophe Mensch. 25.6.99, S.3 (aga).
[267] Fest, Marko (1996): Die ökologische Zeitenwende. Berlin.
[268] Fokus 17/96.
[269] „Bärbel-Schäfer-Talkshow", RTL, 13.5.96
[270] Hurrelmann, Klaus (1997): Die ausgebremste Generation. Greenpeace-Magazin 2/97, S.24
[271] Greenpeace-Magazin 2/97, S.23

Wo bleibt die Moral?

Moral ist in unserer Gesellschaft zu einem Schimpfwort geworden, Moralisten gelten als Gutmenschen - und das scheint peinlich zu sein. Ist es keine Frage der Ehre mehr, moralisch anständig zu handeln? Kinder können manchmal sehr moralisch sein und uns einen Spiegel vorhalten. Alles, was wir tun, ist moralisch und ökologisch, wir können uns weder nicht-ökologisch noch nicht-moralisch verhalten. Und wenn wir es wissentlich zulassen, daß die nächsten Generationen kaum überleben werden können, dann ist das ein Verbrechen ohne Vorbild. Im Gegensatz zu den Völkermorden der Vergangenheit können wir beim gegenwärtigen Generationen-Mord an der Zukunft nicht behaupten, wir hätten von nichts gewußt. Die Opfer leben schon heute auf der anderen Seite der Erde. Doch unsere egoistisch-hedonistische Spaßgesellschaft scheint keine Moral zu vertragen.

Die kommende Katastrophe ist eine moralische Katastrophe unserer Kultur, die sich in einem sachlichen Dreisatz zusammenfassen läßt: „(1): So geht es nicht weiter. (2): Was statt dessen geschehen müßte, ist bekannt. (3): Trotzdem geschieht im wesentlichen nichts."[272] Warum liegen eigentlich die prognostizierten Katastrophen meist in der ferneren Zukunft? Einen Tag, nachdem im Fernsehen ein Öko-Drama mit dem Titel „Nach uns die Sintflut"[273] ausgestrahlt wurde, das ein Szenario nach dem Abschmelzen der Pole beschreibt, stand in der Zeitung, daß nach einem kräftigen Herbststurm viele Straßen in Norddeutschland unter Wasser stehen. „Noch nie ging es so gut wie heute", sagten die Gänse kurz vor Weihnachten. „Den Sozialismus in seinem Lauf halten weder Ochs' noch Esel auf", reimte Erich Honecker am 40. DDR-Jahrestag fröhlich in die Fernsehkameras. Das war im Herbst 1989.

Wer zu spät kommt, den bestraft die Natur. Manche Menschen setzen auch in dieser Hinsicht auf die Technik. Wie meinte ein junger Umweltaktivist in der Befragung: „Es müßte mal wieder einen richtigen Schocker wie Tschernobyl geben, dann wachen die Leute vielleicht mal auf!" Auch Jonas hoffte auf eine Serie von kleinen Katastrophen, „Schreckschüssen, die erschreckend genug sind, uns aufzurappeln, aber noch nicht schlimm genug, um den Ruin schon selber darzustellen".[274] Wer in dieser Logik zuende denkt, kommt zu einem fatalen Schluß: „Nur der reale Weltuntergang wäre eine überzeugende Warnung vor dem Weltuntergang. So wäre die einzige Katastrophe, die allen einleuchtet, die Katastrophe, die keiner überlebt".[275]

Eine Woche vor seinem Tod bilanzierte Jonas: „Einst war es die Religion, die uns sagte, daß wir alle Sünder sind, wegen der Erbsünde. Heute ist es die Ökologie unseres Planeten, die uns alle zu Sündern erklärt, wegen der maßlosen Großtaten menschlichen Erfindungsreichtums. Einst war es die Religion, die uns mit dem jüngsten Gericht am

---

[272] Richter, Horst-Eberhard (1997): Als Einstein nicht mehr weiter wußte. Ein himmlischer Krisengipfel. Düsseldorf, S.35
[273] Arte, 30.10.1996
[274] Jonas, Hans (1991): Wissenschaft und Verantwortung. Bremen, S.44
[275] Sloterdijk, Peter (1992): Panische Kultur - oder: Wieviel Katastrphe braucht der Mensch? In Robert Jungk (Hrsg.), Delphin-Lösungen, Frankfurt/Main, S.187

Ende der Tage drohte. Heute ist es unser gemarterter Planet, der das Kommen eines solchen Planeten voraussagt, ohne irgendwelches himmlisches Eingreifen. Die jüngste Offenbarung - von keinem Berg Sinai, auch nicht von der Bergpredigt und von keinem heiligen Feigenbaum des Buddha - ist der Aufschrei der stummen Dinge selbst und bedeutet, daß wir uns zusammentun müssen, um unsere die Schöpfung überwältigenden Kräfte in die Schranken zu weisen, damit wir nicht gemeinsam zugrundegehen auf dem Ödland, das einst die Schöpfung war."[276]

Globalisierung des Gewissens

Kann man mit Ökologie und Moral zum mächstigsten Mann der Welt werden? In seinem Buch „Wege zum Gleichgewicht" steht Al Gore vor folgendem Problem: „Wenn künftige Generationen sich fragen, wie wir in stiller Komplizenschaft mit der kollektiven Zerstörung der Erde unserer täglichen Arbeit nachgehen konnten, werden wir behaupten, daß wir von diesen Dingen nichts bemerkten, weil wir moralisch schliefen?"[277] Psychologisch bemerkenswert ist das persönliche Bekenntnis von Gore auf die Frage, wie er zu seiner intensiven Beschäftigung mit dem Thema des globalen Überlebens gekommen ist. Im Jahre 1989 hätte er bei einem Autounfall beinahe seinen Sohn verloren, der kurzzeitig klinisch tot war, bevor er reanimiert werden konnte. Manchmal sind Grenzen Orte der Erkenntnis.

Die Welt wartet auf einen ökologischen Gorbatschow. Das Original, das Ende des alten Jahrhunderts zur treibenden Kraft revolutionärer politischer Veränderungen wurde, plädiert für ein „Neues Denken". Der ehemalige sowjetische Präsident gründete 1993 als Reaktion auf die Rio-Konferenz ein internationales „Grünes Kreuz" mit dem Ziel, das weltweite Umweltbewußtsein zu fördern. Michail Gorbatschow hält eine „Politik ohne Gewissen und Moral"[278] für verwerflich und fordert dazu auf, die ökologischen Fragen zum Mittelpunkt der Weltpolitik zu machen. Neues Denken heißt für Gorbatschow, daß die Idee des Fortschritts eines Fortschritts bedarf, um nicht am Fortschritt zugrundezugehen: „Wir brauchen eine Revolution des Bewußtseins, die Lebensweise und Verhalten des modernen Menschen völlig umkrempelt, die die Entwicklung des Menschen als soziales Wesen mit den objektiven Grenzen der Natur in Einklang bringt."[279] Auf dem Weg zu einer „Ökostroika" plädiert Gorbatschow auf globaler Ebene für einen „Rat der Weisen".

Trotz vieler Katastrophen hat das alte Jahrhundert auch politische Helden hervorgebracht, im Norden z.B. Michail Gorbatschow, im Süden Nelson Mandela, im Westen Martin Luther-King oder im Osten Mahatma Gandhi. Alle lehrten uns jedoch, daß wir selbst die Veränderung sein müssen, die wir in der Welt sehen wollen.

---

[276] Jonas, Hans (1995): Rassismus im Lichte der Menschheitsbedrohung. In Dieter Böhler (Hrsg.), Ethik für die Zukunft, Im Diskurs mit Hans Jonas, München, S.25.
[277] Gore, Al (1992): Wege zum Gleichgewicht. Frankfurt/Main, S.260
[278] Der Tagesspiegel (1997): „Politik ohne Gewissen und Moral ist verwerflich", 20.8.97, S.4
[279] Gorbatschow, Michail (1997): Das Neue Denken. Politik im Zeitalter der Globalisierung. München, S.150

„New Age"?

Die neue Zeit beginnt bei jedem einzelnen. Rudi Dutschke brachte diese fundamentale Erkenntnis prägnant auf den Punkt, als er sagte: „Die Philosophen haben die Welt nur verschieden interpretiert, es kommt aber darauf an, sich zu verändern."[280] Welche Konsequenzen könnte eine ökologische Revolution (lat. revolvere = zurückwälzen) für unsere Philosophie, unsere Psychologie, unseren Umgang mit Kindern, unseren Umgang mit dem Tod, unseren Umgang mit der Erde und für unser Gewissen haben?

Philosophisch geht es um die Frage der Weisheit. Gibt es überhaupt verbalisierbare Antworten auf diese Frage? „Wissen kann man mitteilen, Weisheit aber nicht."[281] Insbesondere die Ausführungen von Jonas haben Aufschluß über die geistigen Voraussetzungen einer „Ethik der Nachhaltigkeit"[282] gegeben. Sie würden auf dem Gedanken beruhen, auch die Generationen von Menschen zu respektieren, die nach uns kommen. Dazu gehört die Einsicht, daß nicht nur das Menschenlos, sondern auch das Menschenbild in Gefahr ist. Und ein über die Nacktheit des Nihilismus hinausgehendes Menschenbild könnte auch den Sprung von einem anthropozentrischen zu einem biozentrischen Weltbild schaffen, das alle Lebenwesen respektiert. Der moderne Prometheus ist jedoch in der Versuchung, Ethik als „Monetik" mißzuverstehen. An dieser Stelle setzt Anders an, wenn er „moralische Phantasie" fordert, um unser Gefälle zwischen Wissen und Gewissen zu überwinden. Angesichts der moralischen Abstumpfung unserer Zeit kann Weisheit in Radikalität münden, als Aufstand des Gewissens „gegen die brutale Selbstverständlichkeit unseres Immer-so-weiter-Machens",[283] der tragischerweise oft die Aufständischen in einer Anstalt (Klinik oder Knast) landen läßt, nicht aber die „Weiter so"-Propheten.

Psychologisch geht es um die Frage der Seele, um unser Erleben und Verhalten. Diese Frage beginnt bei unserer Wahrnehmung. Mit gesundem Menschenverstand ist die Umweltzerstörung nicht zu verstehen. Oder ist es nicht völlig irrational, wenn wir erst etwas kaputtmachen müssen, um es dann anschließend wieder zu schützen versuchen? Abgesehen davon, daß es nicht immer möglich ist, die Umweltzerstörung direkt wahrzunehmen, verlieren wir zunehmend auch den Blick dafür, was wir verlieren. Um uns dagegen aufzulehnen, müssen wir uns vergegenwärtigen, daß nur tote Fische mit dem Strom schwimmen. Zur Psychologie der ökologischen Katastrophe gehört nicht nur die Frage, ob wir nicht können, sondern auch, ob wir nicht wollen. An dieser Stelle geht es weniger um die Quantität unseres Denkens, als vielmehr um die Qualität unseres Fühlens. Notwendig wäre eine viel stärkere Bewußtwerdung unserer Gefühle (z.B. der Trauer und der Verzweiflung), um uns in die Lage zu versetzen, „mit dem Herzen zu denken"[284]

---

[280] Alt, Franz (1999): Der ökologische Jesus. Vertrauen in die Schöpfung. München, S.55
[281] Hesse, Hermann (1953): Siddharta. Eine indische Dichtung. Frankfurt/Main, S.113
[282] Worldwatch Institue Report (1999): Zur Lage der Welt 1999. Frankfurt/Main, S.45
[283] Drewitz, Ingeborg (1986): Eingeschlossen. Düsseldorf, S.239
[284] Kelly, Petra (1990): Mit dem Herzen denken. Texte für eine glaubwürdige Politik. München.

und zu handeln. Erst wenn wir den Feind im eigenen Spiegel als Freund (mit allen Schwächen) annehmen können, sind wir fähig, uns zu einer ökologisch-ganzheitlichen „fully functioning person" im Einklang mit der Natur zu entwickeln.[285]

Pädagogisch geht es um die Frage des Umgangs mit Kindern, der den Umgang mit dem Kind in uns einschließt. Kinder sind das Symbol des Lebens. Nach Jonas, der in Kindern als ontisches Paradigma das Urbild aller Verantwortung sieht, fängt mit jedem Neugeborenen die Menschheit neu zu leben an. Wahrscheinlich gibt es keine größere ökologische Tat, als Kinder verantwortungsbewußt auf ihrem Weg in die Welt zu begleiten. Für den Liedermacher Reinhard Mey bedeutet Kinder zu haben „das aufregendste Abenteuer, der schwerste Beruf, die größte Herausforderung und die glücklichste Erfahrung zugleich".[286] Wäre es nicht eine große Aufgabe unserer zunehmend kinderärmeren Gesellschaft, eine „Generation Ökologie"[287] zu zeugen, die im Gegensatz zu unserer Generation der nachfolgenden Generation ein Vorbild ist - so wie die „Baumfrau" Julia Hill. Die 25-jährige Amerikanerin offenbarte nach über zweijähriger erfolgreicher Verteidigung eines kalifornischen Redwood-Baumes ihr ökologisches Gewissen mit den Worten: „Das Leben ist eine unendliche Lektion darüber, loszulassen".[288]

Thanatologisch geht es um die Frage von Tod und Sterben, individuell und kollektiv. Auch hier mündet die Auseinandersetzung schließlich in der Lektion des Loslassens. Trotz aller Verdrängungsmechanismen kommen wir um die Frage des Todes nicht herum, wenn wir uns mit der ökologischen Krise beschäftigen. Die kollektive Gefahr des Todes ist erheblich (ökologisch prozessural, atomar auch punktuell), wie viele Zukunftsstudien zeigen. Auch individuell ist der Tod ein allgegenwärtiger Begleiter, der als Produkt von Umweltvergiftungen auftreten kann, ohne daß sich die Todesursache immer kausal bestimmen läßt. Wenn ich z.B. an Krebs erkranke, kann es z.B. auf Radioaktivität oder Asbest, auf die Folgen des Passivrauchens oder auf die tägliche Inhalierung von Autoabgasen als Radfahrer zurückzuführen sein (indirekt möglicherweise auch auf die permanente psychische Beschäftigung mit diesem unerfreulichen Thema!). So wie das individuelle Sterben von der Schweizer Ärztin Elisabeth Kübler-Ross als ein fünfphasiger Prozeß beschrieben wurde, könnte man auch den Umgang mit dem kollektiven Sterben begreifen, wenn man es als Faktum (oder als Fatum) interpretiert: Abwehr (Nicht-Wahrhaben-Wollen), Aufbäumen (Zorn), Feilschen (Verhandeln), Trauern (Depression) und Sich-Fügen (Zustimmung und Hoffnung).[289] Entsprechend der letzten Phase dieses empirisch vielfach nachgewiesenen Sterbeprozesses ist die Ausbreitung eines Gefühls der Hinnahme möglich, die innere Kraft und Gelassenheit vermittelt. Aus der Bewußtheit des Todes entsteht eine neue Bewußtheit des Lebens. Zu dieser Interpretation der

---

[285] Rogers, Carl (1983): Der neue Mensch. Stuttgart.
[286] Mey, Reinhard (1989): Mein Apfelbäumchen. Berlin.
[287] Tremmel, Jörg (1996): Der Generationsbetrug. Plädoyer für das Recht der Jugend auf Zukunft. Frankfurt/Main, S.7
[288] Tagesspiegel (1999): Auf wackligen Beinen. Nach zwei Wintern ist die Umweltkämpferin Julia Hill von der Krone eines 1000 Jahre alten Baumes geklettert. 20.12.99, S.32
[289] Kübler-Ross, Elisabeth (1971): Interviews mit Sterbenden. Stuttgart.

ökologischen Krise kommen die Psychotherapeutin Sigrun Preuss[290] und der Philosoph Gregory Fuller.[291] Ob „Mutter Erde" schon im Endstadium des Sterbeprozesses angekommen ist, sei dahingestellt. Man könnte die moderne Fortschrittsideologie auch als zwanghaften kollektiven Versuch interpretieren, den Tod zu verdrängen (dann würden wir uns noch immer in der ersten Phase befinden).

Ökologisch geht es schließlich um den Umgang mit unserer inneren und äußeren Natur. Diese Frage schließt alle vorherigen Ausführungen ein, die Frage nach unserer Weisheit, die Frage nach unserer Seele, die Frage nach unseren Kindern und die Frage nach unserem Tod. Die ökologische Frage ist die Frage des (Über-)Lebens. „Angenommen, es fände eine planetarische Abstimmung über diesen Punkt statt - wenn wir jede Spezies darüber abstimmen ließen, ob die westliche Zivilisation fortbestehen darf oder nicht, dann würde vermutlich fast jede Spezies, von Schaben und Ratten vielleicht abgesehen, gegen uns stimmen. Das Wahlergebnis wären 99,9 Prozent Neinstimmen: Die westliche Zivilisation ist nicht gut für den Planeten Erde. Sie sollte zugrunde gehen."[292]

Das „Evangelium des Untergangs" enthält die „Hoffnung, daß wir doch noch rechtzeitig diesen Planeten als unser Heimatland erkennen, und die Bewohner der Erde als unsere Freunde und Verwandten".[293] Zum Glück ist die Wissenschaft ja nur der gegenwärtige Stand von Irrtum und die Geschichte der Menschheit stets für Überraschungen gut, wie der Fall der Berliner Mauer im Jahre 1989 gezeigt hat. So gesehen ist die Zukunft offen. Zu diesem Optimismus gibt auch das Phänomen des Gewissens Anlaß. Statt wie bisher zu fragen, warum sich viele Menschen trotz eines Umweltbewußtseins nicht ökologisch verhalten, lädt das Gewissen zu der Frage ein, warum sich manche Menschen trotz hoher Barrieren umweltfreundlich verhalten. Ein lebendiges ökologisches Gewissen ist immun gegenüber allen Untergangsszenarien.

Moderne Menschen wollen ihr Leben immer verzweifelter genießen. Doch statt vor sich selbst zu fliehen und ins tägliche Tralala der Talk- und Game-Shows zu flüchten, um dort den Dritt- und Viertwagen oder eine Reise ans Ende der Welt zu erstehen (viele Wochen vor Weihnachten gibt in Deutschland keine Flüge in den Süden mehr), sind Glücksmomente so leicht und nah in der Begegnung von Mensch zu Mensch und in der Begegnung mit der Natur zu finden. Wer keine Angst hat, die nächste Party zu verpassen, hat dafür genug Zeit zu verlieren, um Zeit zu gewinnen. Weniger ist mehr! Gott sei Dank ist ökologisches Gewissen, die Schlüsselqualifikation des 21. Jahrhunderts, nicht käuflich.

---

[290] Preuss, Sigrun (1991): Umweltkatastrophe Mensch. Über unsere Grenzen und Möglichkeiten, ökologisch bewußt zu handeln. Heidelberg.
[291] Fuller, Gregory (1996): Das Ende. Von der heiteren Hoffnungslosigkeit im Angesicht der ökologischen Katastrophe. Frankfurt/Main.
[292] Grof, Stanislav; Laszlo, Ervin; Russell, Peter (1999): Die Bewußtseinsrevolution. München, S.141
[293] Wintersteiner, Werner in Landeszentrale für politische Bildung Baden-Württemberg (Hrsg.): Visionen 2000, S. 167.

„Take home message"

Die Botschaft des vorliegenden Buches über die Zukunft der Erde aus der Sicht von Kindern, Jugendlichen und anderen Experten läßt sich wie folgt zusammenfassen:

(1) Die „Zukunftsstudie von oben" zeigte, daß viele ökologische Expertinnen und Experten unsere Zukunft auf der Erde für sehr bedroht halten.

(2) Die „Zukunftsstudie von unten" zeigte, daß viele Kinder und Jugendliche über ein ökologisches Gewissen verfügen, das für Erwachsene vorbildlich sein könnte.

(3) Die Synthese der beiden Zukunftsstudien offenbart: Wissen braucht Gewissen.

Plädoyer gegen den Frühling (Nachwort)

Das Jahr war noch blutjung, da hatte ich eine Erkenntnis. Ort des Geschehens war eine prachtvolle Allee in einer südwestdeutschen Großstadt. Die mächtigen Kastanien links und rechts stehen hier so dicht, daß spätestens im Monat Mai die weiten Kronen sich über die Straßen zu einem dichten, grünen Dach vereinigen werden. Zwanzig Frühlinge habe ich hier erlebt, und jedesmal passierte mir das gleiche: Staunen, Bewunderung und Faszination ergriffen mich beim Anblick dieses so plötzlich wieder aufgetauchten grünen Himmels.

Diesmal jedoch geschah Ungewohntes. Ich spürte, wie sich etwas in meinem Hirn zusammenbraute und zu rumoren anfing. Mein Gott, sprudelte es schließlich in mich hinein, wie sollen die Menschen fähig sein, sich des ganzen Ausmaßes der Umweltzerstörung bewußt zu werden angesichts solcher vor Grün strotzenden Alleen? Wie soll der Mensch das Ticken der ökologischen Zeitbombe vernehmen, solange er jedes Jahr aufs neue mit blühenden Schneeglöckchen, Kastanien-, Apfel- und Kirschbäumen konfrontiert wird?

Auf dem Weg nach Hause ließ mich der Gedanke nicht mehr los, daß es an der Zeit wäre, die Frage nach der Mitverantwortung der Natur für das Fortschreiten des ökologischen Niedergangs zu stellen. Die Natur selbst ist es doch, die durch die Droge „Frühling" Mitschuld daran trägt, daß die Menschen unfähig sind, die Anzeichen der Zerstörung zu sehen und zu hören. Und ich frage mich seitdem, ob die Natur eigentlich nicht merkt, daß sie mit diesem die Sinne betäubenden Frühling der gesamten Ökologiebewegung in den Rücken fällt.

Natur, ich frage dich: Wie soll denn eine Einsicht in die Notwendigkeit tiefgreifender Veränderungen - im persönlichen Verhalten, in Wirtschaft und Politik - erreicht werden, solange du die Menschen mit deinen Frühlingsdüften benebelst? Du mußt dir den Vorwurf gefallen lassen, daß du durch dein stures Festhalten am „Prinzip Frühling" ein gewaltiges Maß an Mitverantwortung dafür trägst, daß Leute immer noch mit dem Auto zum Bäcker fahren, die Fabrikschlote unvermindert weiterqualmen und die Meere nach wie vor als Müllkippe benutzt werden.

Ich fordere dich auf: Mach endlich Schluß mit der Vorspiegelung falscher Tatsachen! Warum willst du deine tiefen Wunden mit diesem frühlingsmäßigen Geblühe dauernd vertuschen? Bist du selbstmörderisch veranlagt? Wenn ja, wo bleibt aber dann deine Verantwortung für uns Menschen? Hast du vergessen, daß wir dir anvertraut sind? Gestehe dir das wahre Ausmaß deiner Krankheit ein und zeige den Menschen, wie es wirklich um dich steht. Gönne dir eine Ruhepause und laß den Frühling in diesem Jahr ausfallen! Es wird dir gut tun, und die Menschen werden vielleicht endlich begreifen...

Rainer Schneider-Wilkes (Süddeutsche Zeitung, 7. 1. 1989, letzte Seite)

Literatur

Abel, Günter & Salaquarda, Jörg (1989): Krisis der Metaphysik. Berlin.

Alt, Franz (1997): Das ökologische Wirtschaftswunder. Berlin.

Alt, Franz (1999): Der ökologische Jesus. München.

Anders, Günther (1956): Die Antiquiertheit des Menschen. München.

Anders, Günther (1972): Endzeit und Zeitenende. München.

Antons, Klaus (1992): Praxis der Gruppendynamik. Göttingen.

Badinter, Elisabeth (1987): Ich bin Du. München.

BBDO (1995): Future Youth. Düsseldorf.

Beck, Ulrich (1988): Gegengifte - Die organisierte Unverantwortlichkeit. München.

Beer, Wolfgang & de Haan, Gerd (1984): Ökopädagogik. Weinheim.

Behnke, Ben (1997): Abschied von der Natur. Düsseldorf.

Bernstein, Anne (1990): Die Patchwork-Familie. Stuttgart.

Biermann, Renate & Biermann, Gerd (1988): Die Angst unserer Kinder im Atomzeitalter. Frankfurt.

Billig, Alfred (1994): Ermittlung des ökologischen Problembewußtseins in der Bevölkerung. Berlin.

Birnbacher, Dieter (1980): Ökologie und Ethik. Stuttgart.

Bloch, Ernst (1967): Prinzip Hoffnung. Frankfurt.

Bloedhorn, Thorsten (1994): Die Antiquiertheit der Psychologie. Berlin.

Boehnke, Klaus & Sohr, Sven (1996): Kind und Umwelt. In Jürgen Mansel (Hrsg.), Glückliche Kindheit - schwierige Zeit? 217-242. Opladen.

Bortz, Jürgen (1984): Lehrbuch der empirischen Forschung. Berlin.

Buber, Martin (1973): Das dialogische Prinzip. Heidelberg.

Bund/Misereor (1997): Zukunftsfähiges Deutschland. Basel.

Carson, Rachel (1962): Silent Spring. Boston.

Carstensen, Richard (1954): Griechische Sagen. Reutlingen.

Chadwick, Henry (1974): Betrachtungen über das Gewissen in der griechischen, jüdischen und christlichen Tradition. Opladen.

Chalmers, Albert (1994): Wege der Wissenschaft. Berlin.

Coupland, Douglas (1992): Generation X. München.

Darwin, Charles (1966): Die Abstammung des Menschen. Jena.

Davila, Gomez (1987): Einsamkeiten. Wien.

Dieckmann, Andreas & Jaeger, Carlo (1996): Umweltsoziologie. Opladen.

Dinnerstein, Dorothy (1973): The mermaid and the minotaur. New York.

Ditfurth, Christian von (1995): Wachstumswahn. Göttingen.

Ditfurth, Hoimar von (1989): Innenansichten eines Artgenossen. Düsseldorf.

Dreitzel, Hans Peter & Stenger, Horst (1990): Ungewollte Selbstzerstörung. Frankfurt.

Drewermann, Eugen (1992): Der tödliche Fortschritt. Freiburg.

Drewitz, Ingeborg (1986): Eingeschlossen. Düsseldorf.

Erikson, Eric (1977): Identität und Lebenszyklus. Frankfurt.

Ferchhoff, Wilfried & Neubauer, Georg (1995): Patchwork-Jugend. Opladen.

Fest, Marko (1996): Die ökologische Zeitenwende. Berlin.

Feyerabend, Paul (1976): Wider den Methodenzwang. Frankfurt.

Feyerabend, Paul (1984): Wissenschaft als Kunst. Frankfurt.

Fischer, Joschka (1989): Der Umbau der Industriegesellschaft. Frankfurt.

Fischer-Fabian, Siegfried (1992): Die Macht des Gewissens. München.

Fogelman, Eva (1994): Conscience and Courage. New York.

Frädrich, Jana & Jerger-Bachmann, Ilona (1995): Kinder bestimmen Politik. München.

Fraunhofer-Institut für Systemtechnik und Innovationsforschung (1998): Delphi '98. Karlsruhe.

Freud, Anna (1936): Das Ich und die Abwehrmechanismen. München.

Freud, Sigmund (1920): Jenseits des Lustprinzips. London.

Fröhlich, Werner (1987): Wörterbuch zur Psychologie. München.

Fromm, Erich (1956): Die Kunst des Liebens. Berlin.

Fromm, Erich (1971): Die Revolution der Hoffnung. Stuttgart.

Fromm, Erich (1986): Über die Liebe zum Leben. München.

Fuller, Gregory (1996): Das Ende. Frankfurt.

Galtung, Johan (1977): Methodologie und Ideologie. Frankfurt.

Gardner, Howard (1996): So genial wie Einstein. Stuttgart.

Giebeler, Karl u.a. (1996): Aufstand für eine lebenswerte Zukunft. München.

Gilen, Ludwig (1995): Das Gewissen bei 15-Jährigen. Münster.

Goleman, Daniel (1996): Emotionale Intelligenz. München.

Goleman, Daniel (1997): Kreativität entdecken. München.

Gorbatschow, Michail (1997): Das Neue Denken. München.

Gore, Al (1992): Wege zum Gleichgewicht. Frankfurt.

Greenpeace (1996): Das Greenpeace-Buch. Hamburg.

Grof, Stanislav; Laszlo, Ervin & Russell, Peter (1999): Die Bewußtseinsrevolution. München.

Gruen, Arno (1989): Der Wahnsinn der Normalität. München.

Gründel, Jürgen (1973): Sterbendes Volk? Düsseldorf.

Gruhl, Herbert (1992): Himmelfahrt ins Nichts. München.

Grupp, Hariolf (1995): Der Delphi-Report. Stuttgart.

Haak, Eva (1995): Kinder haben Vorfahrt. Berlin.

Haan, Gerd de (1995): Umweltbewußtsein und Massenmedien. Berlin.

Haan, Gerd de & Kuckartz, Udo (1996): Umweltbewußtsein. Opladen.

Habermas, Jürgen (1967): Theorie und Praxis. Neuwied.

Hamm-Brücher, Hildegard (1983): Der Politiker und sein Gewissen. München.

Haßler, Gerd von (1990): Der Menschen törichte Angst vor der Zukunft. München.

Herzog, Roman (1969): Die Freiheit des Gewissens und der Gewissensverwirklichung. Berlin.

Hesse, Hermann (1953): Siddharta. Frankfurt.

Hirsch, Eduart (1979): Zur juristischen Dimension des Gewissens. Berlin.

Hoff, Ernst u.a. (1995): Industriearbeit und ökologisches Verantwortungsbewußtsein. Berlin.

Hösle, Vittorio (1991): Philosophie der ökologischen Krise. München.

Institut für empirische Psychologie (1995): Wir sind O.K.! Stimmungen, Einstellungen, Orientierungen der Jugend in den 90er Jahren. Köln.

Institut für Zukunftsforschung und Technologiebewertung (1998): Tätigkeitsbericht 1998. Berlin.

Jänicke, Martin; Bolle, Hans Jürgen & Carius, Alexander (1994): Umwelt global. Berlin.

Jahn, Helmut (1996): Bleibende Werte. Berlin.

Jonas, Hans (1984): Das Prinzip Verantwortung. Frankfurt.

Jonas, Hans (1985): Technik, Medizin und Ethik. Frankfurt.

Jonas, Hans (1991): Wissenschaft und Verantwortung. Bremen.

Jung, Carl Gustav (1958): Das Gewissen. Zürich.

Jungk, Robert (1988): Projekt Ermutigung. Berlin.

Jungk, Robert (1992): Delphin-Lösungen. Frankfurt.

Jungk, Robert & Müllert, Norbert (1981): Zukunftswerkstätten. München.

Klier, Günther (1978): Gewissensfreiheit und Psychologie. Berlin.

Kelly, Petra (1990): Mit dem Herzen denken. München.

Kessler, Hans (1996): Ökologisches Weltethos im Dialog der Kulturen und Religionen. Darmstadt.

Kohlberg, Lawrence (1984): Essays in moral develepment. New York.

Kropotkin, Peter (1914): Nutual Aid. New York.

Kübler-Ross, Elisabeth (1971): Interviews mit Sterbenden. Stuttgart.

Kuhn, Thomas (1962): The structure of scientific revolutions. Chicago.

Kundera, Milan (1987): Die unerträgliche Leichtigkeit des Seins. München.

Lafontaine, Oskar (1999): Das Herz schlägt links. München.

Lec, Stanislaw (1982): Alle unfrisierten Gedanken. München.

Luhmann, Niklas (1986): Ökologische Kommunikation. Opladen.

Luhmann, Niklas (1997): Die Realität der Massenmedien. Opladen.

Maass, Michael (1993): Das antike Delphi. Darmstadt.

Matthews, Gareth (1995): Die Philosophie der Kindheit. Weinheim.

Maxeiner, Dirk & Miersch, Michael (1996): Öko-Optimismus. Düsseldorf.

Mc Kibben, Bill (1990): Das Ende der Natur. Düsseldorf.

Meadows, Dennis (1972): The Limits to Growth. New York.

Meadows, Donnella & Meadows, Dennis (1993): Die neuen Grenzen des Wachstums. Hamburg.

Meinberg, Eckard (1995): Homo oecologicus. Darmstadt.

Merz, Franz (1979): Geschlechtsunterschiede und ihre Entwicklung. Göttingen.

Meyer-Abich, Klaus-Michael (1990): Aufstand für die Natur. München.

Michelsen, Gerd (1990): Umwelt braucht mehr als Bildung. Frankfurt.

Milgram, Stanley (1974): Das Milgram-Experiment. Hamburg.

Munker, Jan (1985): Die Welt in 100 Jahren. Düsseldorf.

Myers, Norman (1985): Gaia - Der Öko-Atlas unserer Erde. Frankfurt/Main.

Neuberger, Karin (1994): Verantwortung gegenüber der Umwelt. Berlin.

Nietzsche, Friedrich (1953): Genealogie der Moral. Stuttgart.

Perrow, Charles (1992): Normale Katastrophen. Frankfurt.

Petri, Horst (1987): Angst und Frieden. Frankfurt.

Petri, Horst (1992): Umweltzerstörung und die seelische Entwicklung unserer Kindheit. Stuttgart.

Petri, Horst (1996): Lieblose Zeiten. Göttingen.

Popper, Karl Raimond (1982): Logik der Forschung. Tübingen.

Popper, Karl Raimond (1990): Die offene Gesellschaft und ihre Feinde. Bern.

Postman, Neil (1985): Wir amüsieren uns zu Tode. Frankfurt.

Preiser, Siegfried (1982): Kognitive und emotionale Aspekte des politischen Engagements. Weinheim.

Preuss, Sigrun (1991): Umweltkatastrophe Mensch. Heidelberg.

Richter, Horst-Eberhardt (1992): Umgang mit Angst. Hamburg.

Richter, Horst-Eberhardt (1997): Als Einstein nicht mehr weiter wußte. Düsseldorf.

Rogers, Carl (1983): Der neue Mensch. Stuttgart.

Roszak, Theodore (1994): Ökopsychologie. Stuttgart.

Rousseau, Jean-Jacques (1978): Emile. Paderborn.

Schaffer, Ulrich (1990): Wenn Mauern fallen. Stuttgart.

Schaffer, Ulrich (1990): Aufmerksam für das Neue. Stuttgart.

Schmidbauer, Wolfgang (1992): Hilflose Helfer. Hamburg.

Schneider, Wolf & Fasel, Christoph (1995): Wie man die Welt rettet und sich dabei amüsiert. Hamburg.

Schneider-Wilkes, Rainer (1997): Demokratie in Gefahr? Zum Zustand der deutschen Republik. Münster.

Schnoor, Heike (1988): Psychoanalyse der Hoffnung. Heidelberg.

Schubert, Elke (1987): Günther Anders antwortet. Berlin.

Schweitzer, Albert (1991): Die Erfurcht vor dem Leben. München.

Sölle, Dorothee & Steffensky, Fulbert (1995): Wider den Luxus der Hoffnungslosigkeit. Freiburg.

Sohr, Sven (1993): „So laßt uns denn ein Apfelbäumchen pflanzen!" Seelische Gesundheit junger Menschen im Zeichen globaler Katastrophen. Berlin.

Sohr, Sven (1994): Ist es schon „fünf nach zwölf"? Entwicklung einer Skala zu „Ökologischer Hoffnungslosigkeit". Praxis der Kinderpsychologie und Kinderpsychiatrie, 26 (2), 173-182. Göttingen.

Sohr, Sven (1995): Quo vadis, homo promethicus? Hans Jonas und Günther Anders über den Menschen im technischen Zeitalter. Berlin.

Sohr, Sven (1995): Opfer und Täter von Hiroshima. In Wissenschaft und Frieden 1/95, 56-61. Bonn.

Sohr, Sven (1997): Ökologisches Gewissen. Eine Patchwork-Studie mit Kindern und Jugendlichen. Chemnitz („ http:// archiv.tu-chemnitz.de/pub/1997/0035")

Sohr, Sven (1997): Wind, Wasser und Wellen? Aktionsforschungs-Beobachtungen mit ökopolitisch engagierten Kindern und Jugendlichen. In Rainer Schneider-Wilkes (Hrsg.), Demokratie in Gefahr? Zum Zustand der deutschen Republik, 316-340. Münster.

Sohr, Sven; Boehnke, Klaus & Stromberg, Claudia (1997): Politische Persönlichkeiten - eine aussterbende Spezies. In Christian Palentien & Hurrelmann, Klaus (Hrsg.), Jugend und Politik, 206-235. Berlin.

Sohr, Sven & Stary, Joachim (1997): Die Zukunftswerkstatt. Bildungspolitischer Stellenwert, methodische Grundlagen und praktische Erfahrungen in der Fortbildung an Hochschulen. Brennpunkt Lehrerbildung 17/97, 44-56. Berlin.

Sohr, Sven & Trenel, Matthias (1997): „Tschernobyl- mein Gott!" Zur psychischen Verfallszeit einer Katastrophe. Pädagogik und Frieden 1/97, 22-28. Berlin.

Spiegel special (1991): Bericht des Club of Rome. Hamburg.

Steffahn, Harald (1996): Schweitzer. Hamburg.

Szagun, Gisela (1994): Umweltbewußtsein bei Jugendlichen. Frankfurt.

Tiger, Ted (1983): Biology of Hope. New York.

Toffler, Alvin (1972): Der Zukunftsschock. Stuttgart.

Tremmel, Jörg (1996): Der Generationsbetrug. Frankfurt.

Tschumi, Pierre (1980): Umweltbiologie. Frankfurt.

Weizsäcker, Ernst Ulrich von (1989): Erdpolitik. Darmstadt.

Weizsäcker, Ernst Ulrich von (1999): Das Jahrhundert der Umwelt. Frankfurt.

Wicke, Lutz (1986): Die ökologischen Milliarden. München.

Wicke, Lutz (1989): Umweltökonomie. München.

Wiemers, Klaus (1994): Natur und Technik bei Ernst Bloch. Berlin.

Worldwatch Institute (1998): Zur Lage der Welt 1998. Frankfurt.

Wottawa, Heinrich (1988): Psychologische Methodenlehre. Weinheim.

Dankeschön...

Prof. Dr. Klaus Boehnke	für die Betreuung der Doktorarbeit
Dipl. Psych. Uta Bronner	für umfangreiche Ratingtätigkeiten
Maike Christiansen	stellvertretend für das GAIA-Sample
Dr. Gabriele Claßen	für die statistischen Auswertungshilfen
Melanie & Jennifer Claßen	für umfangreiche Dateneingaben
Rui Sixpence Conzane	für ein ausführliches Interview
Sophie Davis	für ein ausführliches Interview
Ute Deitermann	für ein Kindertagesstätten-Interview
Yolande Dera	für die Stichprobe aus Madagaskar
Marc Diarra	für die Stichprobe aus Mali
Peter Fehrenbach	für die Herstellung im Nomos-Verlag
Prof. Dr. Wolfgang Frindte	für ein wissenschaftliches Gutachten
Dipl. Soz. Daniel Fuß	für wertvolle Literaturhinweise
Prof. Dr. Gerhard Gamm	für ein hilfreiches Gespräch
Dipl. Psych. Axel Gierga	für wertvolle Literaturhinweise
Helga Glock	für die Unterstützung der Studie
Imke Grimmer	für wertvolle Literaturhinweise
Marina Grodzitskaya	für die ukrainische Stichprobe
Dr. Göran Hajek	für anregende Diskussionen
Roxana Hernandez	für die chilenische Stichprobe
Prof. Dr. Ernst Hoff	für wertvolle Forschungseinblicke
Richard Holmes	für eine englische Übersetzung
Julia Karstädt	für die kanadische Stichprobe
Prof. Dr. Dieter Kirchhöfer	für ein ermutigendes Gespräch
Jochen Klapheck	für die Gestaltung des Titelbildes
Dipl. Ing. Peter Konicki	für die Unterstützung beim Drucken
Waltraud Klutz	für ein Kindertagesstätten-Interview
Prof. Dr. Rolf Kreibich	für die Veröffentlichung des Buches
Rajendra Kumar	für die indische Stichprobe
Dr. Michael Lafond	für eine englische Übersetzung
Dr. Jörg Langenkamp	für anregende Diskussionen
Gabi Lehmann-Randow	für ein Kindertagesstätten-Interview
Dr. Irene Lopez-Hänninnen	für die spanische Übersetzungshilfe
Prof. Dr. Klaus Hurrelmann	für wertvolle Literaturhinweise
Dr. Michael Macpherson	für die gute GAIA-Zusammenarbeit
Tua & Bird Machampom	für die thailändische Stichprobe
Dipl. Ing. Fritz Mamitza	für viele Greenpeace-Inspirationen
Prof. Dr. Reinhart Maurer	für die philosophische Ausbildung
Guilherme de Moares	für die brasilianische Stichprobe
Dr. Tadahiro Ninomiya	für die taiwanesische Stichprobe
Eve Ortiz	für die amerikanische Stichprobe
Aminata Ouane	für die Stichprobe aus Mali
Christa Petermann	für ein Kindertagesstätten-Interview

Prof. Dr. Horst Petri	für die Begutachtung der Doktorarbeit
Dipl.-Päd. Elke Plaßmann	für anregende Diskussionen
Simone Porz	für anregende Diskussionen
Dr. Sigrun Preuss	für ein hilfreiches Gespräch
Prof. Dr. Peter Rosemeier	für die Begutachtung der Doktorarbeit
Dipl. Psych. Christa Schäufele	für wertvolle Literaturhinweise
Dipl. Päd. Anne Schmalfuß	für umfangreiche Korrekturtätigkeiten
Dr. Peter Schmuck	für anregende Diskussionen
Dipl. Pol. Rainer Schneider-Wilkes	für jahrelange Ermutigungen
Dipl. Psych. Malte Schophaus	für wertvolle Literaturhinweise
Dr. Ernst Schraube	für anregende Diskussionen
Ilka Schröder	für die neuseeländische Stichprobe
Dipl. Psych. Jorge Schröder	für ein ausführliches Interview
Dipl. Psych. Heike Schroth	für umfangreiche Ratingtätigkeiten
Dr. Jörg Schulz	für anregende Diskussionen
Dr. Monika Sieverding	für wertvolle Literaturhinweise
Christa-Maria Sohr	für umfangreiche Ratingtätigkeiten
Dipl. Kfm. Hans-Jürgen Sohr	für umfangreiche Korrekturtätigkeiten
Tom Sohr	für umfangreiche Ratingtätigkeiten
Dr. Joachim Stary	für die graphischen Gestaltungshilfen
Gabriel Sanhueza Suarez	für die chilenische Stichprobe
Petra Thimm	für wertvolle Literaturhinweise
Dipl. Psych. Matthias Trenel	für anregende Diskussionen
Günther Wallraff	für ein ermutigendes Gespräch
Dr. Gerhard Wenske	für die Entfernung eines PC-Virus
Dipl. Päd. Kathrin Wiedrich	für anregende Diskussionen
Dipl. Psych. Christoph Wisser	für jahrelange Ermutigungen
Petra Wolf	für eine Interview-Transkription
Dipl. Psych. Imke Zimmermann	für anregende Diskussionen
Dr. Harald Zühlke	für jahrelange Ermutigungen
Dipl. Geol. Olga und Martin Zühlke	für die russische Übersetzung

... Dankeschön!

Schließlich möchte ich auch allen über 100 Kindern und Jugendlichen, die sich von mir haben interviewen lassen, für ihr Vertrauen und Engagement herzlich danken, u.a. Alina, Andrea, Anja, Anna, Anne, Annebel, Anneke, Annerose, Beate, Benjamin, Carolin, Caroline, Charlotte, Chris, Christian, Claudia, Conny, Dagny, Daniela, Denise, Desiree, Dirk, Elisabeth, Enrico, Esther, Eva, Fabian, Florian, Franko, Frauke, Fritz, Harald, Heiko, Heldin, Hilarion, Holger, Ilka, Imke, Isabella, Jan, Jana, Janek, Jeannette, Jessica, Johannes, John, Josefine, Julia, Juliane, Katharina, Kathrin, Kay, Kenja, Lars, Laura, Lena, Linda, Lisa, Pattrick, Paul, Pia, Maike, Maja, Mandy, Maria, Mark, Markus, Matthias, May, Merle, Michelle, Mona, Nina, Naumi, Noemi, Nora, Robert, Ronald, Ruedi, Sabine, Sandra, Sarah, Sascha, Saskia, Sebastian, Silvio, Simon, Simone, Sören, Sonja, Stephanie, Susanne, Tam, Thilo, Till, Tina, Titus, Tobias, Tracy und Wiebke!

Autorenangaben

Sven Sohr, 1967 in Berlin geboren, ist Psychologe (Diplom), Philosoph (Magister), Soziologe (Promotion) und Umweltaktivist bei Greenpeace.

Er arbeitet im Sekretariat für Zukunftsforschung in Gelsenkirchen und im Institut für Zukunftsforschung und Technologiebewertung in Berlin.

Außerdem ist er als Moderator von bisher ca. 50 Zukunftswerkstätten sowie als freier Lehrbeauftragter an der Freien Universität Berlin tätig.

Kontaktmöglichkeiten

Sekretariat für Zukunftsforschung, Munscheidstraße 14,
45886 Gelsenkirchen, Tel. 0209-1672840, sohr@sfz.wipage.de.

Institut für Zukunftsforschung und Technologiebewertung, Schopenhauerstraße 26, 14129 Berlin, Tel. 030-8030880.

Ramsteinweg 3, 14165 Berlin, Fon & Fax: (030) 8155990.
PS. Der Autor freut sich über ein ökologisches Feedback!

Karlheinz Steinmüller/Rolf Kreibich/Christoph Zöpel (Hrsg.)

Zukunftsforschung in Europa

Ergebnisse und Perspektiven

In Zeiten eines immer rascheren technischen Fortschritts, der wirtschaftlichen und kulturellen Globalisierung und des gesellschaftlichen Wandels benötigt die Wirtschaft wie die Politik verläßliches Orientierungswissen über die Zukunft. In vielen Ländern Europas – von Spanien bis Finnland – erarbeiten universitäre Einrichtungen, unabhängige Forschungsinstitute und Denkfabriken in Unternehmen und in Behörden dieses Orientierungswissen.

In insgesamt elf Einzelbeiträgen prominenter europäischer Zukunftsforscher werden Einrichtungen in sieben Ländern sowie auf EU-Ebene vorgestellt. Die Berichte über grundlegende Fragestellungen und zentrale Projekte vermitteln Einblicke in die Themen und die Arbeitsweisen der Institute, in Schwierigkeiten bei der politischen und wirtschaftlichen Umsetzung der Resultate und in Kernkonzepte der Zukunftsgestaltung.

Ein Abriß der Geschichte der Zukunftsforschung, eine programmatische Einführung in ihre Grundanliegen und ein Anhang mit kurzen Profilen und Internet-Adressen von etwa 40 Instituten und Organisationen runden den Band ab und machen ihn zu einem informativen Nachschlagewerk für jeden, der sich über den aktuellen Stand der Zukunftsforschung informieren will.

2000, 200 S., brosch., 39,– DM, 285,– öS, 36,– sFr, ISBN 3-7890-6766-0
(ZukunftsStudien, Bd. 22)

◆ NOMOS Verlagsgesellschaft
76520 Baden-Baden

Matthias Kuom/Robert Gaßner/Britta Oertel

Tourismus und Technik

mit einem Vorwort von Rolf Kreibich

Der Tourismus als herausragende Dienstleistungsbranche der Zukunft ist mit einem zunehmenden und teilweise enormem Technikeinsatz verbunden. Von der Informations-, Büro- und Organisationstechnik über die Verkehrs-, Energie-, Bau- und Haustechnik bis zur Sport-, Freizeit- und Veranstaltungstechnik spannt sich ein weiter Bogen technologischer Einsatzbereiche und innovativer Entwicklungen, der so in keiner anderen Wirtschaftsbranche anzutreffen ist.
Im Auftrag des Büros für Technikfolgenabschätzung beim Deutschen Bundestag (TAB) untersuchte das IZT – Institut für Zukunftsstudien und Technologiebewertung den gegenwärtigen und zukünftigen Einsatz von Technologien im Tourismus. Die Bestandsaufnahme »Tourismus und Technik« stellt anhand der Bereiche Reisen, Freizeit sowie Organisation und Administration den Einsatz und die Potentiale von technischen Lösungen im Tourismus systematisch dar und ist somit die erste umfassende Übersicht in diesem Themenfeld. Sie zeigt sowohl den Akteuren im Tourismus als auch politischen Entscheidungsträgern und der Öffentlichkeit Chancen und Risiken auf und eröffnet ihnen zukunftsweisende Perspektiven.

1999, 154 S., brosch., 38,– DM, 277,– öS, 35,50 sFr, ISBN 3-7890-6374-6
(ZukunftsStudien, Bd. 21)

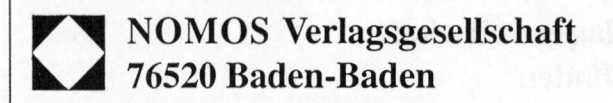

◆ **NOMOS Verlagsgesellschaft**
76520 Baden-Baden